高等院校**金融学新形态**系列教材

U0597141

新编金融学

微课版 | 第2版

于晶 叶立新◎编著

Fundamentals of Finance

人民邮电出版社
北 京

图书在版编目（CIP）数据

新编金融学：微课版 / 于晶，叶立新编著. -- 2版
. -- 北京 : 人民邮电出版社，2025.1
高等院校金融学新形态系列教材
ISBN 978-7-115-64488-6

Ⅰ. ①新… Ⅱ. ①于… ②叶… Ⅲ. ①金融学－高等
学校－教材 Ⅳ. ①F830

中国国家版本馆CIP数据核字(2024)第104593号

内 容 提 要

本书以货币金融为研究对象，以货币、货币运行和货币调控为研究主线，围绕金融运作的内在机制和规律，介绍了金融学的基本知识、基本原理。本书主要内容包括货币和货币制度、信用与信用形式、利息和利率、金融机构、金融市场、商业银行、中央银行、货币供给与均衡、外汇与国际收支、货币政策。本书各章后均附有习题，充分的练习有助于读者快速、全面地掌握所学知识。

本书可作为高等院校经管类专业相关课程的教材，也可供从事相关领域工作的人员阅读参考。

◆ 编　著　于　晶　叶立新
　　责任编辑　刘向荣
　　责任印制　胡　南
◆ 人民邮电出版社出版发行　　北京市丰台区成寿寺路 11 号
　　邮编　100164　电子邮件　315@ptpress.com.cn
　　网址　https://www.ptpress.com.cn
　　北京隆昌伟业印刷有限公司印刷
◆ 开本：787×1092　1/16
　　印张：12.75　　　　　　　2025 年 1 月第 2 版
　　字数：293 千字　　　　　　2025 年 1 月北京第 1 次印刷

定价：52.00 元

读者服务热线：(010)81055256　印装质量热线：(010)81055316
反盗版热线：(010)81055315
广告经营许可证：京东市监广登字 20170147 号

前 言

金融学是高等院校金融类学科的核心课程，是非金融专业学生的重要基础理论课，也是大学生了解市场经济运行规律的敲门砖。通过学习该课程，学生能够掌握金融学的基本原理、基本知识，具备理解和解释现实中金融现象的能力，树立正确的金融意识和全新的金融理念，提高在金融科学方面的理论素养。

本书自 2018 年出版以来，受到广泛认可，被多所高校选作教学用书。近年来，金融业快速发展，金融创新层出不穷，金融监管改革不断推进，党的二十大报告指出"加强和完善现代金融监管"。2023 年 10 月中央金融工作会议强调："金融是国民经济的血脉，是国家核心竞争力的重要组成部分，要加快建设金融强国"。因此，金融学教材也要与时俱进。本次修订除保留原有的框架及特色外，在内容方面进行了大量调整，全面更新数据，尽可能反映金融实践新的发展变化，案例、习题全部重新编写。本书特点如下。

（1）内容编写上，力求吸纳和反映当代金融新的发展实践和理论成果，凸显基础性、理论性和前沿性，做到与时俱进，贴近我国的改革实践。挖掘金融学课程对学生素质培养的潜能，赋予其新的活力和意义。

（2）体例形式上，借鉴国内外流行教材的经验，每章有章前引例及思考与讨论，并增加专栏，有助于拓宽学生的视野，让其更深入地了解和掌握书中内容。章后所列习题力求灵活多样，以启发学生进一步思考。设置微课堂模块，学生可扫描二维码随时随地学习相关重点和难点，提高学习效率。

本书配有课程大纲、电子教案、电子课件、习题答案、模拟试卷等教学资料。

编写过程中，作者参考了国内外大量相关教材、专著和其他资料，在此，谨向所有参考文献的编著者致敬！

由于作者水平有限，书中难免存在疏漏之处，敬请广大读者批评指正。

作 者

2024 年 10 月

微课视频列表

目录 CONTENTS

第一章 货币和货币制度

章前引例

原始社会末期，出现了剩余产品。一个部落的人有一把剩余的石斧，另一个部落的人有一张剩余的牛皮，两个人偶然相遇，交换了石斧与牛皮，这就是最原始的商品交换。后来，随着剩余产品越来越多，交换变得越来越复杂，于是产生了一般等价物——货币。人们可以用货币交换到自己所需要的商品。

在现实生活中，人们几乎每天都要和货币打交道。中国的货币叫"人民币"，美国的货币叫"美元"，日本的货币叫"日元"，英国的货币叫"英镑"……可见，在这个世界上，各个国家都有自己的货币。在自愿的基础上，某些国家可以放弃自己的货币，共同使用区域性货币，如欧元。那么，什么是货币？为什么货币会对人们有这么大的吸引力和诱惑力呢？

思考与讨论：

货币对人们和经济社会的重要性始终未变，以其特有的渗透力影响着社会经济的方方面面。那么，从古至今，货币形态和货币制度经历了哪些演变？货币的本质到底是什么？货币发挥着怎样的职能？

学习目标

了解货币的含义、起源、发展以及未来的趋势；
了解货币形态的演变过程；
理解货币制度的发展历程；
掌握货币的本质、职能以及货币制度的基本内容。

价值目标

通过了解货币在经济中所发挥的职能和关键性作用，增强将来作为一名金融从业者的荣誉感和使命感。

增进对数字金融和电子货币的理解，成为负责任的数字公民，同时要加强对数字支付安全性的关注和对金融技术的了解。

第一节　货币的起源

在社会经济由自然经济到产品经济、商品经济的发展过程中，货币与人们日常生活的联系越来越紧密。货币和货币制度问题常常会引发经济问题。要真正弄清货币和货币制度，首先需要透过纷繁的现象去把握货币的本质。

一、货币的产生

商品交换的土壤孕育了货币，货币是商品生产和商品交换长期发展的产物。

人类在地球上已经生活了百万余年。在人类社会早期的很长一段时间内，人类生存主要靠自力更生、自给自足，没有商品，也不存在商品交换。到了原始社会末期，商品生产和商品交换开始产生和发展，一种特殊商品逐渐从商品世界中分离出来，成为商品交换的媒介。我们将固定充当一般等价物的特殊商品称为货币。

微课堂

中国各朝代古钱币

在商品交换中，人们必须衡量商品的价值，一种商品的价值必须用另一种商品的价值来衡量，货币就是价值形式发展的结果。价值形式的发展主要经历了以下四个阶段。

（一）简单的或偶然的价值形式

在人类历史上，最早的交换行为发生在原始社会末期的部落之间。当时，由于生产力水平低下，人们生产出的产品有时连自己的需要都难以满足，不可能经常有剩余产品用于交换；人们只是在满足其生活必需之后，偶尔会有少量的剩余产品用于交换。这种剩余产品的交换不仅种类有限、数量不多，而且带有偶然性质。在这种交换过程中，一种商品的价值简单地、偶然地通过另一种商品表现出来，这就是简单的或偶然的价值形式。这种价值形式虽然看起来很简单，但其包含的内容却极其复杂。它不仅体现了价值量的相等，还反映了质的不同，形成了货币产生的土壤。

（二）总和的或扩大的价值形式

在原始社会末期，随着社会生产力的发展，出现了第一次社会大分工。随即劳动生产率提高，剩余产品增多，私有制产生，个人与个人之间的交换逐步取代了原始部落之间的交换。于是，交换行为变成了经常性的行为，交换产品的种类和数量也不断增多。当一种商品不再是偶然地与另一种商品相交换，而是经常性地与许多商品相交换时，简单的或偶然的价值形式就逐步过渡到了总和的或扩大的价值形式。这时，一种商品的价值不是偶然地表现在某一种商品上，而是经常地表现在一系列商品上。

（三）一般价值形式

在总和的或扩大的价值形式下，一种商品的价值由一系列的商品来表现。而在一般价值形式下，一切商品的价值都通过某一种商品得到表现。这种处于等价形态地位的、能表现其他一切商品价值的商品被称为一般等价物，它使商品交换由物物直接交

换变成以一般等价物作为媒介的交换。所以，一切商品的价值共同表现在某一种从商品世界中分离出来充当一般等价物的商品上，这种价值表现形式就是一般价值形式。

（四）货币价值形式

一般价值形式下，作为一般等价物的商品已经不是普通商品。在不同地区、不同时期，充当一般等价物的商品往往是不同的。商品交换的发展，客观上要求将一般等价物固定在某一种商品上。经过长期演变，这种一般等价物最终确定为黄金或白银。当一切商品的价值固定地由一种特殊商品来表现时，这种价值表现形式就称为货币价值形式。

价值形式的发展经历了几千年，它说明了以下两点：（1）货币不是一朝一夕产生的，货币在产生之前已经以商品的形式存在于商品世界中，然后才逐渐从商品世界中分离出来；（2）在不同的国家和地区、不同的时期，处于等价形式的货币材料是不完全相同的，最后才固定为黄金和白银，因为金银最适宜充当货币材料。

> **专栏 1-1　为什么说"货币天然是金银"**
>
> 不论是采用金属称量制还是金属铸币制，贵金属在历史上的流通时间都较长，作用也非常重要。马克思曾说："金银天然不是货币，但货币天然是金银。"
>
> 金银会成为货币，是由货币本身的要求与金银的自然属性决定的。首先，金银是商品，能衡量其他各种商品的价值；其次，金银的自然属性决定了它们可以成为理想的货币材料，如金银具有易分割、质地均匀、体积小、价值高、耐腐蚀、便于携带等优点。

二、货币的本质

货币是商品，货币的根源在于商品本身。这是被商品价值形式发展的历史证实了的结论。但货币不是普通的商品，而是固定地充当一般等价物的特殊商品，并体现一定的社会生产关系。这就是货币的本质。

（一）货币是商品

从货币起源的分析中可以看出，货币首先是商品，具有商品的属性，即可用于交换的劳动产品，是价值和使用价值的统一体。如果货币没有商品的属性，那么它就失去了与其他商品相交换的基础，也就不可能在交换过程中被分离出来充当一般等价物。货币作为一般等价物，其本身具有价值和使用价值。货币之所以能够作为价值尺度去衡量其他商品，是因为其本身具有价值，即凝结在商品上的人类必要劳动。价值实体的内在尺度就是社会的必要劳动时间，货币作为价值实体的化身，表现了相对价值量上的商品，可以与一切商品相交换。

（二）货币是一般等价物

货币是和普通商品不同的特殊商品。其之所以特殊，是因为它在商品交换中起到了一般等价物的作用。作为一般等价物，它具有两个基本特征。第一，货币是表现一切商品价值的材料。普通商品直接表现出使用价值，但其价值必须在交换中由另一商品来体现。货币作为价值的体现物，在商品交换中直接体现商品的价值。一种商品只要能交换到货币，就使生产它的私人劳动转化为了社会劳动，商品的价值即可得到体现。因此，货币成为商品世界中唯一的核算社会劳动的工具。第二，货币具有直接同所有商品相交换的能力。普通商品只能以其特定的使用价值去满足人们的某种需要，因而不可能同其他一切商品直接交换。货币是人们普遍接受的一种商品，是财富的一般性代表，能够换取各种使用价值，从而获得了一般的、社会的使用价值。因此，货币成为每个商品生产者所追求的对象，也就具有了直接同一切商品相交换的能力。

（三）货币是社会生产关系的反映

货币在充当一般等价物的过程中，还体现着一定的社会生产关系。货币作为一般等价物，无论表现在金银上，还是表现在某种价值符号上，都只是一种表面现象。货币是商品交换的媒介和手段，同时，货币还反映着商品生产者之间的关系。马克思指出："货币代表着一种社会生产关系，却又采取了具有一定属性的自然物的形式。"商品交换是在特定的历史条件下，人们互相交换劳动的形式。社会分工要求生产者之间在社会生产过程中建立必要的联系，而这种联系在私有制社会中只有通过商品交换、通过货币这种一般等价物才能建立。因此，货币作为一般等价物反映了商品生产者之间的交换关系，体现着商品的不同所有者之间的社会联系，即社会生产关系。

三、货币的定义

经济学从货币职能的角度给货币下定义，认为货币是从商品世界中分离出来的固定充当一般等价物的特殊商品，它反映着商品生产者之间的关系。

"货币"一词在人们的日常生活中经常会用到，它的含义有很多种。为了避免混淆，我们必须明确货币的经济学定义与人们日常生活中习惯用法之间的区别。

货币的通俗定义有很多种，其中之一是：货币等同于现金，如"你带钱了吗"这句话里的"钱"显然指的就是现金。把货币仅仅定义为现金，对于经济分析而言过于片面。因为可开列支票的存款在流通领域中与现金一样，可用于支付所购买的商品与劳务。如果把货币仅定义为现金，那么就难以把货币与人们所开展的全部购买活动联系起来。事实上，正是因为货币与购买相关联，才引发了人们对货币问题的极大兴趣。因此，在现代经济学中，我们必须把可开列支票的存款与现金一起纳入货币的定义之中。

货币的第二种通俗定义是：货币等同于财富。例如，某人不仅有一大笔现金和存款，还有债券、股票、珠宝、字画、房子、汽车等。这时，我们可以说："他很有钱。"如果把货币定义为财富，从而把货币与股票、债券、不动产等相混同，那么在经济分析中就无法界定货币的基本特性了。事实上，货币作为一般等价物，是社会财富的一般性代表，但货币并不等同于社会财富本身，它只是社会财富的一部分。据统计，在美国，货币大约只相当于财富总量的 2%，即使是最广义的货币，也不超过财富总量的 10%。可见，把货币定义为财富也不合适。

货币的第三种通俗定义是：货币等同于收入，如"他的工作很好，能赚很多钱"

这句话里的"钱"就是指收入。收入是一定期限内的流量，而货币是某一时点上的存量。若把货币定义为收入，那么货币量将无法计量。例如，有人告诉你张三的收入为 3 万元，那么，你只有在得知他是每年还是每月收入 3 万元之后，才能确定他的收入是高还是低。而如果有人告诉你他口袋里有 1 000 元，那么你对这笔钱数量的大小是完全可以确定的。

第二节 货币形态的演进

自货币产生以来，其具体形态随着社会生产力和商品经济的不断发展一直在不断地变化。货币形态的演变主要体现在货币材料的变化上。不同的国家和地区、不同的民族在不同的社会历史阶段，受其各自不同的经济状况和文化条件的影响，曾流通使用过形态各异、材料不同的货币。从货币形态的总体演变过程来看，货币经历了实物货币、金属货币、代用货币、信用货币和电子货币等不同的形态。

微课堂

货币形态的演变

一、实物货币

实物货币是人类历史上最古老的货币形态，是由某种本身具有价值和使用价值的普通商品充当的。例如，在我国历史上，贝壳、布帛、珠玉、粮食、农具都先后或同时充当过货币；在国外，则还有用牲畜、皮革、烟草、盐、砂糖等作为货币的记载。当时，这些充当货币的商品除了作为商品交换的媒介以外，还可直接用于消费，既是货币商品又是普通商品。随着商品经济的发展，参与交换的商品种类日益增多，商品交换的数量越来越大，多数实物货币所固有的不便携带、不易保存、不能分割、难以计量等缺陷致使其渐渐被金属货币替代。

二、金属货币

随着社会生产力的进步，人类逐步掌握了金属开采和冶炼技术，世界上相继出现了铜、铁、金、银等不同的金属。最早用金属充当货币是基于两方面的原因：一是天然的实物货币不足而用金属进行仿制（如中国历史上的"子安贝"），二是将金属视作用途广泛却又稀有的普通商品。随后，人们才渐渐发现金属的自然属性使其比一般商品更适宜充当货币，因此便用它取代了贝壳、布帛等实物货币，固定充当一般等价物，并发挥货币的作用。

早期的金属货币往往是以条块等形状直接流通使用的，交易时要称质量、验成色，极为不便。后来，一些经济实力雄厚的大商人在流通的金属条块上加盖印记，以自身信誉来担保货币金属条块的成色和质量。然而，私人信誉毕竟有着明显的局限性。当商品交换规模进一步扩大，人们对货币金属条块的质量、成色要求更具权威性的证明，于是铸币应运而生。所谓铸币，是由国家统一铸造的具有一定形状、质量、成色和价值的金属货币，是法定的流通手段。起初铸币的币材以铜、铁等贱金属为主，随后逐渐被金、银等贵金属取代。

三、代用货币

代用货币是代替金属货币充当"交换媒介"的货币，其历史可追溯至欧洲的中世纪和我国的战国时期，代用货币首次出现于金匠铺和钱庄等场所。在欧洲，金匠承担了保管金银货币的责任，并为存款人提供收据，这些收据在市场上流通，可以随时兑换金银货币。在中国，钱庄和票号开始发行具备异地汇兑功能的银票和纸币，如宋代发行的"交子""会子"。这些早期形式的代用货币取代了金属货币在市场中流通，其方便携带和较低的印制成本对商品经济的发展起到了重要推动作用，为经济交易提供了更高效便捷的媒介，促进了市场的繁荣与发展。

代用货币相较于金属货币具有一系列优势：首先，印刷纸币的成本远低于铸造金属货币的费用，这降低了货币制造的成本；其次，代用货币能够避免金属货币在交易中出现磨损，有效节约了珍贵的贵金属资源；最后，代用货币的使用可以有效减少运送金属货币所需的成本和风险。然而，代用货币也存在易损坏和易伪造等缺点，这可能导致货币质量下降以及经济体系中出现安全隐患。

专栏1-2　世界上最早使用的纸币

交子是中国最早的纸币，也是世界上最早使用的纸币。北宋初年，四川使用金属钱币，其质量大，1 000个大钱重25斤，流通很不方便。于是，商人发行了一种纸币，命名为交子，代替金属钱币流通。

随着市场经济的发展，交子的使用也越来越广泛，许多商人联合成立专营发行和兑换交子的交子铺，并在各地设分铺。由于铺户恪守信用，交子逐渐赢得了很高的信誉。商人之间进行大额交易，为了避免铸币搬运的麻烦，也越来越多地直接用交子来支付货款。后来铺户在经营中发现，只动用部分存款，并不会危及交子信誉，于是他们便开始印刷有统一面额和格式的交子，作为一种新的流通手段向市场发行。正是这一步步的发展，使得交子逐渐具备了信用货币的特性，成为真正的纸币。

四、信用货币

信用货币，是一种用来代替金属货币执行流通手段和支付手段职能的货币符号。它本身不足值甚至没有内在价值，却可代替具有十足价值的金属货币执行货币的基本职能。究其原因，是因为货币作为商品交换的媒介，人们只关心它能否购回等价的商品，而不关心它是否足值或有无价值，这就为货币符号代替真实货币流通提供了可能。

现在，世界上的绝大多数国家都采用了信用货币形式。20世纪的两次世界大战和20世纪30年代的大萧条，使各国纷纷放弃金本位制，而采取不兑现信用货币制度。信用货币造币材料的价值远远低于其票面价值，甚至微不足道。

如何维持信用货币的购买力或面值稳定，是困扰各国货币当局的重要问题。世界各国流通实践中的教训，促使各国政府和金融机构采取有力措施，控制货币供给量，以稳定币值。中央银行制度的形成和发展，为垄断信用货币发行权、控制货币供给量提供了一定的制度保证。第二次世界大战后，各国政府的"廉币政策"就是有力的证据。

现代经济中，信用货币的主要存在形式是现金和存款。信用货币具有以下特点：（1）信用货币在法律上割断了与金属货币间的联系；（2）通过信贷程序发行与流通；（3）是根据经济发展的客观需要发行的；（4）是一种债务凭证，是国家或中央银行对大众的负债，因此其基本保证是政府或银行的信誉。

五、电子货币

电子货币是 20 世纪 70 年代以后在新技术革命的推动下货币形态发展的新产物。它仍以信用货币为基本原理，通过电子资金系统来转移存款和处理往来账务，从而不仅完全摆脱了货币所固有的物的外形，还彻底改变了人们使用货币的方式，具有更加便捷、安全、节省的特点。

所谓电子货币，在目前的情况下，一般是指在技术设备中以电子形式存储的货币价值，普遍用于对电子货币发行者以外的主体进行支付，且不用通过银行账户进行交易。这种货币没有物理形态，为持有者的金融信用。随着互联网的高速发展，这种支付办法越来越流行。目前，电子货币的定义尚无定论，但一般来说，电子货币可以理解成实物货币的"去实物化"。

（一）广义电子货币与狭义电子货币

广义电子货币是指利用先进的硬件设备或计算机网络实现支付、存储价值以及预付机制的货币形式。这种货币范畴涵盖了虚拟货币和数字货币等多种形态，其特点在于依赖技术设施的存储和支付功能。

狭义电子货币则是指国家银行系统背书的法定货币在电子化形式下的呈现，其与纸币、银行存款等传统形式一样，具备同等的法律地位。在我们日常生活中体现为信用卡、储蓄卡以及第三方支付平台上的账户数据。通过将一部分自有账户内的电子货币转移至他人账户，完成了交易过程。这种货币形式不仅具备完整的价值尺度和流通手段职能，能够准确衡量商品的价值并进行购买，同时也反映了现代金融技术在支付和交易领域的巨大进步。广义电子货币的分类具体又包括狭义电子货币、虚拟货币和数字货币，如图 1-1 所示。

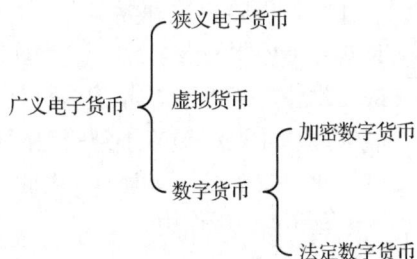

图 1-1　电子货币的范畴

（二）虚拟货币

虚拟货币，又称为互联网币，它代表了一种截然不同于现实中传统货币的新型货币形式。这些货币是在"互联网社会形态"中衍生出来的，人们可以根据个人需求创建或参与社区，在这些社区里，共同需求塑造了成员间形成的共同信用价值体系。虚拟货币便是在此基础上诞生的一种"新型货币形态"。

虚拟货币由经过加密的一系列数字组成，在全球网络中进行传输，不依赖传统银行实体，而是一种数字化的交易媒介。它们存在的形式多种多样，包括电子钱包、数字钱包、电子支票、电子信用卡、智能卡和在线货币等。举例来说，腾讯公司的 Q 币就是典型的虚拟货币。

然而，值得注意的是，在现实经济生活中，虚拟货币并未具备传统货币所具有的价值尺度和流通手段等货币职能。尽管如此，在网络社交和虚拟经济中，这些数字化的虚拟货币仍扮演着重要的角色，成为特定社区或平台内的交易媒介和价值传递工具。这种全新的货币形态正在构建数字化经济和社交互动的全新格局，同时也引发了人们对传统货币概念的重新思考和对金融体系的挑战。

（三）数字货币

数字货币可以分为加密数字货币和法定数字货币。加密数字货币是一种数字化形式的替代货币，使用加密技术确保交易的安全。它们不以实物形式存在，而是以电子方式存在的，可用于在线交易和价值储存。一些国家和企业也开始探索发行自己的加密数字货币，以适应数字经济的不断发展。尽管加密数字货币面临市场波动和监管挑战，但作为新型金融工具，它正深刻地改变着人们对货币、交易和价值存储的看法，并对金融和技术领域带来了革命性的影响。

中国在法定数字货币领域进行了积极的探索和尝试。2014 年，中国人民银行成立专门团队，开始对法定数字货币的发行框架、技术核心、流通环境以及国际相关经验等问题展开深入研究。随后，从 2019 年年底到 2020 年，中国在深圳、苏州、雄安新区、成都等地展开了数字人民币的试点测试，并逐步将试点范围扩大至更多城市。这一过程为数字人民币在不同地区和场景下的可行性提供了实践验证。最终，中国发行的数字人民币于 2021 年正式被命名为 e-CNY。这一命名代表了数字人民币在中国的实质进展，并确立了其在中国金融体系中的地位。

e-CNY 作为中国人民银行发行的数字化法定货币，其价值与纸币和硬币等同，并拥有法定货币的价值属性和法律支付保障。这种数字货币由指定运营机构参与运作，并向公众提供兑换服务，同时支持可控制的匿名性。作为国家的法定货币，e-CNY 受国家信用保障，具备法律支持。此外，e-CNY 的推出对打破支付垄断具有积极意义。数字人民币支持离线支付，能够应用于网络覆盖不到的地区和特定场所，并有助于促进支付市场的竞争，提高支付行业的效率和创新能力。因此，e-CNY 对推动支付领域的发展和促进金融市场的健康竞争具有积极作用。

第三节　货币的职能

货币作为一种交易媒介，是商品经济内在矛盾长期发展的产物。关于这一点，马克思做了科学的论述。在此，根据马克思的货币信用理论对货币职能进行分析。货币的职能是指货币本身所具有的功能，由货币的本质决定，并在商品经济的发展中逐渐形成。马克思综合几千年来关于货币现象的各种研究，归纳了货币的五大职能：价值尺度、流通手段、贮藏手段、支付手段和世界货币。其中，价值尺度、流通手段是基本职能，贮藏手段、支付手段和世界货币是基本职能的派生职能。也就是说，一种物品只要具有价值尺度和流通手段职能，它就是货币。具有其他三种派生职能而不具备基本职能的物品，就不能算是货币，而只能算是准货币或类似货币。在经济生活中，许多物品部分具有货币的派生职能，它们在特殊领域和特殊条件下可起到货币的部分作用。货币的职能如图1-2所示。

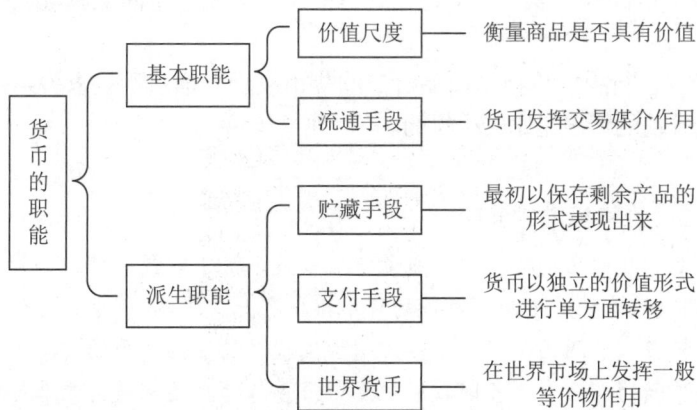

图1-2　货币的职能

一、价值尺度

价值尺度是货币衡量商品是否具有价值和商品价值量大小的职能。货币用来衡量其他一切商品的价值时，执行的是价值尺度职能。货币作为价值尺度，使一切商品的价值表现为同名的量，使商品在质的方面相同，在量的方面可以比较。这是货币的第一职能，是最基本、最重要的职能，也叫本质职能。

货币之所以能充当价值尺度，是因为货币本身就是商品，它与其他商品一样，也有价值。货币在执行价值尺度职能时，不需要使用真实的货币，因此，它"只是想象的或观念上的货币"。例如，商店货架上陈列的商品，只需看一下纸签上的价格，商品价值就一目了然了，而无须放上真实货币。

当商品的价值用货币表现的时候，就会形成商品的价格，价格是商品价值的货币表现。货币执行价值尺度职能时，就是把商品的价值表现为一定的价格。当一个经济体使用一种货币时，通过这种货币，该经济体就会建立起一套完整的价格体系，从而便于全体商品和劳务的生产、交换、分配和消费。对于一种商品而言，它自身是不能表现自己价值大小的，而只能通过交换，用另一种商品表现出来。在货币产生以前，一种商品只能通过其他商品来体现它的价值，在简单经济中只有有限几种商品，价格表现就不会太复杂。但是，随着经济的发展，商品数目越来越多，每种商品都必须用其他所有商品表现其价值。在现代社会，各国都有行使价值尺度职能的货币。我国的法定货币是人民币，单位是"元"。其他各国都有各自的法定货币，如美国的美元、英国的英镑、日本的日元、泰国的泰铢、印度的卢比、俄罗斯的卢布、墨西哥的比索等。国际上通行的货币有美元、欧元等。

货币在执行价值尺度职能时，必须借助于价格标准。价格标准是代表一定质量贵金属的货币单位及其等分。货币作为价格标准时所起的作用完全不同于价值尺度。价值尺度是人类劳动的社会化身，而价格标准是规定的金属质量；价值尺度用来衡量各种商品的价值，使它们表现为价格，价格标准则是国家规定的货币计量单位，代表一定的金属质量，用来衡量和计算货币金属本身的质量。价值尺度与价格标准具有密切的关系。价格标准是为货币执行价值尺度职能而设定的。没有价格标准，货币很难准确地表现某一种商品的价值，也就很难执行价值尺度职能。金属价值的变动丝毫不会妨碍金属执行价格标准的职能。不论金属价值怎样变动，不同金属量之间的价值比例总是不变的。

在实际经济运行中，价格是商品价值的货币表现，但由于供求关系的影响，商品价格完全符合价值的情况是比较少见的。

专栏1-3　价格标准的演变

在历史上，最初的价格标准与质量标准一致。如中国最早的统一货币"秦半两钱"，一枚铜钱的质量是半两，铜钱的货币单位也是"半两"。也就是说，一枚"秦半两钱"就相当于半两的铜。世界各文明古国较早的法偿货币的质量单位与货币单位基本上是统一的。后来，各国政府把货币减重作为利之渊薮，滥造各种质量不足或成色不足的货币，将货币材料由较贵的金属改为较贱的金属；国际间的贸易往来使他国的货币流入和流出，必然影响本国货币单位，从而使货币的价格标准逐渐与货币金属的质量标准相分离。

纸币产生后，不少国家以"元"为货币单位。"元"不是质量单位，而只代表了一定数量的货币金属，这种货币单位所代表的金或银的质量都是由国家法律规定的。

随着不兑换纸币制度的建立，有的国家取消货币的含金量，有的国家未规定含金量，如我国的"元"就没有规定含金量。

二、流通手段

在商品交换过程中，货币发挥交易媒介作用时，执行的是流通手段职能，这是货币的基本职能之一。货币的流通手段职能是价值尺度职能的必然发展。

货币执行流通手段职能时，不能用观念上的货币，而必须用真实的货币或现实的货币。交易时，要求交易双方一手交钱、一手交货，等价交换。仅仅用观念上的货币是买不到东西的，而货币执行价值尺度职能时可以是观念上的货币。当然，我们所说的真实的货币或现实的货币，并不单指有形的货币，其也可以是无形的存款货币、电子货币等。

充当流通手段的货币的一个特点是不能用观念上的货币。执行价值尺度职能时，货币必须是观念上足值的货币。也就是说，一个货币单位的实际含金量是多少就是多少，不容许有虚假。如果货币不足值，则商品价格就会非常不稳定，这对商品经济的正常运行极为不利。充当流通手段的货币则不同，执行流通手段职能时，它只是交换的媒介，交换者出卖自己的商品取得货币，是为了用货币再去购买自己所需的其他商品，因此货币所有者对货币本身的价值并不十分关心，他们关心的是货币的购买力。这就产生了以价值符号代替具有内在价值的金属货币的可能性。从可能性变成现实的过程为：足值的金属货币逐渐被不足值的金属货币代替，最终价值符号又代替了不足值的金属货币。历史上的不足值金属货币、无价值的纸币、存款货币乃至电子货币，都凭借这一点而能够执行流通手段的职能。

货币执行流通手段职能时需要一定的数量，这个数量不是任意规定的，而是社会商品流通客观需要的数量。马克思把这种因果关系称为货币流通规律。假设以 M 表示一定时期商品流通所需的货币总量，以 P 表示社会商品价格的平均水平，以 Q 表示社会商品总量，以 V 表示一定时期货币流通的平均速度，不考虑其他经济、社会、历史等有关因素的影响，那么上述主要经济变量间的关系可用方程式表示为：

$$M = P \cdot \frac{Q}{V}$$

这就是货币流通规律的基本模型，用文字表述为：一定时期商品流通所需要的货币总量与社会商品总量及其平均价格水平成正比，与该时期货币流通的平均速度成反比。随着分析进程的推进，这个模型不断得到了修正。

现在，世界上流通的货币都是纸质货币，严格地讲是纸制的货币符号。这种纸制的货币符号本身没有价值，它的价值是由其代表的货币价值及其发行数量决定的，从而使基础的货币流通规律发生变异。从表面上看，似乎不是商品价值决定商品价格，而是流通中的货币及其数量决定商品价格。这一切归因于纸币流通规律：纸币的价值是由其发行数量及其所代表的货币价值决定的。

三、贮藏手段

贮藏手段是货币退出流通领域后，被人们当作独立的价值形态和社会财富的一般代表保存起来的职能。货币的贮藏手段职能最初是通过商品生产者保存自己剩余产品的形式表现出来的。生产者把自己的剩余产品换成货币，一旦需要，他们可以马上购买自己所需的商品。这比保存实物方便多了。人们贮藏货币，大体基于以下原因。

（1）随着商品流通的扩大，商品生产者之间的相互依赖性加强，商品价值的实现成为商品生产者"惊险的跳跃"。商品能否转换成货币，决定着商品生产者的命运，因此，货币的权力相应扩大。但是，货币本身拥有的权力一旦人格化，拥有货币的数量便成为衡量人们权力和社会地位的标准，由此人们贮藏货币的欲望更加强烈了。

（2）为了保证正常购买，必须具有一定的货币准备金。也就是说，贮藏货币成为顺利进行再生产的必要条件。为了保证再生产的连续进行，所有者必须把资金中的一部分保存起来，作为货币资金的准备金，不断地补充临时性原因造成的货币资金的不足。

（3）为在某一时期履行支付货币的义务，必须事前进行货币贮藏。这是货币准备金的另一种用途。

（4）现代经济学认为，人们贮藏货币还有投机的目的，即为了将来有利可图而事前贮藏货币。

（5）为平衡国际收支，需要进行货币贮藏。货币作为调节一国国际收支平衡的准备金，是上述几种情况在国际范围内的延展。

在足值的金属货币流通的条件下，货币的贮藏手段职能具有自发调节货币流通量的作用。当流通中的货币供给量大于商品流通所需要的货币供给量时，多余的货币会退出流通领域；当流通中的货币供给量不足时，贮藏货币会重新进入商品流通领域。贮藏货币就像蓄水池一样自动调节着流通中的货币供给量，使它与商品流通相适应。

信用制度发达以后，最典型的价值贮藏手段——货币贮藏手段有了更大的变化。首先，在现代社会的不兑现纸币制度下，当纸币实际代表的价值比较稳定时，纸币也可充当贮藏手段，虽然它不像金银等贵金属那样能长久地保存价值。其次，由于以银行制度为主的现代信用制度高度发达，社会各阶层把自己持有的货币资产或收入存入银行，使贮藏手段趋于集中。对个人而言，这是贮藏价值可选择的形式；对社会而言，这是集中或积累资金的形式，也是纸币赖以成为贮藏手段的重要条件。

四、支付手段

当货币以独立的价值形式进行单方面转移时，如清偿债务，支付税金、房租、水费、工资等，可起到延期支付的作用，即执行支付手段职能。货币的支付手段职能是由货币流通手段职能派生出来的。它起源于赊账的商品交易，当货币作为流通手段时，交换双方一手交钱，一手交货，货币与商品同时换位，钱货两清。货币作为支付手段，则是价值单方面转移，如买者凭契约或某种信用赊购商品，从而成为债务人，卖者成为债权人，到双方约定的交割日期，买者用货币清偿其对卖者的债务。在整个过程中，等价的商品与货币不再同时出现在交换的两端，买者先取得商品，然后支付货币。

货币作为支付手段，对经济发展起着很大的推动作用。在商品经济中，由于商品生产者的生产条件有许多差异，生产商品的种类千差万别，距离市场远近也不同，相互提供商品的时间并不吻合。这种产与销在空间上、时间上的差异，客观上使商品的让渡同商品的价格实现在时间上分离开来，或者赊销商品——先交货、后付钱，或者预付货款——先付款、后交货。这种付款时间先后的差异，对商品经济的发展具有重要意义。

货币作为支付手段，扩大了商品经济的内在矛盾。由于商品生产者之间、商品生产者与商品经营者之间以及商品经营者之间的相互赊欠，他们之间因支付关系而结成了错综复杂的支付链条。正常的支付秩序在很大程度上依靠每个商品生产者的偿还能力，一旦某个环节的债务人不能按期偿还债务，则势必影响他的债权人，而该债权人相对于第三者又是债务人，他的债务偿还取决于他的债权是否得到支付。在这个庞大而错综复杂的支付链条中，如果一部分商品生产者或经营者由于种种原因不能按期履约，偿还债务，那么整个支付链条就有可能中断，从而造成整个社会再生产的混乱。因而，货币作为支付手段，既促进商品经济发展，又使商品经济的矛盾复杂化。

五、世界货币

当货币超越国界，在世界市场上发挥一般等价物作用时，便执行世界货币职能。作为世界货币，货币脱去了自己的民族"服装"。从原始意义上讲，它以贵金属原始条块的形态出现，并按实际质量、成色计价结算，这与货币在国内的流通不一样。作为世界货币，它具有三种职能：第一，在世界范围内执行价值尺度职能，从而构成国际范围内的价格体系；第二，充当一般购买手段，以平衡国际收支差额；

第三，充当一般财富的绝对形式，从一国转移到另一国，如输出货币资本，以货币形式对外贷款或援助，支付各种赔款等。在国际贸易发达的现代社会，世界货币是作为支付手段平衡国际收支差额最重要的手段。

现在，世界市场上充当国际流通手段和支付手段的货币并非贵金属，而是各发达国家的纸币，如美元、英镑、日元等。在这种情况下，马克思的世界货币定义仍然具有现实意义，因为当代世界各国虽然纷纷将本国货币与黄金脱钩，形成所谓"黄金非货币化"，但是，黄金在国际范围内的一般等价物的职能仍在起作用。而且，现在的世界通货仍然是价值符号，世界的价格体系是在国际金汇兑本位制下形成和演进而来的。

第四节　货币制度

货币制度产生之前，货币的发行权分散，货币流通比较混乱，既不利于广泛而稳定的信用关系的建立，又不利于商品流通的扩大以及大市场的形成，以致阻碍商品经济的顺利发展。为创造有秩序的、稳定的货币流通体系，以适应商品经济发展的需要，各国先后颁布法令和条例，对货币流通做出种种规定，从而形成了统一的、稳定的货币制度。

货币制度是指一国、一个区域性组织或国际组织以法律形式规定的相应范围内货币流通的结构、体系与组织形式，简称币制。货币制度是随着资本主义经济制度的建立而逐步形成的。随着商品经济的发展变化，货币制度也在不断演变。

一、货币制度的构成

尽管不同的货币制度有很大差异，但从总体上看，各种货币制度有其共性的内容。下面对此进行分析。

（一）确定货币材料

货币材料简称"币材"，是指用来充当货币的物质。不同的货币材料构成了不同的货币本位。如果确定用黄金充当货币材料，就构成金本位；如果确定用白银充当货币材料，就构成银本位。确定哪种物质作为币材，是一国建立货币制度的首要步骤。选择哪种币材虽然由国家确定，但这种选择受客观经济条件的制约，国家不能随心所欲地将某种物质作为货币材料。

（二）规定货币单位

货币单位是指货币制度中规定的货币计量单位。规定货币单位主要有两个方面的内容。一是规定货币单位的名称。依据国际习惯，一国货币单位的名称往往就是该国货币的名称，如美元、英镑、日元等。二是确定货币单位的"值"。在金属货币条件下，货币的"值"就是每一货币单位所包含的货币金属质量和成色。在信用货币还与金属货币制度挂钩时，确定货币单位的"值"主要是确定货币单位的含金量。黄金非货币化后，货币单位的"值"则主要表现为确定或维持本国货币与他国货币或世界主要货币的比价，即汇率。

（三）规定主币、辅币及法定偿付能力

规定流通中的货币结构主要是规定主币和辅币。主币就是本位币，是一个国家流通中的基本通货，一般作为该国法定的价格标准。主币的最小规格通常是 1 个货币单位，如 1 美元、1 英镑等。在金属货币流通条件下，主币是指用货币金属按国家规定的货币单位和价格标准铸造的铸币。其名义价值（面值）与实际价值（市场金属价值）一致，为足值货币。在表征货币流通条件下，主币依附于其发行基础——金属货币，表征货币只是金属本位币的符号。在当代纸币本位制度下，纸币已经成为独立的本位币，由国家货币制度确定，是流通中商品价值的符号。

辅币是本位货币单位以下的小面额货币，它是本位币的等分，面值多为货币单位的 1%、2%、5%、10%、20% 和 50%。辅币仅限于零星小额支付和找零。在金属货币流通条件下，辅币由贱金属制造，为不足值货币。法律规定，辅币可以按照固定比例与本位币自由兑换，以确保辅币可以按名义价值流通。在当代纸币本位制度下，辅币是本位币单位以下的小额零星货币。

在国家干预货币发行和流通的情况下，各国还要通过法律对货币的支付偿还能力做出规定。所谓法偿性，是指法律赋予货币一种强制流通的能力，任何人不得拒绝接受货币。法律规定的法偿性包括无限法偿和有限法偿。无限法偿是指不论支付数额多大，不论支付的目的是购买商品、支付劳务报酬还是结清账款、缴纳税款等，法律规定接受者均不得拒绝接受。主币具有无限法偿性。有限法偿是指每次支付的数额有限制。辅币具有有限法偿性。

（四）规定货币铸造与货币发行

金属货币存在铸造和发行问题，不兑现货币则主要存在发行问题，至于硬辅币铸造则是次要问题。在古代，国家金属货币的铸造权是一项重大的权力。当然，在不同的国家和不同的时期，铸造权的归属有很大的差异。对于本位币的铸造，有些国家完全垄断，有些国家则允许人民自由铸造。辅币铸造一般由国家垄断。信用货币在近代的欧洲首先由私人银行发行，后来随着私人银行券的不兑换导致经济动荡问题的出现，各国逐渐采取经济手段将其发行权收归中央银行所有。现代各国信用货币的发行权都集中在中央银行或指定发行机构。

（五）规定货币发行准备制度

货币发行准备制度是指在货币发行时需以某种金属或某几种形式的资产作为发行货币的准备，从而使货币的发行与某种金属或某些资产建立起联系。最初，各国所采用的货币发行准备制度一般均在本国有关法律中予以明确规定。在不同的货币制度下，货币发行准备制度是不同的。在金属货币制度下，货币发行以法律规定的贵金属（金或银）作为准备；在现代信用货币制度下，货币发行准备制度已经与贵金属脱钩，多数国家以资产（主要是外汇资产）做准备，有的国家以物资做准备，另一些国家的货币发行采取与某个国家的货币直接挂钩的方式，如钉住美元、欧元或英镑等。各国在准备比例和准备资产上也有差别，目前各国货币发行准备的构成一般分为两大类：一是现金准备，包括黄金、外汇等具有极强流动性的资产；二是证券准备，包括

短期商业票据、财政短期国库券、政府公债券等，这些都必须是在金融市场上可流通的证券。

二、货币制度的演进

货币制度在历史上存在着两大类型——金属货币制度和不兑现信用货币制度。从历史演进的角度来看，人类历史上金属货币制度占统治地位，有几千年的历史。而不兑现信用货币制度除在中国和法国有过短暂的使用历史外，在其他国家和地区到 20 世纪以后才被广泛使用。目前，世界上一些主要国家都在使用不兑现信用货币制度。

一般而言，各民族国家形成之前，币制杂乱是必然的，因为民族市场形成之前，落后、分割的自然经济形态决定了其货币制度的散乱和不统一。16 世纪以后，随着资产阶级国家政权和资本主义制度的确立，国家货币制度才逐步完善并相对规范与统一。16 世纪至今，国家货币制度的演进经历了从金属货币制度到不兑现信用货币制度的过程，演进的基本形式是，银本位制→金银复本位制→金本位制→不兑现信用货币制度，参见图 1-3。

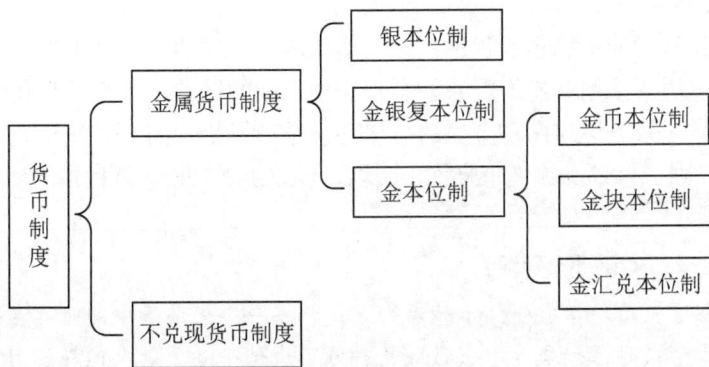

图 1-3　货币制度的演进

（一）金属货币制度

一个国家一旦选定了某种货币单位，就会用法律规定其货币单位与某一特定金属商品保持固定关系，以将货币单位作为衡量该商品价值的标准，进而建立起该国的商品价格体系。在任何一种货币制度中，均有多种货币同时流通，但是，商品和劳务的交换以及债权债务关系的处理，则以其中的一种货币单位作为计算单位或基本单位。这种作为计算单位的货币，被称为本位货币或主币。在货币近代史上，按照各国本位币所采用的金属类别，存在过银本位制、金银复本位制和金本位制等。

1．银本位制

银本位制是较早的金属货币制度。在此制度之下，一国的基本货币单位与一定成色、质量的白银维持固定关系，以白银为主币币材，银币为无限法偿货币，具有强制流通性；主币的名义价值与所含的一定成色、质量的白银相等，银币可以自由铸造、自由熔化；银行券可以自由兑现银币或等量白银；白银和银币可以自由输入和输出。在中世纪相当长的时期内，许多国家都实行过银本位制。另外，在一些经济比较落后的国家，黄金产量低，且不需要很大的货币供给量，因此，这些国家曾实行银本位制。

银本位制的盛行始于 16 世纪，19 世纪末期被大部分国家放弃。我国用白银作为货币的时间很长，唐宋时期白银已普遍流通，到了金、元、明时期确立了银两制度，白银是法定的主币。清宣统二年（1910 年）4 月清政府颁布了《币制则例》，宣布实行银本位制，但实际上是银圆和银两并行。1933 年 4 月，国民政府"废两改元"，颁布《银本位铸造条例》；同年 11 月实行法币改革，废止了银本位制。

2. 金银复本位制

金银复本位制是金、银两种铸币同时作为本位币的货币制度。在实行金银复本位制（以下简称复本位制）的国家中，一国的基本货币单位与一定成色及质量的黄金和白银两种金属维持固定关系。在这种制度下，金、银都可以自由铸造为金币和银币，二者都有无限法偿能力。实施复本位制的必要条件与实施银本位制的必要条件相同，只是这些必要条件中的铸造自由、熔毁自由、输出/输入自由及兑换自由同时适用于黄金和白银两种金属。所以，维持复本位制，其结果等于同时维持金本位制和银本位制。

复本位制是一种不稳定的货币制度，货币本身有排他性、独占性，而法律却规定金银均为本位币。采用此制的国家的金银铸币之间的铸造比率必须与其作为金属的价值的比率经常一致。但这两种金属的价格随金银市场比价的不断变化而变动，很容易引起价格的混乱，给商品流通带来许多困难，以致出现劣币驱逐良币的现象。

专栏1-4 劣币驱逐良币

劣币驱逐良币规律也叫格雷欣法则，是指当一个经济体中同时存在两种或两种以上的货币形式时，如果其中一种或几种货币币值下跌，则人们在使用货币时会尽量先使用这种疲软货币，而将币值稳定的硬通货保存起来，从而使疲软货币即"劣币"充斥市场，引起持续的币值下跌、物价上涨，导致流通混乱。

格雷欣法则在复本位制方面的效率来自两个方面的作用：一方面，随着白银生产劳动生产率的提高，白银供给大量增加，引起其价格下跌，于是白银逐渐占领货币市场；另一方面，由于黄金被广泛贮藏，货币当局的黄金存量告罄，复本位制退出历史舞台。随着经济的进一步发展，这种货币制度被金本位制所取代，最终结果是市场上只有一种货币流通，而另一种货币被排挤出流通。尽管从逻辑上讲，独占市场的应该是白银，但是由于经济的发展、交易规模的扩大，相比于金，银的价值量过小，所以市场最终会选择价值量更大的黄金。

---

3. 金本位制

金本位制又称单金本位制，在此种制度下，一国的基本货币单位与一定成色及质量的黄金维持固定关系。按基本货币单位兑现黄金情况的不同，金本位制可分为三种类型：有金币流通的金币本位制；不铸造金币，但其纸币可以兑换金块的金块本位制；无金币流通，纸币也不能直接兑换金块，但纸币可以兑换成实行金币本位制国家的纸币，然后以该种外汇兑换金币的金汇兑本位制。最早实行金本位制的是英国。

（二）不兑现货币制度

不兑现货币制度实际上就是不兑现信用货币制度，指的是 20 世纪 30 年代大萧条后，随着金本位制的崩溃而建立的现代货币制度。首先要说明一点，现代纸币制度不宜被称为"纸币本位"制度。货币本位是指将法律规定的货币单位与某一特定商品保持固定关系。一般而言，特定商品指的是贵金属金、银；保持固定关系就是规定货币单位的含金量。显而易见，这个概念纸币是不适用的。我们无法规定纸币的"含纸量"，且计算"含纸量"也毫无意义，因为纸币材料的实际价值几乎可以忽略不计。因此，称现代货币制度为不兑现信用货币制度。

纸币制度是货币制度发展的一个高级阶段，它克服了金属本位制的缺点：第一，它克服了金属本位制下货币的扩张受到金属供给数量限制的缺点，货币可以根据经济生活的客观需要而发行或回笼，可灵活地调整货币供给量；第二，在不兑现信用货币制度下，基于对外汇的管制，外汇管理机构随时可以根据国家的国际收支状况，对汇率做出有利于国际收支平衡的调整；第三，纸币造价低廉且携带方便，可以节省流通费用，可使金、银等贵金属更多地用于非货币的用途，以利于工业的发展。

纸币制度虽然克服了金属本位制的缺点，但其自身也有一些难以克服的缺点。第一，纸币发行不受金、银准备的限制，它的供应弹性容易造成通货膨胀。第二次世界大战后，世界各国均曾受到通货膨胀的困扰。第二，人为调整汇率难免会受各国地方保护主义的影响，虽然这对一国国际收支有利，但极有可能导致国际贸易与国际金融业的不安和混乱。第三，现行不兑现信用货币制度下通货的供给需要高度灵巧的机构加以操作、控制，客观上要求加强中央银行的地位。因此，一国的中央银行有效地利用调控工具、实施政策，对经济的稳定与发展具有重要影响。

不兑现信用货币制度具有以下几个特征。

（1）在此制度下，各国主要货币为中央银行发行的纸制的信用货币，是国家强制流通的价值符号，具有无限法偿性。纸币本身没有价值，它代替金币、银币执行货币职能。

（2）纸币不与任何金属保持固定联系，不能与任何金属币兑换，且其发行不以金、银为保证，也不受金、银数量的限制。它主要由现金和银行存款构成。现金体现着中央银行对持有者的负债，银行存款体现着存款货币银行对存款人的负债。这些货币无不体现着信用关系，因此都是信用货币。

（3）不兑现信用货币主要是通过信用程序发行的。也就是说，现实中的货币都是通过金融机构的业务投入流通中的。无论是现金还是存款货币，它们主要是通过金融机构存款的存取、银行贷款的发放等信贷业务进入流通领域的，还有一部分是通过中央银行黄金外汇的买卖、有价证券的买卖进入流通领域的。在不兑现信用货币流通的早期，它们主要是通过信贷程序进入流通领域的。这与金属货币通过自由铸造进入流通领域已有本质区别。

（4）不兑现信用货币是根据经济发展的客观需要发行的。中央银行通过货币政策工具来扩张和收缩信用，控制货币供给量，保持货币流通的稳定；并且通过对外汇的管理，保持汇率的稳定。可见，国家对信用货币的管理调控已成为经济正常发展的必要条件。

章后习题

一、单项选择

1. 典型意义上的贮藏手段是针对（　　）而言的。
   A. 信用货币　　　B. 电子货币　　　C. 银行券　　　D. 金银条块

2. 货币在（　　）时执行流通手段的职能。
   A. 分期付款购房　　　　　　　　B. 饭馆就餐付账
   C. 缴纳房租、水电费　　　　　　D. 企业发放职工工资

3. 本位货币是（　　）。
   A. 被规定为标准的、基本通货的货币
   B. 以黄金为基础的货币
   C. 本国货币当局发行的货币
   D. 可以与黄金兑换的货币

4. 实物货币是指（　　）。
   A. 没有内在价值的货币
   B. 不能分割的货币
   C. 贵金属货币
   D. 作为货币的价值与普通商品价值相等的价值

5. 劣币是指实际价值（　　）的货币。
   A. 等于零　　　B. 等于名义价值　C. 高于名义价值　D. 低于名义价值

6. 货币的本质属性是（　　）的统一。
   A. 价值和价格　　　　　　　　　B. 价值和交换价值
   C. 流通手段和支付手段　　　　　D. 价值尺度和流通手段

7. 货币执行支付手段职能的特点是（　　）。
   A. 货币是商品交换的媒介
   B. 货币是一般等价物
   C. 货币运动伴随商品运动
   D. 货币作为价值的独立形式进行单方面转移

8. 货币在（　　）时执行支付手段的职能。
   A. 商品买卖　　　B. 缴纳税款　　　C. 饭馆就餐付账　D. 表现商品价值

9. 俗称的"虚金本位制"是指（　　）。
   A. 金块本位制　B. 金汇兑本位制　C. 金银复本位制　D. 金币本位制

10. 良币是指实际价值（　　）的货币。
   A. 等于零　　　B. 等于名义价值　C. 高于名义价值　D. 低于名义价值

11. 双本位制是（　　）。
   A. 金银币的比价由政府和市场共同决定的金银复本位制
   B. 金银币的比价由市场决定的金银复本位制
   C. 金银币的比价由政府规定的金银复本位制
   D. 金银币的比价由银行规定的金银复本位制

二、多项选择

1. 货币的基本职能有（　　　）。
   A. 价值尺度　　　B. 流通手段　　　C. 支付手段
   D. 贮藏手段　　　E. 世界货币

2. 货币发挥支付手段的职能表现在（　　　）。
   A. 税款缴纳　　　B. 贷款发放　　　C. 工资发放　　　D. 饭馆就餐付款

3. 货币执行世界货币的职能主要表现为（　　　）。
   A. 平衡国际收支差额　　　　　B. 促进金融市场发展
   C. 促进全球化　　　　　　　　D. 购买手段
   E. 财富转移

4. 金币本位制的特点有（　　　）。
   A. 以黄金为币材　　　　　　　B. 金币可以自由铸造与熔化
   C. 价值符号可以自由兑换金币　D. 金银同时流通
   E. 黄金可以自由输出与输入

5. 现代货币制度的主要特征有（　　　）。
   A. 通货是中央银行发行的纸币，具有无限法偿资格
   B. 纸币不与金银保持等价关系
   C. 货币是通过信用程序发行的
   D. 银行存款也是通货
   E. 纸币与黄金可以自由兑换

6. 以下描述正确的是（　　　）。
   A. 货币是流量概念　　　　　　B. 收入是存量概念
   C. 货币是存量概念　　　　　　D. 收入是流量概念

三、案例分析

电子货币是否会完全取代传统纸质货币

　　早在数十年前，有关无现金社会的预测就已经出现。美国《商业周刊》就发表文章表示，电子支付给货币的定义带来了革命性的变化。

　　身上不带钱，你敢出门吗？放在几十年前的中国，这恐怕会被认为是个荒谬的问题。可如今，随着移动支付的全面普及，这成了不少中国年轻人的"日常"：吃饭、看电影、购物、缴水电费、买车票、转账汇款，随时随地掏出手机就可操作，有时还能享受额外优惠。电子货币不仅是一种便捷的交易方式，还对全球经济产生了巨大影响。

　　中国人民银行 2023 年年底公布了一组数据：我国个人银行账户拥有率已超过95%，高于中高收入经济体平均水平，移动支付普及率达到 86%，居全球第一。在中国这样一个人口大国，无论是城市还是乡村，人们都能方便快捷地享受现代化金融服务。那么，无现金社会究竟会不会到来，距离我们还有多远？电子货币的广泛使用是不是说明纸质货币就要消亡了呢？

思考与讨论：
结合上述情况，分析电子货币与纸质货币的关系。

第二章　信用与信用形式

☑ 章前引例

　　在货币产生以后，信用随之出现。信用是在原始社会末期商品经济发展到一定阶段的产物。作为借贷活动的总称，信用的出现有力地推进了商品货币关系的发展。信用卡诞生于美国，当时美国的一些百货商店为了招揽生意，在一定范围内发给顾客信用筹码，顾客可以在这些发行筹码的商店赊购商品、约期付款。这种做法果然产生了笼络顾客、方便购物、扩大销售的效果。随后，美国的一些汽油公司也开始发行类似信用卡的优惠券，让顾客到汽油公司所属的加油站加油，定期结账。这种单纯用于赊购商品的信用卡被称为零售信用卡，是信用卡的雏形，后来又出现了用于旅游的信用卡。这些无须银行办理业务的信用卡属于商业信用卡。

　　我国信用卡的发展历程可以追溯到"中银卡"的诞生。时至今日，科技的不断发展加速了信用卡产业的进步，移动端成为各方必争之地，各发卡行均开始了围绕移动端的竞争。中国信用卡市场是中国个人金融服务市场中成长最快的产品线之一。根据2022年的支付业务统计数据，截至2022年年末，全国共开立银行卡94.78亿张，同比增长2.50%，呈现小幅增长趋势。

　　思考与讨论：

　　什么是信用？信用具有怎样的功能？信用有哪些形式？有哪些信用工具？

☑ 学习目标

　　了解信用的概念、产生与发展；

　　掌握信用形式及其作用；

　　掌握信用工具的定义、基本种类以及基本特征。

☑ 价值目标

　　通过本章的学习，培养理性的金融决策能力，明白信用卡的使用优劣，并培养可持续的消费观念。

　　思考信用卡业务的变革对商业银行和金融机构的影响，以及它们在提供金融服务时应承担的社会责任。

第一节 信用的含义及产生

道德范畴中的信用主要指诚信，经济范畴中的信用主要指借贷活动。这两个范畴中的信用联系非常密切，因为诚信是借贷活动的基础。

一、信用的含义

经济学意义上的信用作为一种特殊形式的价值运动，它以偿还和付息为条件。例如信用交易中的赊销商品或货币贷款，买方和借方按照约定日期偿还货款并支付利息等。信用关系贯穿于各种经济活动，包括金融交易、商业活动、合同履行、投资行为等方面，与其他的价值运动相比有以下特点。

（一）信用从属于商品货币关系的经济范畴

在商品货币经济条件下，商品交换一般根据等价原则进行价值的同时转移。由于商品和货币持有者在时空分布上具有不均衡性，故不可避免地会产生借贷的需要。借贷双方在借贷过程中产生的债权债务关系（也就是信用关系），反映了商品生产者之间等价交换的经济关系。因此，商品货币关系是信用存在的客观经济基础。

（二）信用是一种有条件的借贷行为

在借贷关系中，商品和货币分属于不同的所有者，不同的所有者之间存在着经济利益上的差别。商品或货币让渡出去后，其所有者会由于无法利用它们而蒙受一定的损失。所有者为了维护自身的经济利益，势必要求对方如约归还并支付一定的利息，作为让渡商品或货币的报酬。因此，还本付息是信用活动的基本前提，而有偿性也就成为信用分配的基本特征。

（三）信用是价值运动的特殊形式

信用所引起的价值运动不同于一般的"钱出货进或货出钱进"的价值运动，它是通过一系列借贷、偿还、赊销、支付等过程实现的特殊价值运动。该价值运动在发生商品赊销或货币借贷行为时，没有发生对等的交换，而只是发生了商品或货币价值单方面的转移，从而带来了所有权和使用权的分离。这种不发生所有权变化的价值单方面的暂时让渡，是信用的基本特点之一。

二、信用的产生及发展

信用和货币一样，是一个很古老的话题，信用是在商品货币经济有了一定发展的基础上产生的。随着商品生产和交换的发展，商品在流通过程中难免会产生一些矛盾。信用产生的原因在于商品和货币在空间和时间上分布的不平衡。空间分布的不平衡，表现为商品或货币在不同国家、不同地区、不同企业单位和个人之间的此多彼少、此余彼缺；时间分布的不平衡，表现为同一国家、同一地区、同一企业单位和个人拥有商品或货币的时多时少、时余时缺。这种余缺的调剂方式只能是债权人赊销商品或贷出货币，债务人按规定日期支付货款或偿还贷款，并向债权人支付一定的利息。信用由此产生。

信用是在货币支付手段职能的支撑下产生的。由于货币具有支付手段职能，它能够在商品让渡之后独立地完成商品价值的实现，否则，赊销就不可能出现。因此，信用与货币之间存在着紧密的联系。

"信用"一词源于拉丁文"credo"，原意为信任、声誉等含义。在英语中，"信用"对应的单词是"credit"，其意除"信任"外，还可解释为"信贷、赊账"。在西方经济学中，信用是一种借贷行为。在信用活动中，债权人将商品或货币暂时让渡出去，债务人则按约定的期限归还并支付利息。为此，我们认为，信用是以偿还和付息为条件的价值运动的特殊形式。信用主要有两种基本形式：一种是实物借贷，另一种是货币借贷。在商品经济不发达的社会条件下，信用大多采用实物借贷形式；而在发达的商品经济条件下，信用则更多地采用货币借贷形式。但是，无论是实物借贷还是货币借贷，其借贷的实体都对应着价值。所以，作为经济上的借贷行为，信用是价值的单方面运动或转移。

信用作为一种替代货币流通和支付的形式在不断地演进。货币进入经济生活后，信用得以量化和发展成货币的延伸，并且在很大程度上替代了货币，成为货币供给的基础。信用的发展到目前为止大致经历了以下四个阶段：尚未工具化的信用阶段，尚未流动化的信用阶段，流动化的信用阶段，电子化、网络化与信用制度相结合的阶段。

尚未工具化的信用，是指借贷活动已经发生，但没有具体化为信用工具。所谓信用工具，是指借贷的书面凭证。例如，在仅凭口头承诺将来偿还商品或货币的借贷活动中，虽然发生了信用的授受，但没有书面凭证，属于尚未工具化的信用。尚未流动化的信用，是指借贷活动已经发生，而且具体化为信用工具，但这些信用工具不能在市场上流通转让，因而资金依然呆滞或凝固。流动化的信用也称为流通的信用，是指借贷活动已经发生，并具体化为信用工具，而且这些信用工具可以在市场上流通转让，使资金得以灵活运用。流动化的信用市场是以信用工具作为交易对象的一个市场。流动化的信用阶段是信用发展的较高级阶段。电子化、网络化与信用制度相结合的阶段出现于计算机网络高度发达的知识经济时代，货币电子化和网络银行的出现，使货币的存储、给付、交换和转移可以通过网络完成，各种相关信息也能同步传递。信息本身代表了借贷双方的一种信用行为，电子化、网络化与信用制度相结合的阶段是信用发展的高级阶段，只有在一国信用制度较为完善和发达的基础上才能实现。信用建立在商品货币关系基础之上，随着货币执行支付手段职能的出现而产生，随着商品经济的发展和社会形态的变化而不断演进，其产生及发展的过程如图2-1所示。

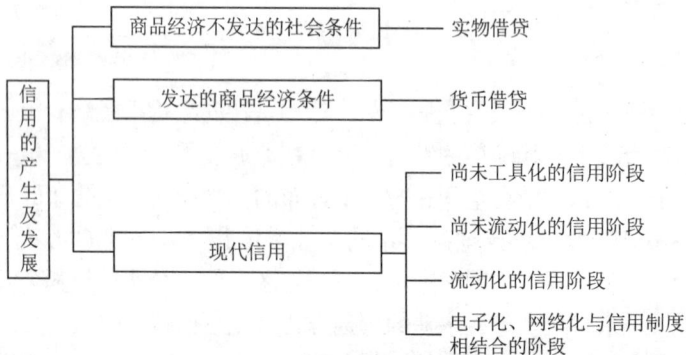

图2-1 信用的产生及发展

专栏 2-1　我国的社会征信制度

在我国，随着经济市场化程度的加深，加快社会信用体系建设已成为社会共识。征信制度作为社会信用体系的核心与关键环节，是市场经济成熟的重要标志。征信最基本的功能是了解、调查、验证他人的信用，使赊销、信贷活动中的授信方能够比较充分地了解信用申请人的真实资信状况和如期还款能力。通过信用信息传播来打破信息不对称的困境，约束市场交易各方的行为，使授信方的风险降到最低。征信制度的建立对社会信用体系建设具有重要意义。因此，近几年来，中国人民银行认真履行国务院赋予的"管理信贷征信业，推动建立社会信用体系"职责，加大工作力度，相继建成了全国统一的企业和个人征信系统，推动征信立法工作，加强征信市场管理，积极发挥了征信在维护社会稳定方面的重要作用。

第二节　信用形式

信用作为一种借贷行为，要通过一定的形式表现出来。信用的形式是不同信用关系的具体体现。信用形式可按不同标准进行分类。以信用主体为分类标准，信用可分为商业信用、银行信用、国家信用、消费信用和国际信用，具体内容介绍如下。

一、商业信用

商业信用是企业之间以商品形式表现的信用，典型的商业信用是企业以商品形式提供给另一个企业的信用，即通常所说的赊销商品。由于商业信用与商品流通紧密结合在一起，故称为商业信用。此外，商业信用也可采取预付货款的方式，这是随着商品交换的发展而派生的商业信用形式。

商业信用之所以有必要，是因为这种信用形式直接同商品生产和商品流通相联系，是直接为产业资本循环而服务的。在资本循环和周转过程中，各企业之间的生产时间和流通时间经常不一致，经常出现商品的让渡同商品价格的实现在时间上分离的情况。有些企业生产出来的商品等待销售，而需要这些商品的企业又缺乏资金。如果局限于现金的买卖或交易，势必造成商品销售时间的延长和再生产过程的中断。这时，商业信用应运而生，并发挥着加速资本循环和周转、缩短生产时间和流通时间、促进再生产顺利进行的作用。

商业信用产生以后，成为企业普遍采用的信用形式。这是因为从卖方角度看，商业信用直接为商品流通服务，是销售商品时最有力的竞争手段。当卖方企业提供商业信用后，在票据到期之前而急需资金时，可以通过票据贴现向银行或其他金融机构融通资金，因而，卖方企业愿意用商业信用来推销商品。买方企业寻求商业信用方式购买商品，无非是因为缺乏流通手段。如果买方企业的债务能被对方接受，利用商业信用就能解决流通手段不足的困难，买方企业就无须寻求其他信用形式。只有在买方企业的信用难以被对方接受的情况下，企业之间的信用活动才需银行介入。因此，这种意义上的商业信用是银行信用的基础。

二、银行信用

银行信用是银行及各类金融机构以货币形式提供的信用。这种信用的表现形式是：银行通过信用方式，将再生产过程中游离出来的暂时闲置货币资金以及社会上的其他游离资金集中起来，以货币形式贷给需要补充资金的企业，以保证社会再生产过程的顺利进行。银行信用是在商业信用的基础上发展起来的一种更高层次的信用形式，它和商业信用一起，成为一个经济社会信用体系的基本成分。和商业信用相比，银行信用具有以下特点。

第一，银行信用债权人是银行或其他金融机构，债务人主要是从事商品生产和流通的工商企业和个人。即银行可以把货币资本贷放给任何一个有需要的部门或企业、个人，克服了商业信用在方向上的限制，因而银行信用具有广泛性的特点。

第二，银行信用是以货币形态提供的，银行贷放出去的已不是在产业资本循环过程中的商品资本，而是从产业资本循环中游离出来的暂时闲置的货币资本（即借贷资本），另外还有食利者的资本和各阶层的货币储蓄。银行信用克服了商业信用在规模和数量上的局限性，因而具有规模大、范围广的特点。

第三，银行信用期限长，可为需要长期资金的企业提供信用支持。这就克服了商业信用期限短的局限性。此外，银行信用还具有间接性、风险小、银行信用的动态和产业资本的动态不一致的特点。

银行信用具有的以上特点，使它在现代经济体系中占据核心地位，发挥主导作用。正因为有了银行信用，商业信用才得到了进一步的完善和发展。因为商业信用所形成的票据大都有一定的期限，持票人急需资金而票据尚未到期时，商业票据贴现关系到商业信用的存在和发展。银行信用产生后，票据持有者可通过向银行等金融机构贴现，取得现金或流动性强的银行信用工具，使得商业票据能够及时兑现，从而使得商业信用得到进一步发展。从这点上看，商业信用日益依赖于银行信用。

专栏 2-2　日本和德国的银行业安排

财团，或称产业集团，是日本经济制度的一个重要特色。每一个财团都由一个核心银行集团和与其他工业企业集团相联系的金融中介机构组成。其中大多数企业相互进行交易。企业和银行通过集团成员之间相互持股联结在一起。由于持有股份，银行在财团企业的监管局（董事会）中派有董事，原来的银行执行人员通常在企业中占据最高的管理位置。毫不奇怪，银行在安排贷款时偏向于其财团内的企业，并拥有这些企业大部分的债务。

尽管在德国并不存在像日本那样正式且广泛的财团，德国的银行也持有企业股份，并成为企业董事会的成员。日本和德国的银行业安排，使得银行在收集信息和监控企业方面居于十分有利的地位。银行对他们的贷款企业拥有所有权，加强了长期联系。这种长期联系使得银行较容易收集信息并监控企业，从而减少了银行逆向选择和道德风险问题。此外，由于银行在管理企业，可以及时得到企业信息，并有能力影响企业按照银行的利益进行管理，而不去从事银行认为有风险的投资项目。

三、国家信用

国家信用是以国家为债务人，为政府筹集资金的一种信用活动，其形式是国债。国家信用有三个明显的特点。第一，债务人是国家，债权人多为银行和其他金融机构、企业和居民个人。第二，国家信用主要用于弥补财政赤字。随着经济的发展、国家财政开支的扩大，目前世界各国几乎都通过发行国债来筹措资金，以达到弥补财政赤字的目的，因为它比直接增加税收更易于被公众接受，而且可避免因发行货币过多而出现通货膨胀。对于购买者来说，国债是在收益、安全、流动性三个方面都比较好的投资选择。第三，国家信用往往是因政府调节经济的需要而产生的。当经济发展出现衰退、私人投资减少、经济增长因有效需求不足而萎缩时，若增加政府支出，则可以对经济的扩张起推动作用。要实现政府支出的增加，必须通过国家信用筹措资金。当流通中的货币过多时，财政会通过发行公债来吸收货币，对过热的经济起到抑制作用。可见，政府通过国家信用可达到调节经济的目的。

目前，世界各国普遍重视国债。在西方国家，国家信用得到银行信用的支持。银行和各类金融机构所吸引的资金有相当部分用来购买国债，甚至法律规定它们投资于国债，这不仅使国家财政有了可靠的资金来源，还使国家信用的资本来源有了保证。

四、消费信用

消费信用是指工商企业、银行和其他金融机构对消费者提供的信用。其形式多种多样：

（1）企业直接以赊销的方式，特别是分期付款的赊销方式，为客户提供信用；

（2）银行和其他金融机构直接贷款给个人，使其用以购买耐用消费品、住房以及汽车等；

（3）银行和其他金融机构为个人提供信用卡，客户只需持信用卡便可以在接受该种信用卡的商店购买商品，但需定期与银行结账等。

消费信用的发展，使消费者能提前享受一些时下无力购买的消费品，这在一定条件下促进了消费品的生产与销售，甚至促进了经济的增长。一些企业往往会利用消费信用的优惠条件来推销自己的商品，从而扩大商品销货渠道，这加速了商品资本向货币资本的转化。同时，消费信用对促进新技术的应用、新产品的推销以及产品的更新换代，也具有不可低估的作用。但是，消费信用也会对经济发展产生消极的作用。消费信用的发展易引起消费过度膨胀，如果生产扩张能力有限，则会加剧市场供求紧张状态，促使物价上涨，从而增加经济不稳定的因素。而且，由于消费信用的动态与经济发展周期相一致，在经济繁荣时，借贷关系得到发展，消费信用进一步扩大了商品销量；在经济萧条时，贷者和借者都会减少借贷数额，使商品销售更加困难，从而使经济更加恶化。

五、国际信用

国际信用是指各国相互之间提供的信用，是国际货币资金的借贷行为。与国内信用不同，国际信用涉及来自不同国家法人的债权人和债务人，这种信用体现了国与国之间的债权债务关系，直接反映了资本和国际资金的流动。国际信用包括多种形式，如国际银行信用、国际商业信用、国际政府间信用、国际金融机构信用以及国际租赁信用等。

（1）国际银行信用是进出口双方银行所提供的信用，可分为出口信贷和进口信贷（见图 2-2）。出口信贷由出口方银行提供，目的在于解决买卖双方的资金周转需要，其内容涵盖了卖方信贷和买方信贷两部分。卖方信贷指的是出口方银行向出口商提供的贷款支持；买方信贷则是指出口方银行直接向进口商或进口方银行提供的贷款资助。进口信贷则由进口方银行提供，旨在解决本国进口商在国际贸易中支付所需商品或技术等外国产品的资金需求。

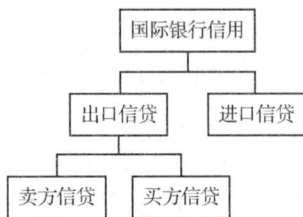

图 2-2　国际银行信用的分类

（2）国际商业信用是出口商向其他国家厂商以商品形式提供的信用，其主要形式有补偿贸易和来料加工贸易等。

（3）国际政府间信用涉及各国政府之间的信用活动，如国家间的债务借贷、国际援助和政府间贸易融资等。

（4）国际金融机构信用是指联合国国际货币基金组织、世界银行和国际金融公司等世界性或区域性的金融机构对其成员方提供的信用。

（5）国际租赁信用是国际租赁公司以实物租赁方式向他国企业提供的信用，一般由大银行财团、大保险公司设立，包括设备、车辆和房地产等领域的租赁业务。

第三节　信用工具及其特征

资金短缺单位（包括金融中介机构）为获得资金而发行的各种书面凭证，称为信用工具。任何资金融通过程都可以视为资金与信用工具之间的交换过程。

常见的信用工具

一、信用工具

信用工具是信用关系发展的产物。最初，信用采用口头约定（Oral Credits）的方式，借贷双方以口头协议方式议定债务人到期偿付。然而，这种信用完全是根据当事人双方的记忆与诚信，口说无凭，缺乏法律保证，易引起纠纷。这种信用也仅限于相互熟悉的人之间，因而极大地限制了信用的发展。后来，信用发展成账簿信用（Book Credits），借贷双方互相在对方账簿上开立户头，记载彼此之间的信用交易。这种交易缺乏债权债务的正式凭证，易发生坏账或损失；双方账簿上的信用条件如有不同的记载，则易引起争议。最终，书面信用（Written Credits）成为主要形式。书面信用是指借贷双方以书面文件证明其债权债务关系的信用方式。这种书面文件不仅是债务金额和条件的法律证明，还可以在市场上流

通，克服了口头约定和账簿信用的弱点，使信用活动更加规范化，使经济体系中的信用关系得以深化和扩大，从而推动了经济的发展。这种记载债权人权利和债务人义务的凭证，即信用工具。

信用工具的出现为资金融通提供了极大的便利，金融市场中也以信用工具为交易对象，因而人们常常将信用工具称作金融工具。金融工具是证明债权关系或所有权关系的合法凭证。从严格意义上讲，金融工具和信用工具并不完全一致。因为金融工具中的所有权凭证股票，并不具备信用还本付息的特征，所以股票不属于信用工具的范畴。但即便这样，大多数人仍把金融工具理解为信用工具。

按发行者的性质划分，金融工具可分为直接金融工具和间接金融工具。直接金融工具是指最后贷款人与最后借款人之间直接进行融资活动所使用的工具，主要有商业票据、债券和股票；间接金融工具是指金融中介机构在最后贷款人与最后借款人之间充当媒介进行间接融资活动时所使用的工具，主要包括各类存款、银行票据、金融债券、人寿保险单、银行承兑汇票。金融工具按金融市场交易偿还期划分，可分为长期金融工具和短期金融工具。短期金融工具又称货币市场上的金融工具，是指偿还期限在一年以内的具有一定格式的债务票据。这些票据由出票人签发，并约定无条件向持票人支付一定金额。本票、汇票、支票、大额定期存单、银行承兑汇票、短期政府公债等是短期金融工具的主要形式。长期金融工具又称资本市场上的金融工具，是指信用期限在一年以上的信用凭证，主要包括股票、中长期政府公债等。金融工具的分类可参考图 2-3，下面介绍一些常见的信用工具。

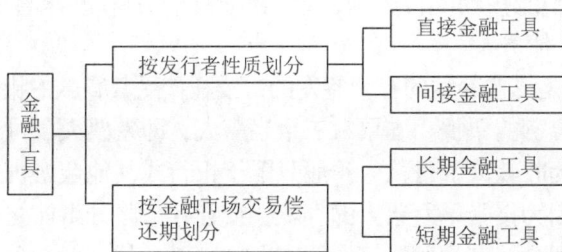

图 2-3　金融工具的分类

（一）本票、汇票、支票

本票（Promissory Note）又称期票，是发票人签发的在一定日期及地点无条件地支付一定金额给收款人或持票人的一种票据。票面上一般具有表明其为本票的文字、支付金额、签发日期、付票日期、出票人地点和有效印章等要素。本票的发票人为债务人，持票人为债权人。按发票人的不同，本票分为银行本票和商业本票。银行本票是银行签发的向收款人无条件支付一定金额的票据。商业本票是商业信用的一种工具，是工商企业之间发生商业信用时，由工商企业签发，承诺到期付款的票据。根据付款期限不同，本票还可分为即期本票和远期本票。即期本票是指见票即付的本票，远期本票则必须到约定的某一日期才可付款。根据本票票面是否载明收款人姓名，本票又可分为记名本票和不记名本票。记名本票必须付给指定的收款人，不记名本票则可以付给任何持票的收款人。

汇票（Bills of Exchange）是由发票人签发的，让付款人在指定的到期日无条件付款给收款人或持票人的一种票据。汇票的发票人通常为债权人，付款人为债务人。按发票人的不同，汇票可分为商业汇票和银行汇票。商业汇票是由工商企业签发的；银行汇票是银行承办汇兑业务时发出的一种汇兑凭证，是承汇银行向另一家银行或分支行发出的命令，命令后者向持票人支付一定数额的货币。按汇票的付款期限不同，汇票可分为即期汇票和远期汇票。即期汇票是付款人见票即需付款的汇票，远期汇票是在付款人见票或出票后的一定期限或特定日期付款的汇票。以收款人有无限定为标准，汇票可分为记名汇票和不记名汇票。记名汇票上注明收款人为指定收款人，只对指定收款人付款；不记名汇票是可以对任何持票人付款的汇票。由于汇票是债权人签发的，故必须在债务人承认兑付后才生效。经过承认兑付的汇票称为承兑汇票。承兑，即承认兑付。当持票人向付款人提示付款时，付款人在汇票票面上注明"承担到期兑付责任"的字样，并签字盖章，汇票便成了承兑汇票。承兑人在承兑以后承担了不可撤销的到期付款的法律责任。根据承兑人的不同，承兑汇票可分为商业承兑汇票和银行承兑汇票。商业承兑汇票是企业为承兑人的承兑汇票，通常，其使用情形为：销货方将货物送交购货方时，另附一张销货方的汇票，送交购货方承兑后，销货方将汇票收回保存，到期时要求承兑的购货方付款。银行为承兑人的承兑汇票称为银行承兑汇票，主要用于国际贸易，是银行帮助进出口商进行国际贸易而承兑的汇票。

商业本票和汇票经持票人背书后可以转让。背书的意义在于对票据清偿负责。因转让票据给他人而进行背书者为背书人，背书人一经背书即为票据的债务人。若票据的付款人或承兑人不能按期支付款项，票据的持有者有权要求背书人支付款项。因此，背书人又称第二债务人。

支票（Check）是支票存款的存户签发的，委托接受其存款的银行无条件支付给收款人或持票人一定金额的票据。支票有三个当事人，即发票人、付款人和收款人。支票的发票人可以自为收款人，付款人一般只限于银行或其他金融机构。银行愿意作为支票的付款人，是因为接受了发票人的存款，或在存款之外事前与存户订有契约，可以透支一定数额的现金。存户所能签发的支票金额以存款金额与透支金额为限。支票的种类很多，以是否记载收款人姓名为分类标准，支票可分为记名支票和不记名支票。记名支票上记载有收款人姓名，银行只能对支票上指定的收款人付款，又称抬头支票。这种支票必须经持票人背书后才能让银行付款。不记名支票上不记载收款人的姓名，银行可以对支票的任何持有人付款，也叫来人支票。这种支票在转让或向银行要求提现时，无须背书。按支付方式不同，支票又可分为现金支票、转账支票和保付支票。现金支票可以用来支取现金。转账支票只能在银行转账，不能提现，因票面有两道红色平行线，又称划线支票。保付支票是由银行签章保证付款的支票。付款银行应发票人或持票人的请求，在支票上记载"保付"或"照付"字样后，即将保付金额从发票人的存款账上划出，另立专户存储，以备随时支付。支票一经银行保付，即由保付银行承担付款责任，所以它与银行本票或银行自为付款人而签发的支票无异。

（二）信用卡

信用卡是商业银行向个人和单位发行的，可以凭其在特约单位购物、消费和在银行存取现金，具有消费信用的特制载体卡片。其形式是一张正面印有发卡银行名称、有效期、号码、持卡人姓名等内容，背面有磁条、签名条的卡片。信用卡是在消费信用的基础上发展起来的一种短期、额度较小的信用工具，具有先消费、后付款的特点。信用卡是当今发展最快的一项金融业务之一，是一种可在一定范围内替代传统现金流通的电子货币。信用卡同时具有支付和信贷两种功能。持卡人可用其购买商品或服务，还可通过使用信用卡从发卡机构处获得一定额度的贷款。早期的信用卡流行于西方国家，并逐步成为消费信贷的主要形式。

（三）股票

股票是股份有限公司发行的，表示其股东按其持有的股份享受权益、承担义务的可转让的凭证。股份有限公司是指将全部资本分为等额股份，股东以其持有的股份为限对公司承担责任，公司以其全部资产对公司的债务承担有限责任的企业法人。股票是股本、股份、股权的具体体现。

不同类型的股票可使股东享有不同的权益，承担不同的风险。以此为标准，股票可以分为两大类：一类是普通股股票，另一类是优先股股票。

普通股股票（美国称之为 Common Stocks，英国则称之为 Ordinary Shares）的一个显著特征，就是拥有按股利大小分配剩余利润的权利。这些权利构成所谓普通股股权，股权的大小取决于股份的多少。

普通股股权可分为以下几项。

第一，分享公司剩余利润权。公司剩余利润一般按普通股股份总数等分，普通股股东以其拥有的股份数获取相应份额的股利。股利水平不受任何比率的限制，它随公司剩余利润的多少而变动。

第二，投票表决权。由于公司的普通股股东是公司的所有者，他们对公司的事务拥有最终控制权。在股份有限公司中，这种权利体现为拥有普通股股票者即有权出席或委托代理人出席股东会议，对公司的重大事务行使投票表决权。

第三，优先认股权。普通股股东是公司的所有者和风险的主要承担者，为保持他们在公司中拥有的股权比例，公司在增发新股时，他们有权优先认股。例如，某股东拥有 1‰的公司股票，当公司决定增发 5 万股新股时，他有权优先认购 50 股（50 000 股×1‰）股票，以保持他在公司股权中原有的比例（1‰）。认购新股时，其价格通常较股票的市场价格低。因此，认股权具有一定价值，称为"权值"。股东不想增购新股时，可将优先认股权转让给他人，或在市场上出售。

第四，检查监督权。拥有普通股股票者是公司的所有者，承担着与公司所有权相联系的最终风险。为保证公司资本的安全和增值，普通股股东拥有检查监督权，他们有权查阅公司章程、股东会议纪要和会计报告，监督公司的经营，提出建议或质询。

第五，剩余财产的清偿权。当公司清理解散时，如果偿还所有债务后尚有剩余财产，普通股股东有权按所持股份分得剩余财产，分得数额取决于公司剩余财产数。

优先股股票不同于普通股股票，优先股股票的股息通常是固定的，可以用一个定额或股票面额的一定比率表示。优先股股票的持有者没有参与公司经营管理的权利，但优先股股票持有者在公司剩余利润分配上有优先分配权，即在公司未发放优先股股利之前，不得发放普通股股利，当公司因经营不善而破产时，在偿还全部债务和付清清理费用之后，如有剩余资产，优先股股票拥有者有权按票面额度先于普通股股东得到清偿，即优先股股票拥有者具有剩余利润的优先分配权和剩余财产的优先清偿权。优先股股票不享有公司公积金权益。

（四）债券

债券是一种确定债权债务关系的凭证，或者说是借款人向贷款人出具的对债务承担还本付息义务的凭证。债券与一般借据的本质是一样的，区别在于两者的市场性不同。借据是个性化的债权债务凭证，而债券是非个性化的债权债务凭证。借款人出具这样的债务凭证，是为了同时向很多人借款。因为这种凭证的条件是标准化的，其规格基本上是统一的，所以这种凭证具有可分割性和可转让性。

债券所规定的资金借贷权责关系的内容主要包括三点：一是面值，每张债券所含的本金数额基本上是所借贷的某种货币的数额，但不完全等同；二是期限，为债券从发行日起到约定的偿还日为止的时间；三是利息和利率，债券发行人向债券持有人借入资金而付给后者的报酬即利息，债券利息的数额通常用相当于本金的一定百分比来表示，该百分比即利率。可以将债券进一步定义为：由借款人发出、贷款人持有，期限固定，利率固定，到期还本，约期付息的非个性化的债权债务凭证。

债券不同于股票。债券是债权债务凭证，而股票是所有权凭证。两者在投资特性上的区别主要表现在：债券有固定的还本期限，股票的本金则是不返还的；债券的利率是固定的，它不随举债人剩余利润的增减而变化，而股息的多少则取决于募股人剩余利润的多少；债券的还本付息是受法律保护的，如果举债公司不能按期支付利息和偿还本金，债券持有人有权对举债公司提起诉讼，使其承担法律责任，而股息的派发则由募股公司的董事会视公司利润状况确定，派发多少及派不派发不受法律制约；股票的持有人（主要是普通股股票的持有人）有权参与募股公司的经营管理及决策，而债券持有人则无此权利；只有股份有限公司才能发行股票，而任何有还款能力的组织或机构都可以发行债券。

债券根据不同的标准进行分类，可以建立起不同的债券体系。根据发行单位的不同，债券可分为政府债券和非政府债券。

1. 政府债券

政府债券是政府及政府所属机构发行的债券。一方面，政府是一个国家的权力机构，对发行债券还本付息的能力较强，政府债券是一种比较安全的投资工具，其流动性一般也较强。另一方面，政府债券的面值在发行确定后，在还本之前的一段时间内是不变的，到期后不论其市价如何，仍按面额进行偿还。除非投资者以低于面值的价格买入，否则是无法产生资本增值的，利息也是一经确定就固定下来。面值和收入的固定性，使得政府债券投资易受到通货膨胀的影响。同时，市场利率的变动对债券的市价有着很大的影响，政府债券投资具有一定的市场利率风险。此外，政府债券投资还存在一定的政治风险。

2. 非政府债券

非政府债券从发行人的角度可以分为两类：一类是由公司发行的债券，称为公司债券；另一类是由合伙企业、业主企业等发行的债券，称为非公司债券。作为投资工具的主要是公司债券。

公司债券一般有两种不同的形式：记名公司债券和息票公司债券。记名公司债券是在债券上记有持有人姓名的公司债券。这种债券只能偿付给债券上的记名人。这种债券的优点是：如果债券丢失，可以挂失，比较安全。息票公司债券又称持票人公司债券，在债券上不记持有人姓名，这种债券附有各期应付的息票，持票人在每份息票到期时，可以到发行单位指定的支付单位处剪下息票获取相应的利息。这就是通常所说的凭票即付，凭票不凭人。它的缺点是：如果遗失，无法收回。但由于息票公司债券不必办理登记手续，便于转让，其价格可略高于记名公司债券的价格。

公司债券按有无物质担保，可以分为抵押公司债券、保证公司债券和信用公司债券。凡以动产或不动产作为抵押品，用以担保按期还本的债券，均称为抵押公司债券。保证公司债券是由不是本债券发行人的一方担保到期还本的公司债券。信用公司债券是一种发行人对债券的还本付息，不以任何特定的担保品或抵押品，而以公司的全部资信予以保证的公司债券。这种债券主要是那些资信很高的大公司，或者没有大量资产作为抵押品的公司发行的。表面上看，似乎抵押公司债券的风险要比信用公司债券的风险小一些，但事实上不能一概而论。有些大公司发行债券虽无实物担保，但其财力、资信都不容怀疑，还债能力是可靠的。但不管怎么说，在公司破产清算或改组时，其还债的先后次序总是信用公司债券排在抵押公司债券之后，所以投资者在购买信用公司债券之前，必须认真分析公司债券发行情况，及其全部资产和盈利情况。

还有一种公司债券是可转换公司债券。这是一种附有专门规定，允许持有人在一定时间内以一定的条件向举债公司换取该公司股票的公司债券。这种公司债券对举债公司和持有人都比较有利。

与股票相比，公司债券的本金安全性和收入的稳定性都较强；与政府债券相比，它能提供较高的收益。由于公司债券的质量相差颇大，从几乎没有风险到风险很大，故投资者要根据自己的投资目的和要求进行慎重选择。大公司发行的债券，因其实力雄厚，获利较丰且比较稳定，普遍受投资者欢迎，因而其流动性较强。但公司债券也有一些缺点：一是易受利率变动的影响，具有较高的利率风险；二是因通货膨胀而降低货币购买力的风险比股票的大；三是有些较低等级的公司债券，易受企业风险影响，收回本金并不十分有保障。

（五）投资基金

投资基金（Investment Funds）是一种集合投资方式：通过发行一定数量的份额（称为基金单位），集中若干投资者的资金，交由基金托管人托管，由基金管理人管理和运作，从事股票、债券、外汇、货币等金融工具的投资，以获得投资收益和资本增值。基金投资者（即基金的购买者）享受证券投资基金的收益，也承担亏损的风险。

投资基金产生于英国，在美国得到迅速发展，并向全世界扩展。在美国，投资基金被称为共同基金或互助基金。在英国等国家和地区，投资基金被称为单位信托基金。

投资基金的主要特点如下。

第一，投资基金是由专家运作、管理并专门投资于证券市场的基金。基金资产由专业的基金管理人负责管理。基金管理人配备了大量的投资专家，他们不仅掌握了广博的投资分析和投资组合理论知识，而且在投资领域积累了相当丰富的经验。

第二，投资基金是一种间接的证券投资方式。投资者是通过购买基金而间接投资证券市场的。与直接购买股票相比，投资者与上市公司间没有任何直接关系，不参与公司决策和管理，而只享有公司利润的分配权。

第三，投资基金具有投资小、费用低的优点。在我国，每份基金单位面值为 1 元人民币。证券投资基金最低投资额一般较低，投资者可以根据自己的财力多买或少买，从而解决了中小投资者"钱不多、入市难"的问题。基金的费用通常较低。

第四，投资基金具有组合投资、分散风险的好处。投资基金通过汇集众多中小投资者的小额资金，形成雄厚的资金实力，可以同时把投资者的资金分散投资于各种股票，使某些股票跌价造成的损失可以用其他股票涨价带来的盈利来弥补，从而分散投资风险。

因此，投资基金对于那些在资金、时间、专业知识方面不能兼备的投资者来说，是一种较理想的选择。

1．投资基金的类型

投资基金有多种分类，结合我国实际，常见的分类方式有以下几种。

（1）按基金单位是否可以赎回分类，投资基金可分为封闭式基金与开放式基金。

封闭式基金（Closed-end Funds）是事先确定基金的发行总额，在封闭期间，基金规模不再扩大或缩小，投资者只能在证券交易市场上买卖基金单位的投资基金。

开放式基金（Opened-end Funds）的基金单位总数可以随时增减，投资者可以随时购买基金单位，并可随时将其持有的基金单位卖给基金公司，以赎回现金。由于开放式基金具有开放性，故基金总规模在不断变化。

（2）按基金投资对象的不同分类，投资基金可分为货币市场基金、股票市场基金、债券基金、指数基金与对冲基金等。

货币市场基金是投资于货币市场，以短期金融工具如国库券、商业票据等为投资对象的基金。

股票市场基金是投资于股票市场，以各种股票为投资对象的基金。

债券基金是投资于债券市场，以各种中长期债券为投资对象的基金。

指数基金是以某种证券市场股票价格指数为投资对象的基金。

对冲基金是在金融市场上进行套期保值交易，利用现货市场与衍生市场对冲的基金。

2．投资基金的买卖

开放式基金与封闭式基金的买卖方式有所不同。

对于开放式基金，投资者购买首次发行的基金称为认购，以后的基金买卖称为申购（基金单位的买入）和赎回（基金单位的卖出）。开放式基金的申购和赎回手续十分简便。申购时，投资者只需填写有关申请表格，连同购买基金的款项（当时每基金单位净值×购买的基金单位数）交给基金销售机构（如委托发行的银行、证券公司等），当基金托管人复核无误后，会将相应的基金单位划至该投资者账户下。投资者在赎回基金单位时，只需填写赎回申请，交给基金销售机构，即可售出基金，赎回款项。

对于封闭式基金，投资者在封闭期间不能向基金管理公司提出赎回。封闭式基金一般在证券交易所挂牌交易，其价格随行就市，买卖方式类似于股票买卖。

二、信用工具的基本特征

多样化的金融工具构成了一个庞大的金融工具系统，不同的金融工具在期限性、流动性、风险性和收益性等特征上有着不同的表现，从而满足了融资双方多样化的需求。

（一）期限性

期限是指债务人清偿全部债务的时间。从金融工具发行日开始计算的偿还期限称为名义期限。对投资者而言，更具有现实意义的是实际期限，即从持有金融工具之日起到该金融工具的到期日为止所经历的时间。在发行时，多数金融工具都有明确的期限，从一年到若干年不等，但也存在着例外。无限期的债券，有英国统一公债或永久性公债。这种债券的借款人同意无限期地支付利息，但始终不能偿还本金，具有无尽的期限，股票也是这样的。短期信用工具，如银行活期存款，是要随时偿付的金融工具，任何时候只要债权人想提现，银行作为债务人必须付款，因而这种工具没有特定的期限。

各种金融工具有着不同的期限，不同的期限对债务人和债权人具有不同的意义。对债务人来说，期限决定着借来的资金可供使用的时间。对债权人来说，有的希望期限较长，这样可以定期获得较多收益；有的希望期限较短，这样可以在资金闲置时购买金融工具，在需要资金时又可以及时获得资金。具有不同期限的多种金融工具组合在一起，能满足广大投资者的不同需求。

（二）流动性

金融工具的流动性是指它迅速变为货币而不致遭受损失的能力。货币是完全流动的，它能立即用于支付债务或消费。如果一种金融工具在转换为货币时需要花费时间，变现时易因价格波动遭受损失，或在变现过程中要耗费相当高的交易成本，那么这种金融工具的流动性就差。一般来说，金融工具的流动性与债务人的信用成正比，债务人的信用好，金融工具的流动性就强。如国家发行的债券、信誉卓著的公司签发的商业票据、银行发行的可转让大额定期存单等，流动性就较强。反之，债务人的信用差，金融工具的流动性就弱。金融工具的流动性与期限成反比：期限越短，流动性越强，因为期限较短，市场利率的上涨只对其价值有轻微的影响；期限越长，流动性就越弱。不同的投资者对金融工具的流动性有着不同的需要。对于持有者来说，流动性强的金融工具相当于货币。

（三）风险性

风险性是指购买金融工具的本金遭受损失的可能性。金融工具的风险有三类。

1．违约风险

违约风险即债务人不履行合约，不按时还本付息的风险。显然，这种风险的大小视债务人的信誉而定，政府债券的这种风险比工商企业所发行的债券风险要低得多。但对于特定的债务人，其所发行的证券也有不同的风险，因为不同的证券对同一债务人的索偿权有先后之分，如债券的索偿权先于优先股股票，优先股股票的索偿权又先于普通股股票。

2．市场风险

市场风险是指由利率上升引起的证券市场价格降低的风险。证券的市场价格是其收入的资本化，和证券所带来的收入成正比，与市场利率成反比。当利率下跌时，证券的市场价格就上升；当利率上升时，证券的市场价格就下跌。距离到期日越远，证券价格受利率变动的影响就越大。由此可知，在其他情况相同的条件下，投资者愿意要短期的而不愿意要长期的证券，因为前者风险较小。只有当较长期的证券提供较高的收益时，投资者才愿意购买。

3．购买力风险

购买力风险是指由通货膨胀引起的购买力下降的风险。通货膨胀的程度，一般以消费价格指数来衡量。在证券投资中，无论何种证券，都会受到通货膨胀的影响。但不同种类的金融工具或不同期限的金融工具，受通货膨胀的影响是不同的。固定收益的证券如债券，其利率预先规定不变，不会因物价上涨而升高；非固定收益的证券如普通股股票，其股息的支付是不固定的，各期会有所不同，可能随物价上涨而增加，可以抵补一部分损失，但其增加的幅度很难赶上物价上涨幅度。

一般来说，风险与流动性成反比，具有高流动性的证券具有低风险性。因为它们不但可以迅速地转换为货币，而且可以按一个稳定的价格转换。风险一般与期限成正比，期限越长，风险越大；反之，风险越小。有时确实如此，但并非永远如此。期限较长的证券虽然可能会因利率上涨而遭受较大损失，但也可能会因利率下降而获得较大的资本增益。

（四）收益性

收益和风险是投资的中心问题，其他各种问题都围绕这个中心问题而展开。投资者一般是风险的反对者，讨厌投资中带有风险。但风险又是不可避免的。要使投资者愿意承担风险，就必须给予他们一定的收益作为补偿，风险与收益成正比。

收益大小用收益率来表示。收益率是指净收益与本金的比率。收益率可从不同的角度来解释。名义收益率即金融工具票面收益与本金的比率。例如，某一债券面值为 100 元，注明年利息为 8 元，或注明年利率为 8%，均表明其每年名义收益率为 8%。即期收益率是票面规定的收益与市场价格的比率。例如，上述债券能在市场上自由买卖转让，假定某日该债券的市场价格为 95 元，则该债券的即期收益率约为 8.42%（8÷95×100%≈8.42%）。即期收益率比名义收益率更有意义。实际收益率是指实际收益与市场价格的比率。这里的实际收益是指票面规定的收益与本金损益之和。设某投资者在第一年年终以 95 元的市场价格购入面值为 100 元的 10 年期债券，则偿还期为 9年。该投资者如保留该债券到偿还期，则 9 年间每年除得利息 8 元外，还可获资本盈利 0.56[（100-95）÷9≈0.56]元。因此该投资者的实际收益率应为 9%[（8+0.56）÷95×100%≈9%]。当然，如该投资者以高出面值的价格购入该债券，则至偿还期时将遭受资本亏损，因此，实际收益率将相应减少。总之，实际收益率能更准确地反映收益率。不同的金融工具有不同的收益率，多种金融工具的存在有利于投资者对不同收益率进行合理选择。

章后习题

一、单项选择

1. 信用是（　　）。
   - A. 买卖行为
   - B. 赠与行为
   - C. 救济行为
   - D. 各种借贷关系的总和

2. 信用的本质是（　　）。
   - A. 一个经济范畴
   - B. 价值运动的一种特殊形式
   - C. 价值单方面的运动
   - D. 一种债权债务关系

3. 信用最基本的特征是（　　）。
   - A. 债权债务关系
   - B. 偿还和付息
   - C. 价值运动
   - D. 借方和贷方

4. 商业信用的主体是（　　）。
   - A. 银行
   - B. 厂商
   - C. 消费者
   - D. 国家

5. 一些具有较高社会效益，但经济效益较差、投资回收期较长的大型基建项目的资金往往只能通过（　　）解决。
   - A. 国家信用
   - B. 社会信用
   - C. 银行信用
   - D. 民间信用

6. 消费信用是企业或银行向（　　）提供的信用。
   - A. 本国政府
   - B. 社会团体
   - C. 消费者
   - D. 工商企业

7. 现代经济中最基本的、占主导地位的信用形式是（　　）。
   - A. 国家信用
   - B. 商业信用
   - C. 银行信用
   - D. 国际信用

8. 由债务人向债权人签发的，承诺在一定时期内支付一定款项的债务凭证是（　　）。
   - A. 本票
   - B. 支票
   - C. 债券
   - D. 汇票

9. 优先股股票相对于普通股股票在股息分配和（　　）方面具有优先权。
   - A. 表决
   - B. 发言
   - C. 剩余财产分配
   - D. 公司增发股票的认购

10. 通常情况下，安全性、流动性与收益性三者关系正确的是（　　）。
    - A. 证券的安全性与流动性正相关，与收益性负相关
    - B. 证券的安全性与流动性负相关，与收益性正相关
    - C. 证券的安全性与流动性正相关，与收益性正相关
    - D. 证券的安全性与流动性负相关，与收益性负相关

11. 商业信用最重要的特征在于（　　）。
    - A. 它是处于生产、流通过程中的信用
    - B. 商业信用的双方都是工商企业
    - C. 商业信用的动态与产业资本的动态不相一致
    - D. 它与特定的资金交易紧密结合在一起

二、多项选择

1. 信用是一种借贷行为，是以（　　）为条件的价值单方面的运动。
   - A. 偿还
   - B. 交换
   - C. 盈利
   - D. 付息

2. 以信用发放主体为标准划分，信用可分为（　　　）。

   A. 商业信用　　B. 银行信用　　　C. 国家信用

   D. 消费信用　　E. 股份信用

3. 商业信用包括（　　）这两个同时发生的经济行为。

   A. 借贷行为　　　B. 买卖行为　　　C. 债权行为　　　D. 债务行为

4. 银行信用与商业信用的关系表现在（　　　）。

   A. 商业信用是银行信用产生的基础

   B. 银行信用推动商业信用的完善

   C. 两者相互促进

   D. 银行信用大大超过商业信用，可以取代商业信用

5. 国家信用与其他信用的联系和区别在于（　　　）。

   A. 可供信用动用分配的闲置资源在一定条件下，两者在量上是此增彼长的关系

   B. 国家信用的利息由纳税人承担，其他信用的利息由借款人承担

   C. 与其他信用相比，国家信用的信誉最高

   D. 公债期限一般都较长，具有资金使用的稳定性

   E. 公债利息和其他证券利息一样，都可以成为财政收入

6. 普通股股东的权利通常有（　　　）。

   A. 优先认购新股权　　　　　　　　B. 优先分配利润权

   C. 剩余资产优先清偿权　　　　　　D. 参与企业经营管理权

7. 消费信用的主要形式有（　　　）。

   A. 分期付款　　B. 消费信贷　　　C. 民间借贷　　　D. 信用卡

三、案例分析

信用卡遇冷了吗

    近期，有关年轻人不愿用信用卡的话题上了热搜。信用卡业务一直是银行零售金融的重要阵地，在激发消费意愿、释放消费潜力、推动消费升级等方面发挥着重要作用。信用卡吸引力变弱，主要是因为互联网技术进步和移动支付的快速发展，不少年轻人已不再习惯随身携带现金和银行卡。除了支付方式的改变，信用卡"遇冷"也意味着部分年轻用户消费观念在转变。有数据显示，如今，35%的年轻人不使用信贷消费，多数年轻人信贷消费比例在收入的 20% 以下，越来越多年轻人正试图通过关闭消费信贷的方式告别"超前消费"。

    其实，信用卡"遇冷"并不代表信用卡不受青睐。数据显示，我国信用卡累计发卡量由 2015 年的 4.32 亿张增加至 2023 年二季度末的 7.86 亿张，授信总额由 2015 年的 7.08 万亿元增加到 2023 年二季度末的 22.31 万亿元，信用卡业务已经深深地渗透现代消费生活。

    信用卡"遇冷"的同时也在倒逼商业银行进行存量信用卡业务改革，重新审视和调整自身定位，以适应年轻人的新消费习惯。这也可能促使银行和金融机构加快创新步伐，提供更符合年轻人需求的金融服务和产品。

    思考与讨论：

    结合上述情况，分析消费信用的优缺点。

第三章　利息和利率

☑ 章前引例

利息和利率是与信用相对应的经济范畴，是信用从商品借贷发展到货币借贷的产物。可以说，在现代市场经济条件下，有信用行为，就必然有利息或类似的东西；同时，有利息，信用才能存在和发展。信用与利率是一国金融市场得以建立和发展的必不可缺的条件。在现代生活中，人们对利息和利率都不陌生。人们常常把暂时不用的钱存入银行，这样银行就会按规定付给其一定的利息。利息是资金的"报酬"，是债务人支付给债权人使用其资金的代价。利率则是衡量利息高低的指标，它与人们的日常生活息息相关，对经济的健康发展影响重大。它不但影响个人的经济决策，还影响企业的生产经营活动。

思考与讨论：

利息的本质是什么？什么是利率？有哪些利率决定理论？有哪些现实因素会影响利率？

☑ 学习目标

了解利息的含义与本质；

掌握利率的概念以及种类；

掌握利率的决定理论和作用；

理解影响利率的现实因素。

☑ 价值目标

通过本章的学习，培养正确的投资观念，提升自身金融素养。

学会如何有效地管理个人资产，理解储蓄对未来的经济安全和个人财富积累的重要性，并培养可持续的生活观。

第一节　利息的含义及本质

利息是信用的基础，是收益的一般形态。

一、利息的含义

利息即借贷资金的买卖价格，是资金所有者因贷出货币的使用权而从借款者处取得的一种报酬。或者说是借款者到期支付给贷款者的超过其使用资金的代价。利息是信用活动的产物，它来源于劳动者所创造出的价值。要考察利息的本质，及其所反映的经济关系，必须结合其来源进行分析。不同的生产方式反映的经济关系不同。

在奴隶社会和封建社会，高利贷资本是生息资本的主要形式。其利息来源是奴隶、小生产者劳动创造的被高利贷者无偿占有的剩余产品，甚至包括一部分必要产品。因此，利息反映的是高利贷者同奴隶主或封建主共同剥削劳动者的关系。

在资本主义制度下，利息是借贷资本运动的产物，但借贷资本的运动形式被资本主义生产关系所掩盖，货币被贷放出去后带着增值的价值被收回。但从借贷资本的整个运动过程来看，资金只有在被使用到再生产过程中才能够实现价值增值。借贷资金首先用于购买生产资料和劳动力，在再生产过程中将二者结合起来，创造新的产品。新产品的价值包括两部分：成本与利润。成本来源于生产所耗费的生产资料的价值以及劳动者的个人劳动所创造的价值。利润为劳动者的剩余劳动所创造的剩余价值。对于整个社会而言，剩余价值转化为平均利润并被分为两部分：一部分是借贷资本家出让货币的使用权所获得的利息；另一部分是职能资本家所获得的企业利润，企业利润在数量上等于平均利润和利息的差额。因此，在资本主义制度下，对于整个社会来说，利息来源于平均利润。这体现了资本家与无产阶级之间的剥削关系。

二、利息的本质

关于利息的本质，各经济学派从不同立场、角度出发，阐述了自己的观点。

（一）马克思关于利息来源与本质的理论

马克思指出：借贷资本的运动特点是双重支出和双重回流。双重支出是指：货币资本家把货币资本贷给职能资本家，职能资本家用货币购买生产资料和劳动力。双重回流是指：职能资本家把商品销售出去取得货币，然后把借贷资本连本带利地归还给货币资本家。利息就其本质而言，是剩余价值的一种特殊表现形式，是利润的一部分，体现了借贷资本家和职能资本家共同剥削雇佣工人的关系，也体现了借贷资本家和职能资本家瓜分剩余价值的关系。

（二）西方经济学家关于利息来源与本质的理论

（1）利息报酬论由配第（古典政治经济学家）提出，它是古典经济学中颇有影响力的一种理论。该理论认为利息是所有者暂时放弃货币使用权而给贷出者带来不方便的报酬。该理论描述了借贷的现象，但是没有真正理解剩余价值的本质。

（2）资本生产力论由萨伊（法国）提出。他认为，资本、劳动、土地是生产的三要素，在生产中它们各自提供了服务，资本具有生产力，利息是资本生产力的产物。这种理论否定了劳动价值论。

（3）节欲论由西尼尔（英国）提出。他认为资本来自储蓄，要储蓄就必须节制当前的消费和享受，利息来自对未来享受的等待，是对为积累资本而牺牲现在消费的一种报酬，是资本家节欲行为的报酬。

（4）灵活偏好论，也叫流动性偏好论，是凯恩斯（英国）提出的著名理论。他认为，利息是在一个特定的时期内人们放弃货币周转灵活性的报酬，是对人们放弃流动性偏好，即不持有货币进行储蓄的一种报酬。

第二节　利率的概念和种类

利率是衡量利息高低的指标，在金融学中总是特别受重视。在实际生活中，利率的变动对人们的行为也会产生很大影响。

一、利率的概念

（一）利率的含义及表示方法

利率是一定时期内收取的利息额与本金的比率，是决定利息数量的因素和衡量其大小的标准。利率有三种表示方法——年利率、月利率和日利率。年利率、月利率和日利率是按计算利息期限的时间单位来划分的。年利率以年为时间单位计算利息，通常用本金的百分之几来表示。月利率以月为时间单位计算利息，常以本金的千分之几来表示。日利率习惯上叫作"拆息"，以日为时间单位计息，它一般以本金的万分之几来表示。如果本金为存款，则利率为存款利率；如果本金为贷款，则利率为贷款利率。

（二）利率的作用

利率是商品经济的重要杠杆，只要存在商品经济，利率的杠杆作用就不会消失。在现代市场经济中，利率发挥着重要的经济杠杆作用。

1. 聚集资金，动员社会闲置金融资源

利率的这种功能非常强大。它有利于把暂时闲置的再生产过程中的货币资本、食利阶层的本金和社会各阶层的货币收入聚集起来，运用现代信用制度，将其分配到社会再生产过程中加以应用，使生产力得到前所未有的发展。银行和各种非银行金融机构通过调高存款利率来吸引人们存储，使消费基金转化为生产资本，从而增加社会资本总量，这对社会发展是非常重要的。

2. 利率有利于协调国民经济各部门的发展，使资源配置合理化

（1）利率可以调节社会总量，使其趋于平衡。当社会总需求与总供给出现总量的重大比例失调时，可以运用利率加以调节。当物价上涨，社会总需求大于总供给时，可以提高存款利率，吸引居民把现实购买力转化为存款，进一步转化为资本，并调低贷款利率，吸引投资，扩大生产，增加供给。当社会总供给超过总需求时，调高贷款利率，降低存款利率，刺激需求，控制生产，平衡总量。

（2）利率可以调节经济结构。银行和非银行金融机构根据国家经济政策，从全局出发，对不同地区、不同部门、不同企业和产品实行各种利率，鼓励和限制不同产业的发展，从而促进产业结构和经济结构的协调发展。

3．利率已成为现代国家干预经济生活的重要工具

随着现代市场经济的发展，经济生活越来越复杂，国家干预经济生活已经成为国家职能的重要组成部分。现代实行市场经济制度的国家利用提高或降低再贴现率或再贷款利率，调控货币供给量，干预经济生活，尽量熨平经济周期的波动幅度。当有效需求不足，市场银根偏紧时，政府通过中央银行降低再贴现率，以促使商业银行和专业银行降低贴现率，刺激投资，扩大就业，增加需求，从而推动经济发展。反之，如果通货膨胀压力增加，危及社会、政治、经济的稳定，政府则通过中央银行提高再贴现率，以促使商业银行和专业银行提高贴现率，紧缩货币供给量，紧缩信用规模，抑制需求，以降低通货膨胀率，促进经济稳定发展。

二、利率的种类

市场上的利率是多种多样的，它们的表示方式各不相同。

（一）名义利率和实际利率

名义利率是以名义货币表示的利率，也就是借贷契约和有价证券上规定的利率，它不考虑通货膨胀因素对货币币值的影响。而实际利率是指物价不变，从而货币购买力不变的条件下的利率，是剔除了通货膨胀因素以后的真实利率。实际利率等于名义利率减去通货膨胀率。显然，当物价不变时，实际利率就等于名义利率，但这种情况在现实生活中很少出现，因为物价总在变动；当通货膨胀率高于名义利率时，实际利率就成为负数，通常称为"负利率"，负利率不利于储蓄和投资，对经济有消极影响。

（二）固定利率与浮动利率

根据在借贷期内是否可调整，利率可分为固定利率和浮动利率两大类。固定利率是指在借贷期内不随借贷货币资金的供求状况而波动的利率，即不做调整的利率。它具有简便易行、易于计算等优点。在借款期限较短或市场利率变化不大的情况下，可采用固定利率。浮动利率是指在借贷期内随市场利率的变化而定期调整的利率，调整期限和调整基准等由借贷双方协定。实行浮动利率时，手续繁杂，会不可避免地增加计算利息的成本，但它能将借贷双方承担的风险降到较低。

（三）市场利率和公定利率

市场利率是指在货币借贷市场上，借贷双方通过竞争形成的利率。市场利率随借贷资金供求的变化而变化。公定利率是指一国政府通过金融管理部门或中央银行确定的利率。它反映了非市场力量对利率的干预。一方面，公定利率的变化代表政府货币政策的意向，市场利率随公定利率的变化而变化。另一方面，市场利率反映借贷资金的供求状况，是国家制定公定利率的重要依据。

此外，利率还可分为长期利率和短期利率、存款利率和贷款利率、一般利率和优惠利率等。

　　利率是重要的宏观经济变量，利率市场化是经济金融领域的核心改革之一。改革开放以来我国一直在稳步推进利率市场化，建立健全由市场供求决定的利率形成机制，中央银行通过运用货币政策工具引导市场利率。经过 30 多年的持续推进，我国的利率市场化改革取得显著成效，已形成比较完整的市场化利率体系，收益率曲线也趋于成熟，为发挥好利率对宏观经济运行的重要调节功能创造了有利条件。

第三节　利率决定理论

　　利率能反映一国宏观经济运行的基本状况，而利率的变动又将影响宏观经济变量，成为调控宏观经济运行和微观经济活动的重要工具。利率决定理论在经济学和金融学领域拥有重大价值，其核心研究着眼于利率的决定因素及其对经济的影响机制。由于学者对这些问题的观点不一，形成了多种不同的利率决定理论。

一、马克思利率决定理论

　　马克思利率决定理论基于对资本主义体系的研究，强调了利息与利润之间的内在联系。马克思认为，利息是贷出资本的资本家从借入资本的资本家那里分割出来的一部分剩余价值，而利润是剩余价值的转化形式。

　　一般情况下，利率的波动范围位于零和平均利润率之间。平均利润率指的是全社会剩余价值总额与社会总资本的比率。在竞争机制的作用下，全社会各个产业部门不同的个别利润率逐渐趋向平均化。马克思进一步阐述，在平均利润率和零之间，利率的高低由两个因素决定：一是利润率，二是总利润在贷款人和借款人之间的分配比例。这种比例的确立主要受借贷双方供求关系及其竞争的影响，在平均利润率确定的情况下，利率变动取决于借贷资本的供求双方的竞争状况。通常情况下，当借贷资本需求大于供给时，竞争结果将推动利率上升；反之，当借贷资本供给过剩时，竞争将导致利率下降。这确定了利率的两个特性：利率必然大于零，以保证银行有利润空间；利率必然低于平均利润率，以确保企业能够获得利润，这两个特性共同构成了双方竞争达到平衡的必然结果。

二、古典利率决定理论

　　古典学派认为，一个自由竞争的市场本身存在一种强大的力量可以使市场达到和维持充分就业的状态，强调了市场机制在利率调节中的重要性。他们认为利率受到储蓄与投资之间供需关系的影响，在充分就业的状态下，储蓄和投资都可以表示成利率的函数。资金供给超过投资需求将导致利率下降，因为可用资金多于实际需求。相反，资金供给不足将使得利率上升，因为此时借贷需求超过了可获得的资金量。在古典利率决定理论中，又以英国马歇尔的"储蓄投资利率论"和美国费雪的"借贷资本利率论"为代表。

古典学派的储蓄投资利率论将利率、储蓄和投资三者结合起来，以均衡分析方法为基础，推导出利率由投资和储蓄的均衡价格所决定的结论。这一理论的基本前提在于经济系统的储蓄量等于投资水平时，整体经济处于平衡状态，即资源分配达到了一种理想状态。然而，这一理论存在着一定的局限性：其过度强调储蓄和投资的平衡，而忽略了其他影响利率的因素。因其未考虑到货币、预期和政府干预等非实物方面的因素，这种分析范式在经济理论中也被归类为"纯实物分析"范畴的理论构架。

三、凯恩斯利率决定理论

凯恩斯及其追随者的利率决定理论与古典学派截然不同。他们认为利率并非由储蓄和投资的相互作用所决定，而是一种货币理论，取决于货币供给量和货币需求量之间的关系。凯恩斯着重强调货币政策对利率调整的作用，主张政府能够通过控制货币供应量影响利率水平，进而对经济产生影响。此外，他提出了"流动性陷阱"概念，指出在某些情况下，即使利率非常低，投资者也不愿增加投资，因为市场上已经拥有足够的流动性资金。

流动性偏好利率理论认为，利率决定于货币需求数量和货币供给数量两个因素。货币需求被视为内在变量，由个体对流动性的偏好所决定。所谓流动性偏好是指人们在选择其财富的持有形式时，大多数倾向于选择货币，因为货币具有完全的流动性和最小的风险性。利息则被视为对放弃流动性的一种补偿，因此，利率成为衡量人们流动性偏好的指标。

该理论主要观点如下。

（1）利息被视为一种获取货币的补偿，完全是一种货币现象。

（2）利率是由货币供给与货币需求所决定的。

（3）货币供给与货币需求平衡时决定均衡利率水平。

📖 **专栏 3-2　为什么会出现"流动性陷阱"**

根据货币需求理论，利率是持有货币的机会成本。当利率降低到不能再低的水平时，相对于债券较低的收益率，人们会依据流动性偏好，更倾向于持有现金，将其存储起来。宽信用形成的三个条件：第一，央行采取宽松的货币政策，印基础货币，通过公开市场业务、降低再贴现率、降准等手段，把更多的资金先注入商业银行体系中；第二，商业银行在考虑经济环境以及放贷风险之后，有放贷的意愿；第三，借款人对资金有相对应的需求，这就要看经济环境以及借款人对市场未来的预期如何。

然而，在流动性陷阱的情况下，人们没有更好的投资选择，也就没有借款需求，商业银行也没有放贷意愿，央行采取宽松的货币政策所产生的较多的资金无法通过商业银行流转到实体经济，这使得不管央行印多少钱出来，市场的钱始终不够，便形成了流动性陷阱。

四、新古典利率决定理论

新古典利率决定理论，又称为借贷资金学说，1939 年由剑桥学派的代表人物罗伯逊提出。该理论主张利率由可借贷资金的供给和需求所决定。借贷资金学说指的是在经济理论中探讨利率形成和决定的观点和理论，特别着眼于借贷市场上资金供给和需求之间的相互作用，及其对利率水平的影响。该理论认为当需求超过供给时，利率通常会上升，因为借款者竞相争取有限的资金。相反，当供给超过需求时，利率可能下降，因为借贷者竞相提供资金。该理论考虑了资金在借贷市场上的流动性、借贷双方之间的竞争关系以及其他影响利率的因素，认为这些因素共同影响着利率的变动和水平。

借贷资金理论综合考虑了实体经济和货币层面对利率决定的影响，将社会经济的实质要素与金融因素有机地结合在一起，合理地解释了利率的决定机制。在经济学领域，借贷资金理论因其对利率形成过程的全面解释而被视为解释利率形成和波动的重要理论之一。在当代，它被认为是对利率决定具有重要影响力的理论之一。

第四节　影响利率的现实因素

决定和影响利率的因素很多，本节将泛泛地讨论一下各种因素，具体内容如下。

一、宏观因素

（一）中央银行政策

中央银行运用某些政策工具通过银行影响可贷资金数量。当中央银行想要刺激经济时，它将采取措施，鼓励银行增加可贷资金的数量，使利率下降，同时刺激对利率敏感项目如房地产、企业厂房和设备的支出。当中央银行要限制经济活动时，它将采取迫使银行收回贷款的措施，使利率上升，抑制家庭和企业支出。

一般来说，中央银行政策对短期利率的影响大于对长期利率的影响，后者主要受预期通货膨胀的影响。当中央银行向银行注入资金以刺激银行贷款增加并降低利率时，大部分情况下短期利率将发生变化。由于货币供给量增加将提高通货膨胀预期，可能会导致长期利率的上升。

（二）政府预算赤字

很明显，如果其他因素不变，政府预算赤字增加则利率上升。政府借款增加意味着可贷资金需求增加，如果其他因素不变，则利率一定升高。而且，较大的预算赤字可能会引起通货膨胀预期，进而拉动利率上升。多数经济学家赞同预算赤字增加将导致利率上升这一观点，但也有不同意见。那些不相信预算赤字能显著影响利率的经济学家通常有两种解释：其一，可贷资金具有世界范围的市场；其二，预算赤字增大的趋势会使国内私人储蓄率上升。

（三）通货膨胀水平

通货膨胀会对整个宏观经济产生较大的影响。如果通货膨胀率过高，政府则会采取相应的紧缩的货币政策。政府常常采取的措施是调整银行存款准备金比率，通过控制银行的放贷规模，减少货币供给量，提高利率或直接提高商业贷款利率。当通货膨胀率过低时，意味着经济过冷，需要增加整体的货币供给量，以刺激经济发展。在这种情况下，政府一般会采取较为宽松的货币政策，即下调利率，降低资金成本，扩大社会生产，刺激宏观经济发展。

（四）国际利率水平

随着各国经济对外开放程度的提高，国际利率水平的高低对一国利率会产生很大的影响。这种影响是通过下述两条渠道实现的。

一是国际信贷渠道。在国际金融市场利率较低的条件下，一方面，银行等金融机构从国际金融市场上筹资成本较低，从而能够以较低的利率发放贷款；另一方面，某些大企业可以在国际金融市场上直接筹措资金，缓解国内资金供不应求的矛盾，这必然会使国内利率回落到国际金融市场上的利率水平。而在国际金融市场利率高于国内利率的条件下，无论是银行还是企业都会减少从国际金融市场上筹措资金的数量，而把资金筹措的主要力量放在国内，从而使国内资金供不应求。在国内资金供不应求的压力下，利率必然要逼近国际金融市场的利率水平。

二是国际贸易渠道。例如，在国际金融市场利率高于国内贷款利率的条件下，出口企业会把一些可以即期结汇的交易做成远期结汇交易，这实际上等于出口企业向外国进口商提供了一笔贷款，外国进口商会在出口商品的价格中，根据国际金融市场的利率水平付息，出口企业可以从国际金融市场和国内利率水平的差异中获利，但这样会使国家的大量资金被外商占用。因此，国家在制定和调整利率时，不能不考虑国际利率水平的影响。

二、微观因素

（一）平均利润率

当企业从银行和其他金融机构借入资金从事生产经营活动后，所得利润必须分为两部分：一部分以利息形式支付给银行和其他金融机构，作为使用借贷资金的代价；另一部分作为企业的利润。一般而言，随着一国市场机制的作用及价格体系的调整和完善，企业间利润率的差距将会逐渐缩小而出现平均化的趋势，因此企业所支付的利率必然以平均利润率为最高界限。如果利率超出这一界限，就会使企业运用借入资金所生产的利润等于零或小于零，企业就不会再从金融机构借入资金了。至于利率最低可到什么程度，则没有一个确切的界限，但一般不会等于零。

（二）银行成本

银行作为经营存、放、汇等金融业务的特殊企业，以获取盈利为目标。其利润大小取决于两方面：一是收入的多少，二是成本的高低。因此，成本必须通过其收益得到补偿。银行的成本分为两类：一是借贷资金的成本，即银行吸收存款时向存款人支付的利息；二是经营的所有费用，包括银行的厂房、设备等固定资产的支出，雇用劳动力的工资以及其他费用。银行在考虑其贷款的利率问题时，必须将这些因素充分考虑进去。

（三）借贷资金供求状况

利率应在零和平均利润率之间，这只是说利率一般可以在这个区间内取值，但并不能确定某一时期具体的市场利率。在利率市场化条件下，市场利率一般是在借贷资金市场上由资金的供求双方协商确定的。在这一过程中，资金的供求状况起着决定性作用。在通常情况下，借贷资金供大于求，对借者有利，可争取到较低的贷款利率；反之，在借贷资金供不应求时，则借者处于不利地位，贷者会提出较高的贷款利率，借者也只能接受较高利率的贷款。当借贷资金市场供求平衡时，在一段时间内会形成市场的均衡利率。

章后习题

一、单项选择

1. 降低利率会使企业利润相对（ ）。
   A. 减少　　　　B. 增加　　　　C. 不变　　　　D. 无关
2. 促使贷款利率上升的原因是（ ）。
   A. 预期通货膨胀率上升　　　　B. 商业周期处于经济扩张阶段
   C. 以上均是　　　　　　　　　D. 以上均不是
3. 在通货膨胀情况下，名义利率、实际利率、通货膨胀率三者的关系是（ ）。
   A. 名义利率=通货膨胀率-实际利率
   B. 名义利率=实际利率-通货膨胀率
   C. 实际利率=名义利率+通货膨胀率
   D. 实际利率=名义利率-通货膨胀率
4. 凯恩斯认为，债券的市场价格与市场利率的关系是（ ）。
   A. 正相关　　　B. 负相关　　　C. 无关　　　D. 非线性关系
5. 马克思认为，利息是（ ）。
   A. 劳动者创造的　　　　　　B. 来源于地租的
   C. 放弃货币流动性的补偿　　D. 放弃货币使用权的报酬
6. 利率的合理区间是（ ）。
   A. 等于平均利润率　　　　　　B. 大于零
   C. 大于零而小于平均利润率　　D. 无法确定
7. 以下关于古典利率决定理论的说法错误的是（ ）。
   A. 古典利率决定理论是一种局部均衡理论
   B. 根据古典利率决定理论，资本供给主要来自社会储蓄，需求来自消费
   C. 古典利率决定理论使用的是流量分析方法
   D. 根据古典利率决定理论，利率能自动调节经济实现均衡

8. 下列不属于凯恩斯"流动偏好"利率理论的特点的是（　　）。

    A. 它是利率的货币决定理论

    B. 货币可以间接影响实际经济水平

    C. 当经济陷入"流动性陷阱"时，利率不再变动

    D. 它是一种流量理论

9. 认为利率纯粹是一种货币现象，利率水平由货币供给与人们对货币需求的均衡点决定的理论是（　　）。

    A. 马克思的利率决定理论　　　　　　B. 古典学派的储蓄投资理论

    C. 借贷资金学说　　　　　　　　　　D. 凯恩斯学派的流动性偏好理论

10. 按是否考虑通货膨胀的影响，利率可以划分为（　　）。

    A. 实际利率、名义利率　　　　　　　B. 市场利率、官定利率、行业利率

    C. 基准利率、无风险利率　　　　　　D. 固定利率、浮动利率

二、多项选择

1. 导致利率上升的因素有（　　）。

    A. 扩张的货币政策　　　　　　　　　B. 紧缩的货币政策

    C. 通货膨胀　　　　　　　　　　　　D. 经济高增长

2. 以下关于古典利率决定理论的说法正确的有（　　）。

    A. 古典利率决定理论是一种局部均衡理论

    B. 古典利率决定理论是实际利率理论

    C. 古典利率决定理论使用的是存量分析方法

    D. 利率能自动调节经济实现均衡

3. 利率的决定与影响因素有（　　）。

    A. 利润的平均水平　　　　　　　　　B. 资金的供求状况

    C. 物价变动的幅度　　　　　　　　　D. 国际利率水平

    E. 政策性因素

4. 下列关于利息的说法正确的有（　　）。

    A. 从债权人的角度看，利息是债权人贷出资金而从债务人处获得的报酬

    B. 从债务人的角度看，利息是债务人为获得货币资金的使用权所花费的代价

    C. 利息是债务人使用资金的"价格"

    D. 利息来源于利润

5. 根据名义利率与实际利率的比较，实际利率呈现的三种情况是（　　）。

    A. 名义利率高于通货膨胀率时，实际利率为正利率

    B. 名义利率高于通货膨胀率时，实际利率为负利率

    C. 名义利率等于通货膨胀率时，实际利率为零

    D. 名义利率低于通货膨胀率时，实际利率为负利率

6. 下列关于名义利率和实际利率的说法正确的有（　　）。

    A. 名义利率是包含了通货膨胀因素的利率

    B. 名义利率扣除通货膨胀率即可视为实际利率

    C. 通常在经济管理中能够操作的是实际利率

D. 名义利率不能完全反映资金时间价值

E. 实际利率不能完全反映资金时间价值

7. 考虑到通货膨胀因素的存在，利率可分为（　　　）。

A. 浮动利率　　　　B. 一般利率　　　　C. 名义利率

D. 实际利率　　　　E. 优惠利率

8. 银行提高贷款利率有利于（　　　）。

A. 抑制企业对信贷资金的需求

B. 刺激物价上涨

C. 刺激经济增长

D. 抑制物价上涨

E. 减少居民个人的消费信贷

三、案例分析

为什么中国的储蓄率高

中国的国民储蓄在世界上排名一直居高不下。从历史上看，国民储蓄从 20 世纪 80 年代以来，为 GDP 的 35%至 40%。在加入世贸组织以后，中国融入全球贸易体系，储蓄率急剧上升，2008 年达到峰值，为 GDP 的 52%。到 2022 年末，中国本外币存款余额 264.45 万亿元，同比增长 10.8%，人民币存款 258.5 万亿元。在过去 30 年间，中国的储蓄率逐渐上升。大部分其他国家在同期的储蓄率要么变化不大，要么下降。唯一和中国情况类似的只有印度。

高储蓄率的背后不仅有银行方面的原因，还有居民的投资组合、预防性需求、消费选择以及政府利率调控等因素，一国人口和资本结构也长期影响居民储蓄行为。因此，中国居民储蓄存款的增加是在中国改革开放，居民收入水平快速提高、资本结构缓慢变化的情况下，利率市场化改革、宏观调控优化、银行业变革和居民行为调整演化的结果，有周期性和阶段性的原因，更有趋势性原因。那么，如此大规模的居民储蓄，未来能否释放出来？如果能释放又会流向哪些领域呢？

思考与讨论：
结合上述情况，分析储蓄的好处以及利率和收益率之间是什么样的关系。

第四章　金融机构

中国金融业开放的脚步渐行渐快。2023 金融街论坛年会上介绍，近年来，我国进一步推出 50 多项开放举措，全面取消银行保险领域外资持股比例限制，大幅减少外资准入数量型门槛，持续拓展金融业开放的广度和深度。目前，30 家全球系统重要性银行均在中国设有分支机构，全球最大的 40 家保险公司近半数进入中国市场。

随着金融业对外开放程度的提高，我国金融机构实力也持续提升，不仅在中国市场同外资金融机构直接竞争，还将业务范围进一步扩至境外。截至 2023 年 6 月末，工商银行已在 21 个共建"一带一路"国家设立 125 家分支机构，与 143 个国家和地区的 1 443 家外资银行建立了业务关系，服务网络覆盖六大洲和全球重要国际金融中心。中国出口信用保险公司在短期出口信用保险项下对共建"一带一路"国家的承保金额近 1.3 万亿美元，累计支付赔款 61 亿美元。2023 年 10 月，首批 15 家保险机构入驻上海国际再保险交易中心，标志着再保险"国际板"启动运营，进一步提升我国保险业双向开放水平。

思考与讨论：

我国扩大金融业开放的举措有哪些？这些举措对今后金融行业和金融机构的发展有哪些深远影响？

学习目标

了解金融体系的概念、产生及发展；

了解金融中介机构的划分、优势及功能；

掌握我国现行金融机构体系的构成，并理解其业务范围。

价值目标

通过本章的学习，认识到我国金融机构体系的发展是建立在社会主义市场经济基础之上的金融运作体系，是符合中国国情的经济制度。

培养在金融领域的综合素养，包括了解不同类型银行的职能和运作机制。

第一节 金融体系概述

现存的各种金融机构及彼此间形成的关系构成金融体系。

一、金融体系的概念

金融体系是指金融要素的安排及其动态关联系统，是由金融制度、金融机构、金融工具、金融市场、金融调控机制等构成的支持社会组织正常运转的资金集中与分配的系统。该系统运转的优劣决定着经济组织功能的发挥。

金融体系包括市场、中介、服务公司和其他用于实现家庭、企业及政府金融决策的机构。从狭义上看，金融体系是一个国家依据本国的经济体制、政治、技术、文化习俗、历史背景等基础条件，以行政的、法律的形式确定的金融系统结构，以及构成这个体系的各种类型的银行和非银行金融机构的职能作用及其相互关系。从广义上看，现代金融体系一般可以分成三个相互依存的组成部分：金融机构体系、金融市场体系与金融监管体系。

金融体系是在商品生产与市场交易的过程中逐步形成的，是商品经济发展的产物。一般来说，任何国家的金融体系都包括金融市场和金融中介两部分，但是，在不同的国家和地区，在不同的时期，这两部分在金融体系中的重要程度是不一样的。例如，在美国，金融市场相对更发达；在德国，银行占据主导地位。因此，我们可以根据金融中介和金融市场在金融体系中的地位把现代金融体系分为两种模式：市场主导型和银行主导型。前者以美、英为代表，后者以法、德、日为代表。

二、金融机构的产生和发展

银行是最重要和最典型的金融机构，也是最早产生的金融机构。银行是经营存款、放款、汇兑、储蓄等业务，为客户办理货币支付和结算，充当信用中介的信用机构。它是在商品经济发展的历史进程中逐步产生、发展和完善起来的。因此，这里将以银行作为分析金融机构产生和发展的代表。

银行产生于货币经营业的基础之上，历史上，它是由货币兑换业发展而来的。在前资本主义时期，各国或一国的不同地区常使用不同的金属货币，因此，进行国际或国内贸易时，首先必须进行货币的兑换，其次才能完成商品交易和货币支付行为。这样就逐渐出现了从事货币兑换的行业，以及专门从事货币兑换业务的商人。

货币兑换商起初仅单纯办理货币兑换业务，并收取一定的手续费。后来，随着商品交换的进一步发展，经常往来于各地的商人为避免长途携带货币的麻烦和规避保管货币的风险，就将货币交给兑换商保管，进而又委托其代办收付、汇兑和结算，于是货币兑换业逐渐发展成货币经营业。随着货币经营业务的扩大，经营者手中逐渐聚集了大量货币资产，他们就利用这些货币暂时对外贷款并收取利息，以获取更多的利润。这样，货币经营业由单纯的服务职能，变成服务与借贷相结合的中介职能，从而产生了早期的银行业。

近代银行出现在中世纪的欧洲，当时欧洲的贸易已很发达。最早的银行是意大利的威尼斯银行，建于 1171 年；随后，1407 年设立了热那亚银行，1609 年在荷兰成立了阿姆斯特丹银行；接着，1619 年在德国成立了汉堡银行。英国从 16 世纪到 17 世纪，也有许多从事金银生意的金店经营存款贷款业务。这些早期的银行具有高利贷性质。随着资本主义生产关系的确立和资本主义商品经济的发展，高利贷性质的银行已不能适应资本扩张的需要。因为资本要获取尽可能高的利润，利率只能是平均利润率的一部分，同时，资本主义经济工业化的过程需要资金雄厚的现代银行做后盾，高利贷性质的货币经营业务已成为资本主义经济发展的障碍。

现代资本主义银行主要通过两种方式产生：一种方式是高利贷业转变为资本主义银行，另一种方式是以股份公司的形式建立新型股份制银行。1694 年，英国成立的英格兰银行是第一家资本主义股份制银行，它是现代银行的标志。从此，股份制银行在各国普遍成立，它既从事一般的存、贷款业务，也从事银行证券的发行业务。这些股份制银行资本雄厚、业务全面、利率较低，在社会上建立了规范的信用制度和信用货币制度，极大地促进了工业革命的发展，成为现代金融业的主体。为了稳定通货并在全国建立统一的货币市场，随着资本主义经济的发展，中央银行逐渐产生了。中央银行先是集货币经营权、货币发行权于一身，后来逐渐放弃了直接面向企业的信用业务，主要与国家和银行等金融机构往来，最终成为"银行的银行"。

> **专栏 4-1 "银行（Bank）"一词的由来**
>
> 从历史上看，"银行（Bank）"一词来源于近代意大利。12 世纪中期，欧洲许多城市流通着种类繁多的货币。随着商业的发展，不同地区之间多种货币用作媒介的商品交易日益困难。于是，有些意大利人在威尼斯等地沿街摆摊，专门从事鉴定、兑换各种货币的业务。他们有时也接受存款，发放高利贷。由于这些经营货币的商人多坐在长板凳上，意大利人便把他们称为"banco"，即长板凳，英语中的"bank"和法语中的"banguc"就是由此演变而来的。

第二节 金融中介机构的构成

金融中介机构种类繁多，其性质和职能各不相同，所以金融中介机构的分类也是从多角度划分的。金融机构系统中包括中央银行和各种金融监管机构，但是中央银行是特殊的银行，它不对一般客户和公众开放业务，而只与金融机构进行管理性业务往来，并执行货币政策，实质上是政府的一个职能机构。各种金融监管机构代表国家的意志分别对银行、证券、保险等金融机构进行监管，不从事任何经营性业务。正因为它们身份特殊，后面将对中央银行和各种金融监管机构进行专门论述。

一、金融中介机构的划分

金融中介机构在资金的流动和分配过程中扮演着极其重要的角色，其划分可参考图 4-1。

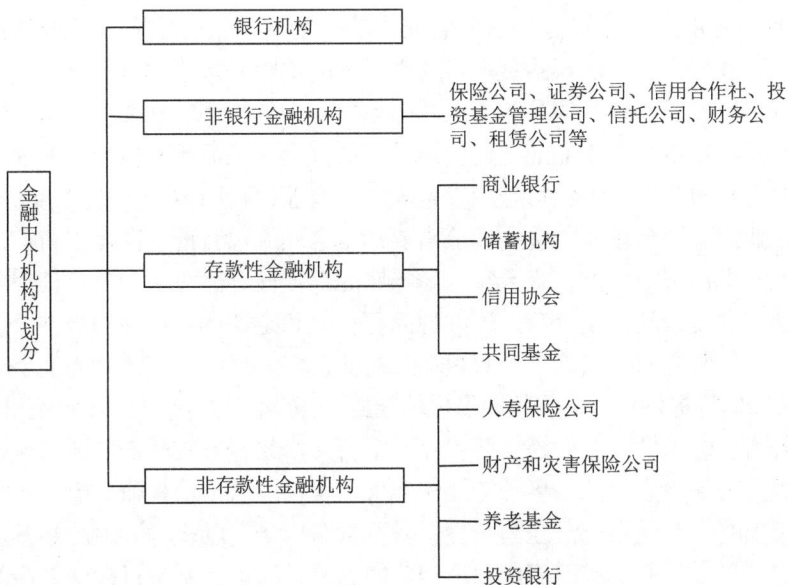

图 4-1　金融中介机构的划分

（一）银行机构与非银行金融机构

银行机构是古老、传统、典型的金融机构，将金融机构划分为银行机构和非银行金融机构两大类是最普遍的划分方法。

1. 银行机构

银行是现代金融业的代表机构，也是现代金融体系的主体。银行机构按职能可划分为中央银行、商业银行、专业银行，按地域可划分为全国性银行、地方性银行，按资金来源可划分为股份制银行、合资银行、独资银行。

2. 非银行金融机构

非银行金融机构是相对于银行机构而言的，是指银行机构以外的其他经营金融业务的机构或组织。非银行金融机构以接受信用委托、提供保险服务、从事证券融资等不同于银行的多种业务形式进行融资活动，以适应市场经济多领域、多渠道融资的需要，成为各国金融体系重要的组成部分。非银行金融机构主要包括保险公司、证券公司、信用合作社、投资基金管理公司、信托公司、财务公司、租赁公司等。

（二）存款性金融机构与非存款性金融机构

1. 存款性金融机构

存款性金融机构（Depository Financial Institutions）有多种类型，但就其共同特点来讲，是指其资金主要通过吸收各类存款而获得的金融机构。

（1）商业银行

从一般意义上讲，商业银行（Commercial Bank）是依法接受活期存款，主要为工商企业和其他客户提供短期贷款，并从事广泛金融业务的金融机构。商业银行是一个被长期使用的名词，但其性质已完全不同于其名称，对"商业"这个词绝不能从表面上理解。最初使用"商业银行"这个名词，是由于这类银行主要承做短期自偿性贷款，即基于商业行为自动清偿的贷款。这类贷款的期限一般不超过一年，贷款对象限于商人和进出口贸易商，目的是为国内和国际贸易中货物周转和货物销售的短期库存提供资金。随着资本主义工业的高速发展，厂商资金需求面不断扩大，商业银行开始向工业企业发放短期贷款，银行理论界也承认了商业银行向生产企业提供短期贷款以满足生产企业流动资金以及工资周转等需要都是合理的。目前，商业银行已成为西方各国金融中介机构中最广泛、资金实力最雄厚的存款性金融机构。在负债业务方面，它不仅办理签发支票的活期存款，还办理储蓄存款和定期存款，并积极在金融市场上借款。在资产业务方面，它除了经营短期工商业、农业贷款外，还可为消费者、政府机关、法人团体等提供贷款，贷款期限也扩展到了 10 年甚至更长。20 世纪 80 年代，随着西方各国对金融管制的放松，各国商业银行又纷纷开办较长期限证券投资业务、投资银行业务、保险业务、从事外汇经营业务、租赁业务、信托业务等。正如西方经济学家所指出的，商业银行已成为一种金融百货商店型金融机构。因此在各国，商业银行因机构数量多、业务渗透面广和资产总额比重大而成为金融机构体系中的骨干和中坚，具有其他金融机构所不能代替的重要作用。

（2）储蓄机构

在西方国家，储蓄机构（Thrift Institutions）长期以来通过储蓄存款的传统方式来获取几乎全部的资金。近几十年来，某些储蓄机构开办了"股份"式的资金来源业务，即发行一种契约性的股份，但这种股份要求能即时退股，实质上是一种储蓄存单，与严格意义上的股票相差甚远。储蓄机构的资金大部分用于发放不动产贷款、投资中长期国债和其他证券。储蓄机构贷款的期限可长达 30 年。因此，储蓄机构的负债与资产之间在期限上是难以对称的，"借短贷长"的情况比较突出。与商业银行相比，它们的资产业务期限长，抵押贷款比重很高，因此，西方各国政府常常利用它们来实现政府的某些经济目标，如房地产政策目标。然而，房地产抵押贷款又具有自偿性弱、资金周转慢的特点，这使得储蓄机构的抗风险能力较弱。

储蓄机构在各国的名称不一样。在英国，人们称之为信托储蓄银行和房屋互助协会；在美国，人们称之为储蓄贷款协会和互助储蓄银行；在法国、意大利、德国，人们称之为储蓄银行。

（3）信用协会

信用协会（Credit Unions）属于储蓄性金融机构，但与前述的一般意义上的储蓄机构又有差别。信用协会是一种由某些具有共同利益的人（如某行业雇员、某互助会成员等）组织起来的，具有互助性质的会员组织。传统意义上的信用协会的资金来源主要是会员存款，还有一定数量的非会员存款。信用协会的资金主要用于为会员提供短期贷款、消费信贷、票据贴现，从事证券投资等，其余的资金则用于同业拆放或转存款。

信用协会在经济生活中起着广泛动员资金的作用，遍布大银行难以顾及的每一个角落，进一步促进了社会闲散资金的汇聚和利用。

（4）共同基金

共同基金（Mutual Funds）是在人们自愿的基础上，以一定的方式组织基金，并在金融市场上进行投资，以获取高收益的金融组织。共同基金有两大类型：一类是股票市场共同基金，参加共同基金的是股票市场上的小额投资者，他们以股份的形式形成共同基金，然后投资于各类股票，从而把投资风险分散；另一类是货币市场共同基金，它们于 20 世纪 70 年代中期才发展起来，由小额储蓄者以购买股份的方式形成基金，但在基金的运用上不是将其投向股票市场，而是购买国库券、银行大额可转让定期存单、高级别商业票据和其他流动性强的货币市场工具。

专栏 4-2　英国和美国的共同基金

共同基金在英国被称为单位信托（Unit Trust），有专门的经营企业。作为共同基金的发源地，英国的共同基金相关制度是比较完善的。其注册设立和对共同基金的管理都依据英国的《公司法》，分为开放型和封闭型两种。英国共同基金的管理体制在传统上是一种自律性体系，以保护所有投资者为中心，由英国财政部负责制定政策与方针，并任命证券投资委员会成员。证券投资委员会是半官方性质的，由财政部负责，其成员由具有很高专业水平的专家和离任政府官员组成。英国具体的共同基金投资管理实体是各类民间管理协会，如共同基金协会、投资顾问协会、投资信托协会、基金经理人协会、证券投资协会等。

共同基金起源于英国，发展于美国。在美国，共同基金则一般没有专门设立的机构和具体的交易场所，它们往往是金融公司或银行机构管理下的一个项目。严格地说，它们只是一种基金账户，所有的交易都通过邮件、电话、电传等通信方式进行。

2．非存款性金融机构

非存款性金融机构（Non Depository Financial Institutions）的资金来源不是银行存款那样的负债，而是自行发行证券的收入或来自某些社会组织、公众的契约性交款。这些机构的资金周转率较低，资产业务主要以长期投资为主。非存款性金融机构主要有以下几类。

（1）人寿保险公司

人寿保险公司（Life Insurance Company）是为人们因意外事故或死亡而造成的经济损失提供保险的金融机构。人寿保险公司的主要资金来源是按一定标准收取的保险费，如果规定的事故发生，保险公司必须按契约支付保险金。投保人应缴纳的保险费率是根据人们正常的死亡率统计出来的，因而人寿保险公司可以比较准确地测定全体投保人员的危险率（预计事故发生概率和死亡概率），从而匡算出当年、次年乃至 10 年或 20 年后将支付的人寿保险偿付费。由于人寿保险具有保险金支付的可预测性，并且只有当契约规定的事件发生时或到约定的期限时才支付保险金的特征，因此，保险费实际上是一种稳定的资金来源。人寿保险公司的资产业务大部分是长期的，主要用于购买公司债券、股票、发放长期抵押贷款等。人寿保险公司的利润来自资金运用与资金来源之间的利差（价差收益），以及保险费收入与实际偿付保险金之间的差额所产生的收益（费用差收益）。

（2）财产和灾害保险公司

财产和灾害保险公司（Property and Casualty Insurance Companies）是为法人单位和家庭提供财产意外损失保险的金融机构。财产和灾害保险的保险范围极广，包括火灾等自然灾害险、运输保险、汽车保险、责任赔偿保险、防窃保险、过失诉讼保险、伤害保险等。

财产保险的保险费率是根据事故发生的概率和损害程度来计算的。由于财产保险投保对象的事故发生可能性很不确定，随机性很强，不可能像人寿保险那样精确计算，所以财产保险费率的确定通常要受到政府的某些制约。例如，在日本，财产保险费率由法律设立的财产保险费率计算委员会确定；在美国，则由各州保险委员会规定费率的浮动幅度以及经营标准，并对财产和灾害保险公司的政策实施全面监督。

由于灾害事故的发生较难预料，在资金的运用上，财产和灾害保险公司对转存款、短期拆借、购买货币市场金融工具等项目的资金比重明显高于人寿保险公司的，资金运用的其他方式则多为市政债券、高级别公司债券和少数股票等。

（3）养老基金

养老基金（Pension Funds）是一种类似于人寿保险公司的专门金融组织。任何就业人员只要一直缴纳基金，退休时，其养老金项目就开始逐月支付。在西方国家，社会保障制度几乎为每个退休人员都提供了最低生活费用，但人均寿命的延长和强制退休制度以及社会生活水准的不断上升，使得保障退休人员的日常生活水平成为一个社会难题。养老基金就是在这种背景下，作为社会保障制度的一个补充而产生和发展起来的。

养老基金的资金来源是公众为退休后的生活所准备的储蓄金，在形式上通常由劳资双方共同缴纳，也有由雇主单独缴纳的。与人寿保险公司一样，养老基金也能够精确地预计出若干年内它们将必须支付的养老金，因此，养老基金的资金主要投资于长期公司债券、绩优股票和发放长期贷款。养老基金的托管人有两类：一类是专业的公营或私营的金融机构，如英国的部分情况；另一类是银行的信托部门或人寿保险公司，如美国和日本的部分情况。通常由这些机构或部门按照委托人的意愿对基金进行管理。

（4）投资银行

投资银行（Investment Bank）是专门从事发行长期融资证券和企业资产重组的金融机构。一般情况下，筹措长期资金的公司和经济单位并不是自己在市场上发行证券，而是通过专门的中介机构——投资银行或证券公司进行的。投资银行是美国和欧洲各国的通用名称，其在英国被称为商人银行，在法国被称为实业银行，在日本则被称为证券公司。此外，投资银行还有其他形式和名称，如长期信贷银行、证券银行、承兑银行、金融公司、持股公司、投资公司、财务公司等。由于这些中介机构熟悉长期资金的市场供求动态、投资者的偏好以及证券发行公司的财务和资信状况，有多年来形成的证券营销网络，所以能较好地为长期资金供需者提供金融服务，促进了资金流动和资本的形成。

投资银行或证券公司主要通过发行股票和债券的方法来获取资金。一般情况下，它们只拥有较少的自有资本，因为投资银行的主要收益来自代理发行各种证券的佣金和服务费等收入。投资银行和证券公司的主要业务有：包销业务，即投资银行将发行公司的证券全部予以承购，并在规定时间内付给该公司约定数额的价款；代销业务，即投资银行代理发行公司销售新证券，从中赚取佣金；自营买卖和证券零售业务等，投资银行经营证券的范围主要有公司股票、公司债券、国债、市政债券、政府担保债和其他长期债券；投资顾问，协助企业进行资产重组，为企业并购提供方案设计。投资银行在现代社会经济发展中发挥着沟通资金供求、构造证券市场、推动企业并购、促进产业集中和规模经济形成、优化资源配置等重要作用。

二、金融中介机构的一般构成

金融中介机构一般由中央银行、储蓄银行、政策性银行、保险公司、信用合作社等构成。下面介绍一些常见的金融中介机构。

（一）中央银行

中央银行处于一国金融体系的中心环节，是统领全国货币金融业务的最高权力机构，也是信用制度的枢纽和金融管理最高当局。对内，它代表国家对整个金融体系实施领导和管理，维护金融体系的安全运行，实施宏观金融调控；对外，它是一国货币主权的象征。

中央银行是在西方国家银行业发展过程中，为适应统一银行券、给政府提供资金、为普通银行提供信贷支持、统一全国的清算以及管理宏观金融业等多种客观需要而出现的。中央银行的性质、职能和业务等内容将在以后的章节中详述。

（二）储蓄银行

储蓄银行是专门吸收居民储蓄存款，并为居民个人提供金融服务的银行。这类银行的服务对象主要是居民消费者，资金来源主要是居民储蓄存款。在资金运用上，储蓄银行主要是为居民提供消费信贷和其他贷款等，如对居民发放住房抵押贷款。此外，其也在可靠的债券市场或房地产市场上投资，如购买国债。

储蓄银行既有公营的，又有私营的。为了保护众多小额储蓄者的利益，许多国家对储蓄银行的业务活动制定专门的法规加以约束，限定其聚集的大量资金的投向，如不得经营支票存款，不得经营一般工商信贷等。但近些年来这些规定已有所改变，储蓄银行的业务正在向商业银行的业务靠近。

（三）政策性银行

政策性银行是政府创办的以扶持特定的经济部门或促进特定地区经济发展为主要任务，在特定的行业领域从事金融活动的专业银行。政策性银行属于政府金融机构，它贯彻政府意图，取得政府资金，不以营利为目的，具有政府机关的性质；同时，它又经营金融业务，以金融方式融通资金，具有金融企业的性质。

在经济发展的过程中，常常存在一些商业银行从盈利角度考虑而不愿意融资的领域，或者其资金实力难以达到的领域。在这些领域中，通常包括那些对国民经济发展、社会稳定具有重要意义，投资规模大、周期长、经济效益见效慢、资金回收时间长的项目，如农业开发项目、重要基础设施建设项目、外贸进出口项目等。为了扶持这些项目，各国政府往往采取各种鼓励措施，通常采用的办法是设立政策性银行，如开发银行、农业银行、进出口银行等，专门对这些项目进行融资。

（四）保险公司

保险公司是用投保人缴纳的保险费建立保险基金，运用该基金进行投资以取得收益，对发生的保险事故进行经济补偿的金融机构。在现代经济中，保险业务已经渗透到社会生活的方方面面，保险公司也因所设立的保险种类不同而形式多样，如人寿保险公司、财产保险公司、存款保险公司、灾害和事故保险公司、信贷保险公司、再保险公司等。保险业在西方国家十分发达，保险公司也是各国最重要的非银行金融机构。

保险公司的资金来源稳定，且获得的保险费收入通常远远超过它的保险金支出，因而能聚集大量的货币资金，成为西方国家金融体系中长期资本的重要来源。保险公司筹集的资金，除保留一部分以供赔付所需外，剩余部分会被投资于债券、股票、抵押贷款和其他贷款之类的资产上，保险公司会运用从这些资产中获得的收益来支付保单所确定的权益。所以保险公司像银行一样，经营的是金融中介业务。

（五）信用合作社

信用合作社是由个人集资联合组建的，以互助为主要宗旨的合作金融组织。其基本的经营目标是以简单的手续和较低的利率向合作社成员提供信贷服务，帮助经济力量薄弱的个人和中小企业解决资金困难。信用合作社作为群众性互助合作金融组织，分为农村信用合作社和城市信用合作社。信用合作社一般规模不大，其资金主要来源于合作社成员所缴纳的股金和吸收的存款，其贷款主要以信用合作社的成员为对象。最初，信用合作社主要发放短期生产贷款和消费贷款，目前一些较大的信用合作社也为生产设备更新、技术改造等提供中长期贷款，并逐步采用了以不动产或有价证券为担保的抵押贷款方式。

第三节　金融中介机构的竞争优势和功能

金融中介机构是专业化的融资中介，具有一定的竞争优势。本节主要介绍金融中介机构的竞争优势及功能。

一、金融中介机构的竞争优势

以银行为主体的金融中介机构之所以能够存在和发展，主要因其具有以下竞争优势。

（一）处理信息问题的竞争优势

信息不对称所导致的巨大交易成本限制了信用活动的发展，阻碍了金融市场正常功能的发挥。金融中介机构（特别是银行）在解决这些问题时显得比借贷双方直接融资和通过金融市场融资交易更有效。

（1）信息揭示优势。一般的贷款人很难获取与公司借款人有关的经营和投资项目信息，特别是那些中小企业借款人。但是，无论哪类企业都在银行开有账户。通过对存款账户所发生收支情况的观察，银行可以掌握借款人的收入、支出以及投资策略，从而可以更有效地确定借款人的信用风险。

（2）信息监督优势。由于对借款人行为监督的成本太高，大多数资金盈余的贷款人把监督任务委托给银行。银行为借款人同时提供存款账户和贷款账户，每一笔交易和资金转账都会被记录下来。因此，在持续观察和监督借款人的行为上，银行比个人和金融市场处于更有利的位置。

（3）信用风险的控制和管理优势。通过专业化的机制，银行在解决贷款的道德风险问题上一直具有相对优势。第一，银行可以设计适当的契约来解决借贷双方利益背向的问题。常用的方法就是通过一系列信贷条款来限制借款人随意经营。第二，银行在贷款中往往要求有抵押或担保，这可以强化借款人与银行的同向利益。第三，银行有时可以向借款公司要求股权（如日本的主银行制度），或者可以在借款企业董事会中要求股权代理。这两种情况都提高了银行对借款企业行为的影响力。

金融中介机构在处理信息不对称问题上所具有的相对优势，源于它们在信息生产过程中的规模经济。银行在信用分析、监督和风险控制中以大量的贷款为基础。换言之，由少量的贷款人来管理大量的借款人会极大地降低处理信息不对称问题时的费用。因此，通过银行融资是低成本、高效率的融资方式。

（二）业务分销和支付优势

金融中介机构的另一种传统的核心竞争优势源于其业务分销和支付系统。这个系统基于它们庞大和昂贵的分支机构网络，形成有效的市场进入壁垒。在那些实行分支行制的国家，银行一直以星罗棋布的分支行体系来销售总行"生产"的各种金融服务和金融产品，其中一种最重要的业务是银行提供的资金结算和支付业务。由商业银行和中央银行的结算支付机制构成的支付体系在国民经济中占有十分重要的地位，它使得资金支付在任何地方都可以安全和便捷地进行。单独就支付体系的建设成本而言，其的确十分高，然而银行提供的支付服务所收取的费用并不高，这是因为银行可以从提供的多种产品和服务中取得收益。

（三）风险转移优势

金融中介机构之所以存在，还有一个重要原因，那就是它们有效地把厂商发行的初级证券转换成了最终贷款人愿意持有的间接证券。例如，银行发行存款权益凭证，这些凭证具有高流动性、低风险性和小面额的特征。然后，银行用筹集的资金去获取厂商发行的低流动性、高风险性和大面额的权益凭证。在这个过程中，银行有效地实现了两种转移。

1.流动性风险转移

盈余者（即最终贷款者）经常在机会成本和流动性风险之间面临两难选择。他们希望将盈余资金投资出去，以增加收益，同时又希望保持随时运用资金的权利，但是，个体的小额资金很难实现两者的有效组合。通过集聚大量存款，金融中介机构可以预测资金需求的规律，从而能以最低成本来满足存户的流动性需求，实现较高的投资收益。例如，在正常情况下，银行的存款中，一半以上有可能到期不会被提取，或者在部分存款被提取后，马上又会有新的存款补充进来，这意味着银行在期限上可以"错配"其资产负债表或"借短贷长"，将流动性资产控制在最低水平。这种转换为盈余者（即最终贷款者）提供了化解流动性风险，从而跨地、跨时转移经济资源的机制（在银行经济学中被称为"非保险的保险"功能），满足了流动性风险厌恶者的需求。

2.信用风险转移

银行的资产组合中以贷款为主，所承担的违约风险比它们吸收存款的风险大得多。银行把高风险的资产转换成低风险的存款，主要是通过以下几种方式实现的：信贷组合分散风险，专业化管理降低风险，稀释风险（大数法则），持有足够的准备金来抵消不可预料的损失。

二、金融中介机构的功能

金融功能观认为，任何金融机构的主要功能都是在一个不确定的环境中帮助在不同地区或国家之间以及在不同的时间配置和使用经济资源。具体地说，金融中介机构的功能可以总结为以下六种。

（一）资金流动的功能

如果把金融市场的参与者分为最终投资者、最终筹资者和中介机构三类，那么资金从最终投资者向最终筹资者流动有两条途径：一条途径是金融市场；另一条途径是金融中介机构，如通过银行的存贷款实现融资。金融中介机构可以实现资金在时间和空间上的转移，使资金从盈余部门通过金融体系流入赤字部门。

（二）支付结算的功能

支付结算功能是指金融中介机构为企业、居民等微观主体提供支付结算服务或途径，以帮助其完成商品或劳务的交易，提高资金运用的效率。所有商品服务和各种资产的交易都需要进行货币支付，金融中介机构能使支付活动更便捷、安全、快速、节省，这保证了经济的顺畅运行，节省了经济发展的社会成本。传统的支付体系可以提供这种服务，如支票、汇票等；各种金融创新，包括一些衍生工具，也具有清算、支付和结算的功能。不同的金融工具在功能上可能相同，但是运作它们的金融中介机构是不同的。

（三）聚集和分配资源的功能

金融中介机构具有为企业或家庭筹集资金，对企业或家庭的资源进行重新有效分配的功能，从而形成大笔的资金来满足投资的需要，扩大社会总的投资规模。通过金融中介机构筹集资金的好处是便于全程监控，可以得到企业或者家庭通常难以得到的信息。

（四）管理风险的功能

风险管理（Risk Management）是指经济单位对风险进行识别、衡量、分析，并在此基础上有效地处置风险，以最低成本实现最大安全保障的科学管理方法。管理风险的过程就是对风险进行识别、控制、转移和分散的过程。金融中介机构能够提供多种风险管理方法，利用市场使风险得到分散，增强资金的流动性和安全性。金融中介机构的这种功能不仅降低了个人为规避风险而过高持有非生产性或低生产性流动性资产的比率，还能使企业在自身缺乏流动性资源的情况下维持生存。

（五）解决激励问题的功能

金融中介机构为了自身资金的安全会将资金投放于效益好的企业，并监督企业的资金使用状况，客观上起到了激励作用，如贷款的抵押机制、期股期权机制。

（六）提供信息的功能

必要的信息是协调各个经济部门分散决策的重要条件，金融中介机构就是一种重要的信息来源。金融中介机构可以有效解决投融资各方信息不对称的问题，从而有利于资源配置的决策。

金融中介机构的这六种功能并不是相互独立的，而是相互联系的。实际上，任何一家金融中介机构所从事的金融业务都可能是在行使这六种功能中的一种或多种。

第四节　我国的金融机构体系

我国的金融机构体系按其地位和功能大致可分为四类（见图4-2）。

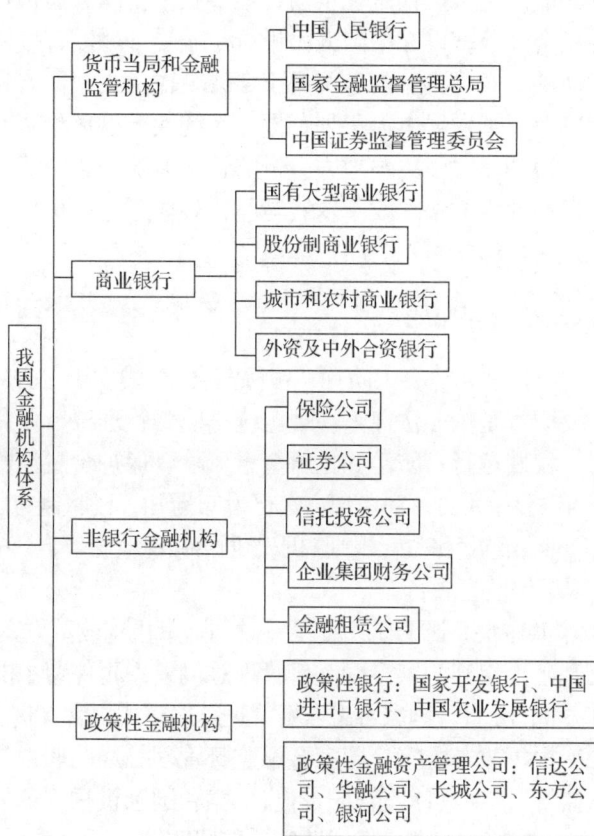

图4-2　我国金融机构体系

第一类是货币当局和金融监管机构，即中国人民银行、国家金融监督管理总局和中国证券监督管理委员会。

第二类是商业银行，按其性质和业务范围又可分为国有大型商业银行、股份制商业银行、城市和农村商业银行、外资及中外合资银行。

第三类是非银行金融机构，主要包括保险公司、证券公司、信托投资公司、企业集团财务公司、金融租赁公司，以及其他非银行金融机构。

第四类是政策性金融机构，我国有三家由政府主办的政策性银行和五家政策性金融资产管理公司。

一、货币当局和金融监管机构

（一）中国人民银行

中国人民银行是我国的中央银行，它既是货币发行机构，又是商业银行的监管机构。其主要职责和业务有：制定和实施货币政策，保证货币币值稳定；依法对银行进行监督管理，维护金融业的合法、稳健运行；维护支付、清算系统的正常运行；持有、管理、经营国家外汇储备、黄金储备；代理国库和其他金融业务；代表我国政府从事有关国际金融活动。

中国人民银行的最高决策机构是理事会，理事长由中国人民银行行长担任。国务院金融稳定发展委员会办公室设在中国人民银行，接受金融委直接领导，承担金融委日常工作，负责推动落实党中央、国务院关于金融工作的决策部署和金融委各项工作安排，组织起草金融业改革发展重大规划，提出系统性金融风险防范处置和维护金融稳定重大政策建议，协调建立中央与地方金融监管、风险处置、消费者保护、信息共享等协作机制，承担指导地方金融改革发展与监管具体工作，拟订金融管理部门和地方金融监管问责办法并承担督导问责工作等。

（二）国家金融监督管理总局

中国银行保险监督管理委员会（简称"银保监会"）成立于 2018 年，是国务院直属事业单位。其主要职责是依照法律法规规定统一监督管理银行业和保险业，维护银行业和保险业合法、稳健运行，防范和化解金融风险，保护金融消费者合法权益，维护金融稳定。2018 年 5 月 14 日，商务部办公厅发布通知，已将制定融资租赁公司、商业保理公司、典当行业务经营和监管规则的职责划给银保监会。自 2018 年 4 月 20 日起，有关职责由中国银保监会履行。

2023 年 3 月，中共中央、国务院印发了《党和国家机构改革方案》。在中国银行保险监督管理委员会基础上组建国家金融监督管理总局，不再保留中国银行保险监督管理委员会。2023 年 5 月 18 日，国家金融监督管理总局正式揭牌。这意味着，银保监会正式退出历史舞台。根据改革方案，国家金融监督管理总局的职责是"统一负责除证券业之外的金融业监管"，在具体监管职责上，《党和国家机构改革方案》提出"强化机构监管、行为监管、功能监管、穿透式监管、持续监管"的要求。

（三）中国证券监督管理委员会

中国证券监督管理委员会（简称"证监会"），是对全国证券业和证券市场进行监督管理的执行机构，是国务院直属的事业单位。证监会下设发行监管部、市场监管部、上市公司监管部、期货监管部、国际合作部、稽查局、内审部等职能部门，分别具体行使证监会的各种职责。证监会还下设相对独立的股票发行审核委员会，负责复审申请公开发行股票企业的招股说明书。

1993 年 11 月，国务院决定将期货市场的试点工作交由证监会具体执行。1997 年 8 月，国务院决定将上海、深圳证券交易所统一划归中国证监会监管。1997 年 11 月，中央召开金融工作会议，决定由证监会对地方证券监管部门实行垂直领导，并将原由中国人民银行监管的证券经营机构划归中国证监会统一监管。1998 年 4 月，根据国务院机构改革方案，决定将国务院证券委员会与证监会合并。至此，证监会的职能得到明显强化，证监会成为全国证券、期货市场的主管部门。

2015 年，证监会继续壮大我国交易所股票市场，并加快发展"新三板"企业，主要措施包括：完善现行新股发行制度，简化发行条件；取消新股申购预先缴款制度；允许发行量在 2 000 万股以下的小盘股直接定价发行；建立保荐机构先行赔付制度和摊薄即期回报补偿机制等。

2023 年 3 月，中共中央、国务院印发了《党和国家机构改革方案》。中国证券监督管理委员会由国务院直属事业单位调整为国务院直属机构，强化资本市场监管职责，划入国家发展和改革委员会的企业债券发行审核职责，由中国证券监督管理委员会统一负责公司（企业）债券发行审核工作。

二、商业银行

商业银行是我国金融中介机构体系的主体，主要由国有大型商业银行、股份制商业银行、城市和农村商业银行、外资及中外合资银行构成。《中华人民共和国商业银行法》指出，我国的商业银行是依照《中华人民共和国商业银行法》和《中华人民共和国公司法》设立的，从事吸收公众存款、发放贷款、办理结算等业务的企业法人。

据初步统计，从规模上看，截至 2023 年三季度末，我国银行业金融机构本外币资产总额为 409.8 万亿元，同比增长 9.5%，中国金融业资产已初具规模；从资产质量上看，2022 年年末银行业金融机构不良贷款率为 1.71%，同比下降 0.09 个百分点，处于国际同业较高水平。

从组织形式上看，我国商业银行实行的是分支行制；从业务经营范围角度看，我国现有商业银行属于职能分工型商业银行。我国的商业银行可分为以下类型。

（一）国有大型商业银行

国有大型商业银行是指由国家（财政部、中央汇金公司）直接管控的大型商业银行，包括中国工商银行、中国农业银行、中国银行、中国建设银行等，是金融中介机构体系的主体。

国有大型商业银行在我国金融体系中占有举足轻重的地位，是国有企业融资的主要来源，同时在中国银行业资产中占据着相当可观的份额。在银行业务方面，国有大型商业银行积极开展信用证、银行承兑汇票、融资担保等新业务，以满足经济发展的多方面需要。

（二）股份制商业银行

随着金融体制改革的不断深化，我国陆续组建和成立了一批股份制商业银行。1987 年 4 月，交通银行重组为我国改革开放后第一家股份制商业银行。随后，按现代企业制

微课堂

我国银行业的发展

度又成立了股份制的深圳发展银行、中信银行、中国光大银行、华夏银行、招商银行、广东发展银行、兴业银行、上海浦东发展银行、中国民生银行、浙商银行等。

随着近年来我国金融体系的不断完善、利率市场化改革的不断深入，传统商业银行的同质化服务已难以满足各类客户群体日益增长的多样化、个性化服务需求。在考虑自身历史传承、资源禀赋之后，结合自身比较优势，股份制商业银行纷纷走上了特色化经营之路。我国的股份制商业银行积极推出社会需要的业务品种，如消费贷款、股票质押贷款、单位通知存款、单位协定存款等。它们还积极开展互联网金融和普惠金融业务，大力发展银行卡、信用证、承兑汇票、担保等中间业务，为我国金融市场的活跃和金融产品的多样化做出了很大的贡献。

（三）城市和农村商业银行

城市商业银行有时冠以"合作"两字，但实际上也属于股份制商业银行，适用《中华人民共和国商业银行法》。它们是在我国金融监管机构对原城市信用社清产核资的基础上，通过吸收地方财政、企业法人股份组建而成的。我国原有约 5 000 家城市信用社，有相当多的城市信用社已失去合作性质，实际上已办成小的商业银行。由于规模太小，数量太多，管理水平较低，金融监管机构对城市信用社的监管成本很高，且监管难以到位，由城市信用社引发的信用风险频频发生。为规避风险，形成规模，1995 年国务院决定，在城市信用社的基础上组建城市合作银行和城市商业银行，为发展地方经济服务，为中小企业发展服务。城市商业银行发展速度很快，经营管理水平有所提高，经济效益明显改善，抵御风险能力有所增强。有些地方的城市商业银行进行了改革，如 2007 年江苏各城市（除南京外）的商业银行合并为江苏银行，原南京市商业银行更名为南京银行。

我国城市商业银行整体保持稳健发展势头，主要经营指标保持较高水平。截至2022 年年末，城市商业银行总资产规模达 49.89 万亿元，同比增长 10.69%，占银行业金融机构的比重为 13.15%。2022 年城市商业银行实现营业收入 9 326.83 亿元，全年实现净利润 2 553.14 亿元，同比增长 6.64%，经营业绩保持稳定。截至 2022 年年末，城市商业银行不良贷款率为 1.85%，较 2021 年年末下降 0.05 个百分点，风险管控能力持续加强。

农村商业银行主要以农村信用社和农村信用社县（市）联社为基础组建，并可根据业务发展需要，在辖区内设立支行、分理处、储蓄所等分支机构（即不能在辖区外设立分支机构）。

我国的农村信用社产生于解放初期，是解放初期三大合作化组织之一。作为合作性质的金融组织，农村信用社对我国农村金融的发展做出过重大贡献。但农村信用社在发展过程中，逐步偏离了合作制原则，国家开始按照银行的制度管理农村信用社。在 1996 年 8 月，国务院颁布了《国务院关于农村金融体制改革的决定》，决定将农村信用社办成农民入股、社员民主管理、主要为入股社员服务的真正的金融合作组织。其业务主要是：办理个人储蓄，办理农户、个体工商户、农村合作经济组织的存款、贷款，代理银行委托业务及办理批准的其他业务。

2010 年，中国银行业监督管理委员会（简称银监会）提出今后不再组建农村合作银行，符合条件的农村合作银行和农村信用社应直接改制为农村商业银行。在农村合作银行和农村信用社不断改制的基础上，农村商业银行数量呈逐步上升趋势，截至2020年年底，农村商业银行数量达到1 539家，是所有金融机构中数量最庞大的。

（四）外资及中外合资银行

随着金融的对外开放，一些外资银行陆续进入我国，一些中外合资银行也组建了起来，成为我国金融体系的重要组成部分。2006年12月《外资银行管理条例》的出台，加快了外资及中外合资银行的发展。截至2022年年末，外资银行在华共设立了41家外资法人银行、116家外国银行分行和135家代表处，营业性机构总计911家，外资银行总资产达3.76万亿元。外资及中外合资银行的设立，有利于我国的金融体制与国际接轨，对我国金融机构学习外国银行的先进管理经验、加强经营管理、转换机制有很好的促进作用。

近年来，我国银行业机构改革有序推进。政策性银行、大型商业银行和邮储银行机构改革全面推进，农村信用社县市统一法人改造基本完成，民间资本稳步进入银行业。2014年，国家批准第一批5家民营银行成立。到2022年年末，我国民营银行数量已经达19家，资产规模达1.78万亿元，同比增长8.53%，净利润总额为176.29亿元，同比增长29.31%，不良贷款率仅为1.52%，大力发展民营银行也是新时期深化我国金融体制改革的重要措施。

三、非银行金融机构

我国非银行金融机构主要包括以下几种。

（一）保险公司

1949年10月20日，中华人民共和国刚成立20天，中国人民保险公司即作为保险业的管理机关宣告成立。刚开始，登记复业的华商保险公司有63家，外商保险公司有41家。1958年以后，保险业陷入停顿状态，全国保险系统职工人数锐减至不足500人。直至1980年，中国人民保险公司恢复办理国内保险业务，大力开展涉外保险以后，中国的保险事业才得以真正复苏，并进入新的发展阶段。

1993年以后，保险业改革步伐进一步加快，中国人民保险公司完成了财产险、人寿险和再保险业务的分离工作，改组设立了中国人民保险（集团）公司，包括中保财产保险公司、中保人寿保险公司和中保再保险公司3家子公司。太平洋保险公司与交通银行脱钩，改制为独立的股份制商业保险公司。平安保险公司将6家子公司的独立法人地位取消，将其改为直属分公司。太平洋保险公司与平安保险公司还完成了财险与寿险的分账核算工作。与此同时，中国人民银行有计划地批准设立了一批新的股份制保险公司，如大众、天安、华泰、永安、华安、泰康等保险公司，保险业由中国人民保险（集团）公司一家独揽转向"百家争鸣"的局面。

目前，我国基本形成了以国有保险公司为主体，多种保险形式并存，多家保险公司竞争和共同发展的保险机构体系，保险业成为金融业中最具活力、发展最快的行业。根据银保监会发布的保险业经营数据，截至2022年12月，我国保险业资产总额为27.15万亿元，保险业实现总保费收入4.7万亿元，与国计民生密切相关的责任保险、农业保险、健康保险快速增长。

专栏 4-3 我国保险业发展现状

我国保险公司的业务险种达 400 余种。按保险范围划分，我国的保险主要分为财产保险、责任保险、保证保险和人身保险四大类。财产保险是以财产为保险标的的一种保险，补偿因自然灾害或意外事故所造成的经济损失；责任保险是以被保险人的民事损害赔偿作为保险标的的保险；保证保险是由保险人承保在信用借贷或销售合同关系中因一方违约而造成的经济损失；人身保险包括人寿保险、健康保险和意外伤害保险等。还有一种保险机构之间的保险业务，被称为再保险，也称分保。

近年来，我国保险市场实现较快发展，结构调整成效显著，有效防范了风险，服务经济社会能力明显提升。统计数据显示，2022 年，我国保险保费收入达 6 978.06 亿美元，占全球保费收入的 10.3%，位列全球第二。长期以来，我国保险中介渠道为实现我国保费收入的主要渠道，为建设高质量服务体系，金融科技赋能新型互联网保险销售渠道快速发展，我国保费收入由 2020 年年底的 3.98 万亿元增长到 2022 年年底的 4.11 万亿元。

（二）证券公司

为了提高金融体系的运行效率，我国在改革开放后逐步发展直接融资市场，鼓励有条件的企业在金融市场上发行股票和债券进行融资，以改善公司资本结构和财务结构。证券公司作为专业性证券经营机构，在我国有了快速发展。我国证券公司的业务范围为：代理企业发行各种有价证券，代理客户买卖证券，证券自营，代办股票红利支付和债券的还本付息，证券的代保管和鉴证，证券投资咨询等。我国的证券业在最初发展时可分成两大类：一类是由若干金融机构和非金融机构投资组建的股份制证券公司，经营全部证券业务；另一类是由银行、信用社、企业集团、租赁公司和信托公司等金融机构设立的证券营业部，仅经营证券代理买卖业务。近年来，随着规范证券公司发展工作的落实，证监会在要求证券机构彻底与其他种类金融机构脱钩的同时，鼓励经营状况较好的证券公司通过增资扩股、收购和兼并业务量不足的证券机构，组建较大规模、更为规范的现代证券机构。我国的证券公司与发达国家的投资银行不完全一样，主要差别表现在对企业并购、资产重组、财务顾问等主要投资银行业务参与较少。

证券公司是资本市场最重要的中介机构之一，没有高质量发展的证券行业，就没有成熟发达的资本市场。近年来，我国证券业发展十分迅速，据统计，2021 年全行业共计 140 家证券公司，实现营业收入 5 024.10 亿元，净利润 1 911.19 亿元。截至 2021 年年末，行业总资产为 10.59 万亿元，净资产为 2.57 万亿元。

（三）信托投资公司

信托投资公司是受人之托、代人理财的金融机构。大多数信托投资公司以经营资金和财产委托，代理资产保管、金融租赁、经济咨询、证券发行及投资为主要业务。

我国的信托投资业起始于 20 世纪初商品经济较发达的上海。中华人民共和国成立初期，在上海、天津、广州等大城市开办了信托机构：一类是银行的信托部，如中国人民银行上海分行信托部；另一类是投资公司，如天津市投资公司。这些信托机构在 20 世纪五六十年代陆续停办。我国实行改革开放以后，信托业务逐步恢复。1979 年 10 月，中国银行信托咨询部成立；同月，中国国际信托投资公司作为国家的一个重要对外窗口组建成立。此后，随着商品经济的发展，社会预算外资金的积累不断扩大，信托投资业快速发展。信托投资公司可以经营以下业务：资金和财产委托、代理资产保管、金融租赁、经济咨询、证券发行以及投资等。金融信托投资公司可以吸收下列 1 年期（含 1 年期）以上的信托存款：财政部门委托投资或贷款的信托资金；企业主管部门委托投资或贷款的信托资金；劳动保险机构的劳保基金；科研单位的科研基金；各种学会、基金会的基金；100 万元以上的企业存款。

（四）财务公司

我国的财务公司是由企业集团内部各成员单位入股，向社会募集中长期资金，为企业技术进步服务的金融股份有限公司。财务公司不是商业银行，它的业务被限定在本集团内，不得从企业集团之外吸收存款，也不得向非集团单位和个人发放贷款。1984 年，我国第一家财务公司在深圳经济特区成立。自 2000 年《企业集团财务公司管理办法》扩大其投资职能以来，我国财务公司已成为资本、货币市场上的一支重要力量。多数财务公司都不同程度地涉足资本市场，在国债、企业债券和一级市场申购等业务方面成为资本市场的活跃参与者。截至 2023 年 6 月月底，我国财务公司数量达到254 家。比较著名的有华能集团财务公司、中国化工进出口公司财务公司、中国有色金属工业总公司财务公司等。财务公司在业务上接受中国人民银行领导、管理、监督与稽核，在行政上隶属于各企业集团，是自主经营、自负盈亏的独立法人企业。

（五）金融租赁公司

金融租赁公司是专门办理融资性租赁业务的专业金融企业。我国的金融租赁公司大多在 20 世纪 80 年代后期成立。其中，1987 年 4 月成立的中国租赁公司是规模和影响较大的金融租赁公司。我国金融租赁公司的主要业务有：融资租赁业务，包括大型机械设备、运输工具、动产及附带的先进技术的租赁、转租及出租资产的残值处理，与租赁业务有关的进出口业务，资信调查，咨询业务；吸收人民币资金业务，主要包括财政部门的委托投资、企业主管部门委托或贷款的信托资金、劳动保险机构的劳动保险基金；中国人民银行批准的人民币债券发行业务；办理外汇业务，境内外外币信托存款，境外外币贷款，国内外发行或代理发行有价证券，外汇担保业务；其他经中国人民银行、国家外汇管理局、商务部批准的业务。

四、政策性金融机构

政策性金融机构包括政策性银行、政策性金融资产管理公司等。

（一）政策性银行

所谓政策性银行，是指为贯彻政府社会经济政策或意图，不以营利为目的，而以国民经济发展的整体和长远利益为目标，在特定领域从事政策性融资活动，并为政府所控制，作为政府宏观经济管理工具的专业性金融机构。政策性银行既不是纯粹的国家机关，又不是纯粹的金融企业，而是介于二者之间的带有机关和企业双重色彩的组织。

1994 年以前我国无专门的政策性金融机构，国家的政策性金融业务主要由中国工商银行、中国农业银行、中国银行和中国建设银行承担。1994 年，我国先后建立了国家开发银行、中国进出口银行、中国农业发展银行三家政策性银行，标志着金融体制改革所要求的政策性与商业性金融业务相分离已初步完成。

1．国家开发银行

国家开发银行是办理国家重点建设贷款及贴息业务的政策性银行，是国务院直属的金融机构。国家开发银行于 1994 年 3 月 17 日正式成立，总部设在北京。

国家开发银行从事的业务是从中国建设银行之前所从事的业务中分离出来的。其资金来源主要是：财政部划拨的资本金和重点建设基金，由国家发改委和中国人民银行确定的向社会发行的国家担保债券和向金融机构发行的金融债券。国家开发银行筹集的资金主要用于重点建设项目的投资及贷款。

2．中国进出口银行

中国进出口银行是根据国家产业政策和外贸政策，为大型成套设备和机电产品进出口办理出口信贷、提供金融支持的政策性银行。中国进出口银行于 1994 年 7 月 1 日正式成立，总部设在北京，没有营业性分支机构，但可根据业务需要和发展情况，在一些业务比较集中的大城市设立办事处或代表处，负责调查、统计、监督代理业务等事宜。

中国进出口银行的业务范围包括：为机电产品和大型成套设备等资本性货物的进出口提供出口信贷；办理与机电产品出口信贷有关的外国政府贷款、混合贷款、出口信贷的转贷，以及中国政府对外国政府贷款的转贷；办理国际银行间贷款，组织或参加国际、国内银团贷款；提供出口信贷担保、进出口保险；在境外发行金融债券或其他有价证券；经营经批准的外汇业务；为进出口业务提供咨询和进行项目审查，为国际经济合作和贸易提供服务；办理经国家批准的其他业务。

中国进出口银行的资本金由财政部划拨，资金来源于发行的金融债券。

3．中国农业发展银行

中国农业发展银行是对农业基本建设、重点工程项目建设以及农副产品生产流通给予支持的政策性银行，也是国务院直属的金融机构。中国农业发展银行于 1994 年 11 月 18 日正式成立，总部设在北京，在全国设有分支机构。

中国农业发展银行的主要业务范围是：办理由国务院确定、中国人民银行安排资金并由财政予以贴息的粮食、棉花、油料、食糖等主要农副产品的国家专项储备贷款；办理上述农副产品的收购贷款及粮油调销、批发贷款；办理国务院确定的扶贫贴息贷款及老少边穷地区发展经济贷款；办理国家确定的小型农、林、牧、水利基本建设和技术改造贷款；发行金融债券；办理企事业单位的存款和结算；境外筹资等。

（二）政策性金融资产管理公司

我国的金融资产管理公司是 1999 年国家投资组建的，专门用来剥离和处理国有商业银行不良资产的金融机构。这些公司负责收购、管理和处置国有商业银行存在的不良资产，并将部分企业的贷款转化为对企业的股权。债权转股权后，金融资产管理公司成为企业阶段性的持股人，参与企业的决策，但不干预企业的日常生产经营。金融资产管理公司与企业的关系将从原来的借贷关系变成持股与被持股、控股与被控股的关系。待企业生产效益好转后，金融资产管理公司将以上市转让、兼并、分立、企业回购等方式退出。

我国有五家政策性金融资产管理公司：中国信达资产管理公司（简称信达公司）、中国华融资产管理公司（简称华融公司）、中国长城资产管理公司（简称长城公司）、中国东方资产管理公司（简称东方公司）、中国银河资产管理有限责任公司（简称银河公司）。在 1999 年成立四大金融资产管理公司之后，2020 年 3 月 16 日，银保监会批复，同意建投中信资产管理有限责任公司转型为金融资产管理公司，并正式更名为中国银河资产管理有限责任公司。

章后习题

一、单项选择

1. 金融机构适应经济发展需求最早产生的功能是（   ）。
   A. 融通资金   B. 支付结算服务   C. 降低交易成本   D. 风险转移与管理

2. 在一个国家或地区的金融监管组织机构中居于核心位置的机构是（   ）。
   A. 社会性公律组织   B. 行业协会
   C. 中央银行或金融管理局   D. 分业设立的监管机构

3. 现代各国商业性金融结构，尤其是银行业，主要是按照（   ）形式建立的。
   A. 合作制   B. 国有制   C. 私人所有制   D. 股份制

4. 以下不属于金融中介功能的是（   ）。
   A. 充当信用中介   B. 融通资金   C. 充当支付中介   D. 最后贷款人

5. 从事交易所花费的时间和金钱称为（   ）。
   A. 沉淀成本   B. 固定成本   C. 变动成本   D. 交易成本

6. 现代金融经济学认为，金融中介存在的最主要原因是（   ）。
   A. 柠檬问题   B. 二手车问题   C. 搭便车问题   D. 信息不对称

7. 属于管理性金融机构的是（   ）。
   A. 商业银行   B. 中央银行   C. 专业银行   D. 投资银行

8. 金融公司与商业银行的区别在于（   ）。
   A. 商业银行可以发放贷款，金融公司则不能
   B. 商业银行可以公开吸收存款，金融公司则不能
   C. 金融公司可以发行商业票据，商业银行则不能
   D. 金融公司可以发行股票，商业银行则不能

9. 投资性金融机构的服务和经营内容都是以（   ）为核心。
   A. 以受托人身份代人理财   B. 证券投资活动
   C. 发放贷款   D. 吸收存款

10. 以下不属于政策性银行的是（   ）。
    A. 中国人民银行   B. 中国进出口银行
    C. 国家开发银行   D. 中国农业发展银行

二、多项选择

1. 金融机构的功能可以基本描述为（   ）。
   A. 提供支付结算服务   B. 提供政策性信贷
   C. 降低交易成本并提供金融服务便利 D. 改善信息不对称
   E. 风险转移和管理

2. 金融机构的资金主要来源于以各种形式吸收的外部资金，这会在经营过程中带来较高的风险。因而，金融机构在经营中必须遵循（　　　）原则。

    A. 分散性　　　　　B. 安全性　　　　　C. 流动性

    D. 盈利性　　　　　E. 时效性

3. 管理性金融机构是一个国家或地区具有金融管理、监督职能的机构。目前各国的金融管理性机构主要有（　　　）。

    A. 中央银行或金融管理局　　　　　　B. 分业设立的监管机构

    C. 同业自律组织　　　　　　　　　　D. 社会性公律组织

    E. 财政部或财政当局

4. 下列金融机构中属于存款性金融机构的有（　　　）。

    A. 互助储蓄银行　　　　　　　　　　B. 投资银行

    C. 货币市场互助基金　　　　　　　　D. 金融公司

5. 投资性金融中介机构通常由下列机构组成（　　　）。

    A. 信托投资公司　　　　　　　　　　B. 投资银行

    C. 共同基金　　　　　　　　　　　　D. 金融公司

6. 在 1994 年，为适应金融机构体系改革的需要，使政策性金融与商业性金融相分离，我国相继成立了（　　　）政策性银行。

    A. 交通银行　　　　　　　　　　　　B. 国家开发银行

    C. 中国民生银行　　　　　　　　　　D. 中国进出口银行

    E. 中国农业发展银行

7. 下列属于非银行金融机构的有（　　　）。

    A. 专业银行　　　B. 典当行　　　C. 信托投资公司　D. 金融租赁公司

8. 下列属于商业银行和投资银行区别的有（　　　）。

    A. 资金融通过程的作用不同

    B. 资金融通交易中的风险不同

    C. 对资金最终需求者提供服务的方式不同

    D. 提供金融服务的内容不同

三、案例分析

国家开发银行向商业银行转型

国家开发银行于 1994 年成立，直属国务院领导，目前在全国设有 32 家分行和 4 家代表处。国家开发银行认真贯彻国家宏观经济政策，发挥宏观调控职能，支持经济发展和经济结构战略性调整，在关系国家经济发展命脉的基础设施、基础产业和支柱产业重大项目及配套工程建设中，发挥长期融资领域主力银行作用。

2021 年，中央汇金公司和国家开发银行于 12 月 31 日在北京签署协议，向国家开发银行注资 200 亿美元。2021 年 2 月，国务院批准了国家开发银行改革实施总体方案。2021 年 12 月 16 日，国家开发银行股份有限公司在京挂牌成立，成为第一家由政策性银行转型而来的商业银行。

思考与讨论：

请阐述政策性银行的特点，以及政策性银行与商业银行的区别。

第五章　金融市场

■ 章前引例

　　深港通启动当日，深圳交易所（简称深交所）香港子公司——中国创盈市场服务有限公司与香港中资证券业协会、香港投资基金公会、香港证券业协会、香港证券及投资学会分别签署了谅解备忘录。深交所在市场建设过程中，一直高度重视调动市场参与者的积极性，发挥中介机构和会员单位的作用。此次签约的各家协会在课程培训、会员管理与监察、证券业政策制定咨询等方面积累了深厚的经验，为推动香港证券与基金业的发展做出了重要的贡献。以推出深港通为契机，以签署谅解备忘录为起点，深交所将更加深入地对接香港证券机构，将与香港资本市场开展更高层次、更大范围、更深程度的合作。根据谅解备忘录，签约双方拟围绕深港通及深交所市场举行推介和培训活动，建立信息资讯共享机制，就深港资本市场合作课题开展联合研究。

　　2021 年 12 月 5 日是深港通启动的五周年纪念日，累计交易金额近 42 万亿元，年均增长 94.5%。这五年间，深港通稳步发展，交易模式不断优化，投资需求不断满足，市场影响持续扩大；进一步促进深港资本市场的开放和改革，有力促进内地与香港经济、金融的有序发展，助力推动人民币国际化。

　　思考与讨论：

　　港交所和深交所在我国证券市场中如何发挥作用？深港通的启动和发展有哪些重要意义？证券市场在金融市场的发展中又有哪些作用和影响呢？

■ 学习目标

　　了解金融市场的分类；

　　掌握货币市场和资本市场的构成；

　　掌握衍生金融工具的特征及种类；

　　掌握金融市场的概念与构成要素。

■ 价值目标

　　通过本章的学习，认识到金融市场的透明度对市场参与者和整个经济体系的重要性，培养对当前经济状况和政策变化的敏感性。

　　增强在经济和金融领域的综合素养，包括理解金融市场的运作机制、利率的形成方式以及央行政策对市场的影响。

第一节　金融市场概述

什么是金融市场？其交易对象和交易主体有哪些？金融市场具有哪些类型和功能？本节将回答这些问题。

一、金融市场的概念

金融市场的定义，往往因分析的角度不同而有着不同的表述。从狭义上讲，金融市场就是进行金融商品买卖交易的场所。从广义上讲，金融市场就是一种以各种金融资产为交易对象的组织系统或网络，以及由这类交易本身所引发的各种信用关系。如果从融资角度来分析，金融市场实质上是一种确定金融资产交易价格的机制。因此，比较完整的金融市场的定义应是：金融市场是交易金融资产并确定金融资产价格的一种机制。

金融市场在整个经济活动中与商品市场、劳务市场等其他要素市场互相依赖、互相制约。金融市场与其他要素市场之间有共同特征，如参与主体均为个人、企业、金融机构和政府机构等，但同时金融市场也与其他要素市场间存在较大区别。

首先，金融市场的交易对象不是各式各样的普通商品，而是一种无形的特殊商品，即货币和其他一切金融资产，如股票、票据、债权、外汇、期货合约、期权合约等。金融商品的交易可以是非物质化的，即股份、债权等有价证券的转让并不涉及其发行企业相应份额资产的实际转移。

其次，商品交易一般具有固定的交易场所，而金融市场的交易通过复杂的市场体系完成，信息技术的不断发展使电话和网络交易更加频繁，金融市场无形的特点越来越明显。

除此之外，金融市场上的借贷关系不是单纯的买卖关系，而是建立在信用基础上的借贷关系或委托代理关系。金融市场的价格决定机制也与商品市场不同，利率作为资本商品的"价格"，其高低受到中央银行基准利率和供求关系的制约。

二、金融市场的构成要素

金融市场的构成要素主要有金融市场主体、金融市场客体、金融市场价格、金融市场监管者等。

（一）金融市场主体

金融市场主体即金融市场的交易者，包括个人、企业、金融机构、政府和中央银行等。这些参与者分别以投资者或筹资者的身份参与金融市场活动。

1. 个人

个人也称为居民。个人作为金融市场的参与者，主要以资金供给者身份出现。他们参与金融市场的目的通常是调整自己的金融资产结构，以追求收益与风险的最佳组合。在某些情况下，个人也可能以投机者的身份参与金融市场活动。

2. 企业

企业在金融市场上既可能是资金的需求者，又可能是资金的供给者。企业为弥补自有资金的不足，除了向银行借款外，还可通过发行公司债券、股票等证券来筹集资金，从而成为金融市场上的卖方。同时，企业在再生产过程中，也会游离出一部分暂时闲置的资金。企业或将其存入银行，或用于购买国家债券，或用于购买其他企业的股票和债券，从而成为金融市场上的资金供给者。此外，有时企业还可能会在金融市场上从事投机或套期保值行为。

3. 金融机构

金融机构主要包括商业银行、证券公司、保险公司、信托公司等中介机构。各种银行和非银行金融机构是金融市场的主要参与者，也是特殊参与者。它们一方面创造着大量的金融工具，另一方面又大量地购买金融工具。它们的买与卖最终使金融市场中其他参与者卖与买的意愿得以实现。即金融机构的参与在获得一定利润的同时，保证了绝大多数其他参与者能实现其参与市场交易的意愿，从而保证了金融市场交易的顺畅进行。

4. 政府

政府在金融市场上主要充当资金的筹措者和金融市场的管理者。政府是金融交易中主要的资金需求者，它通过发行各种债券大量地、经常地筹措资金，以调节财政收支状况。政府有时也会以资金供给者的身份参与金融交易活动。在政府出现临时性资金闲置时或者准备调整产业结构时，政府经常会通过特定的渠道将资金投入金融市场。

5. 中央银行

中央银行是金融市场上资金的最终提供者，同时又是金融市场的直接管理者。它参与金融市场活动主要是为了执行国家的货币政策，调控货币供给量，稳定本国货币币值。

金融市场主体不仅决定着金融规模的大小，还创造了种类繁多的金融工具。

（二）金融市场客体

金融市场客体是指金融市场的交易对象或交易的标的物，即通常所说的金融工具。金融工具是在信用活动中产生的，能够证明债权债务关系并据以进行货币资金交易的凭证，是具有法律效力的契约。

金融工具必须兼具三个特点：规范化的书面格式；在金融市场上有普遍接受性或可转让性；具有法律效力。

金融工具具有以下特征。

（1）偿还性。金融工具作为一种债务凭证，一般都载明偿还期限、偿还义务和偿还方式。债务人必须按规定的期限偿还本金，并支付一定的利息。股票例外，它只付息分红但不归还本金。

（2）流动性。金融工具可以在金融市场上自由买卖、转让、贴现。

（3）安全性。安全性是指金融工具的投资本金遭受损失的可能性。安全性与流动性成正比，流动性越强的金融工具，安全性越高。

（4）盈利性。盈利性是指金融工具给投资者和筹资者带来收益的能力。

金融工具按发行机构的性质来划分，可分为直接证券和间接证券两类。其中，直接证券是由非金融机构发行的，主要是股票、债券、国库券等。而间接证券是由金融机构发行的，主要是现钞、可转让存单、人寿保单等金融证券。金融工具按发行时的借贷期限可分为货币市场工具和资本市场工具。一般而言，货币市场工具因年限短而具有风险低、流动性强的特点，资本市场工具则相反。较为普通的金融工具有国库券、公司债券、商业票据、可转让存单、普通股。

（三）金融市场价格

金融市场价格也是金融市场的基本构成要素。金融工具的交易价格同交易者的实际收益及风险密切相关，自然备受关注。不同的金融工具具有不同的价格，并受众多因素的影响，使金融市场变得更加复杂。

（四）金融市场监管者

金融市场监管者主要包括中央银行、证券交易委员会等。金融监管有狭义和广义之分。狭义的金融监管是指中央银行或其他金融监管当局依据国家法律规定对整个金融业（包括金融机构和金融业务）实施的监督管理。广义的金融监管在上述含义之外，还包括了金融机构的内部控制和稽核、同业自律性组织的监管、社会中介组织的监管等内容。

三、金融市场的分类

根据不同的划分标准，金融市场的分类如图 5-1 所示。

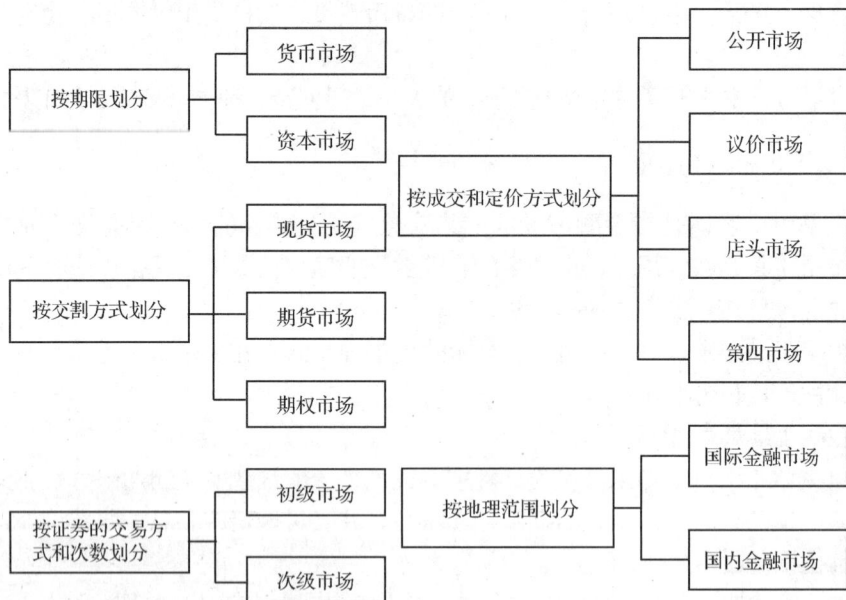

图 5-1　金融市场的分类

（一）按期限划分为货币市场和资本市场

货币市场又称短期金融市场，是专门融通短期资金的场所。所谓短期，通常指 1 年以内。短期资金多在流通领域起到货币作用，主要解决金融市场主体的短期性、临时性资金需求。

资本市场又称长期金融市场，是指专门融通期限在 1 年以上的中长期资金的市场。交易期限短则数年，长则数十年。中长期资金大都参与社会再生产过程，主要是为了满足政府和企业部门对中长期资金的需求。长期性金融工具主要是指各类有价证券，即债券和股票。其特点是偿还期长、流动性弱、风险较大。长期金融市场主要包括债券市场和股票市场。

（二）按交割方式划分为现货市场、期货市场和期权市场

现货市场是随着交易协议的达成而立即交割（实际上是在 3 天内进行交割）的市场。

期货市场是指交易协议虽然已经达成，却要在某特定时间进行交割的市场。在期货市场上，成交和交割是分离的。在期货交易中，交割要按成交时的协议价格进行。证券价格会影响交易者盈利情况。

期权市场即进行各种期权交易的市场，是期货市场的发展和延伸。期权交易是指买卖双方按成交协议签订合同，允许买方在交付一定的期权费用（或保险费）后，即取得在特定的时间内按协议买进或卖出一定数量证券的权利。

（三）按证券的交易方式和次数划分为初级市场和次级市场

初级市场是新证券发行的市场，又被称为一级市场。证券发行者与证券投资者的多少，是决定初级市场规模的直接因素。

次级市场即旧证券流通的市场，又被称为二级市场。证券持有者需要资金，便可到次级市场上出售变现。需要进行证券投资而未进入初级市场的也可在次级市场上操作。买卖双方的经常转换使证券更具流动性，从而在全社会范围内使资源得到充分利用。

（四）按成交和定价方式划分为公开市场、议价市场、店头市场和第四市场

公开市场即由众多市场主体以拍卖方式定价的市场。这类市场一般是有组织的和有固定场所的有形市场，如股票交易所。

议价市场是指没有固定场所、相对分散的市场，双方的买卖活动要通过直接谈判而自行议价成交。由于这类活动多在公开市场上进行，故又称为场外市场。

店头市场又称为柜台市场，有人也称其为第三市场，是指未上市的证券或不足一个成交批量的证券进行交易的市场。

第四市场是指作为机构投资者的买卖双方直接联系成交的市场，一般通过计算机通信网络把会员连接起来，并利用该网络报价、寻找买方或卖方，最后直接成交。

专栏 5-1 第三市场和第四市场的出现

由于证券交易日益发达，世界各地的证券市场结构不断分化，出现了第三市场和第四市场。

第三市场是指股票在交易所上市，却在场外进行交易的市场。在 20 世纪 70 年

代以前，源自《梧桐树协议》的固定佣金制一直左右着所有的股票交易，但这对大宗交易者很不利，他们不愿因为固定佣金制而付出昂贵的交易费用。非交易所会员的经纪人则不受固定佣金制的限制，他们可以收取更低的佣金，于是大宗交易在场外频繁发生，第三市场就发展起来了。

第四市场是指投资者不通过经纪人直接进行交易的市场。在美国，电子通信网（Electronic Communication Network，ECN）大大便利了股票交易，人们可以通过ECN 直接寻找买家或卖家，避免了昂贵的交易费用。这种方式很受一些大宗交易者的欢迎，因为他们不希望暴露自己即将进行的大宗买卖，以免股票价格会因此波动。

（五）按地理范围划分为国际金融市场和国内金融市场

国际金融市场由经营国际货币业务的金融机构组成，其经营内容包括资金借贷、外汇买卖、证券买卖、资金交易等。

国内金融市场由国内金融机构组成，其经营内容包括办理各种货币、证券等业务。它可分为城市金融市场和农村金融市场，也可分为全国性、区域性、地方性金融市场。

第二节　货币市场与资本市场

金融市场作为金融活动的场所，是构成金融体系的重要组成部分。金融市场可以根据不同的标准进行分类，其中一个常用的标准就是金融资产的期限。按照这个标准，金融市场可以分为货币市场和资本市场。货币市场主要是短期金融工具交易市场，具有交易期限短、风险低、流动性强等特点。而资本市场主要是中长期金融工具交易市场，具有交易期限长、风险高、流动性差等特点。

一、货币市场

（一）货币市场的性质

1．货币市场的特征

第一，市场上流通的金融工具是短期的，期限一般不超过 1 年，所以其流动性和安全性都相对较强，易于在短时间内变现。第二，风险小。由于在这个市场上流通的证券期限短，价格较少剧烈波动，这个市场的投资者遭受损失的可能性较小，但收益也较低。第三，货币市场是一种批发市场。由于交易量极大，周转速度较快，一般投资者难以涉足，因而货币市场的主要参与者大多是机构投资者。第四，货币市场是一个不断创新的市场。由于货币市场的管理历来比其他市场要灵活，任何类型的交易方式和方法一般只要符合条件就可以被考虑采用和发展。第五，货币市场上的金融工具的流动性较强，具有较强的货币性，对银行的业务有很强的竞争性和替代性，同时，这些金融工具也是对中央银行发行的货币的替代。

2. 货币市场的交易主体

货币市场的参与者主要有机构、个人和市场的专业人员。机构参与者包括商业银行、中央银行、非银行金融机构、政府、非金融性企业。货币市场专业人员包括经纪人、交易商和承销商等。

(二) 货币市场的功能

货币市场的功能主要体现在以下几方面。

1. 融通短期资金

货币市场通过融通短期资金，可以解决交易主体的短期支付困难，实现资金周转的正常运行。同时交易主体无须持有大量的流动性强而收益性弱的资产，从而可提高资金的利用率和收益率。

2. 优化经济主体的资产结构

对于一个企业来说，拥有一个优化的资产结构，具有重要的意义。所谓优化的资产结构，即其资产结构与其负债结构保持期限上及成本与收益上的对称，在不发生周转困难的情况下，获得尽量高的收益。因此，保持一定的既有流动性又可获得较好收益的资产是必要的。货币市场提供的大量流动性强又有收益的有价证券，为企业理财提供了有效的途径。

3. 创造准货币

货币市场上的信用工具因具有很强的流动性，被称为准货币。货币市场通过提供信用工具的转手机制，使货币市场上的信用工具具有强流动性，从而使货币市场上的信用工具具有了货币的功能，因此，货币市场提供的准货币具有很强的内生性。在中央银行实施紧缩货币政策而减少货币供应时，货币市场的交易量会扩大，以填补中央银行货币收缩的市场缺口，从而使中央银行的货币政策效果受到了冲销。

4. 为中央银行实施货币政策提供了平台和传导途径

在市场经济条件下，货币政策是重要的宏观调控手段。货币政策实施的手段主要有贴现政策和公开市场操作。这两种政策工具的运用，都需要以货币市场的正常运行为前提。贴现政策实施以后，首先引起货币市场资金供求的变化，然后导致市场利率的改变。在此基础上，商业银行和其他金融机构会改变其信贷政策、信贷规模和资产结构，市场上的其他经济主体因而要调整其投资和消费的决策和计划，由此导致了实际经济变量的改变。对于另一项货币政策工具——公开市场操作，中央银行在市场上通过买卖公债等来影响市场的资金供求，改变商业银行的资产负债结构，最终达到影响实际经济变量、调节经济生活的目的。

(三) 货币市场的构成

根据借贷方式的不同，货币市场一般可以分为同业拆借市场、票据市场、大额可转让定期存单市场、短期政府债券市场和回购市场。

1. 同业拆借市场

同业拆借市场是指金融机构之间以货币借贷的方式进行短期资金融通活动的市场。同业拆借的资金主要用于弥补短期资金的不足、票据清算的差额以及解决临时性资金短缺。同业拆借市场是一个交易量大，能敏锐地反映资金供求关系或货币政策意图，并能影响货币市场利率的市场。

同业拆借市场的主要参与者有商业银行、证券公司、投资基金等。我国的同业拆借市场实行准入审查制度，目的是控制同业拆借市场的风险，维持其良好的运转。随着市场的发展，同业拆借市场的参与者也呈现出多样化的格局，所交易的对象也不仅限于准备金存款，还包括银行间的存款、证券商和政府拥有的存款。

同业拆借市场主要是银行等金融机构之间融通借贷在中央银行存款账户上的准备金余额，以调剂准备金头寸的市场。一般来说，任何银行可用于贷款和投资的资金数额只能小于或等于负债额减去法定存款准备金和最低清算头寸的余额。然而，在实际经营中，由于资金流入和流出的不确定性，银行在中央银行存款账户上的余额恰好等于法定存款准备金和最低清算头寸是不可能的。如果银行账户上的存款额大大超过了该数额，说明银行的资金没有得到充分运用，会给银行造成利息上的损失；如果银行的准备金存款额小于该数额，则会导致银行发生支付危机，出现周转困难的情况。为了解决支付困难，银行将不得不放弃投资获利的机会，以不利的价格出售资产，收回贷款，银行同样要承担一定的损失。银行之间的拆借就成了解决这一矛盾的良策。这种准备金买卖活动就构成了传统的银行同业拆借市场。

同业拆借市场中的交易既可以通过市场中介进行，又可以直接进行。同业拆借市场的中介可分为两类：一类是专门从事拆借市场及其他货币市场中介业务的专业经纪商；另一类是非专门从事市场中介业务的兼营经纪商，多由大银行担任。同业拆借的交易程序简单快捷，借贷双方可以通过电话直接联系，或与市场中介联系，在借贷双方就贷款条件达成之后，贷款方可直接或通过代理行经中央银行的电子资金转账系统，将资金划转至借款方的资金账户上，数秒即可完成转账程序。当贷款归还时，可用同样的方法划转本金和利息。

同业拆借市场的拆借期限通常只有 1～2 天，短至隔夜，长则 1～2 周，一般不超过 1 个月。同业拆借按日计息，拆借利率相比于市场的其他利率是较低的，甚至比中央银行的再贴现率低，作为市场资金供求变化的晴雨表，它每时每刻都在变化。由于同业拆借利率是市场中最低的利率，同时又不具有垄断性，其经常被作为确定长期借贷中浮动利率的基准利率。

在很多将利率作为货币政策中介目标的国家中，同业拆借利率成了公开市场操作的目标标尺。货币当局会确定同业拆借市场利率的目标变化区间，一旦利率变化超出了目标区间，就开始动用公开市场操作的工具，通过影响市场的资金供求，将同业拆借利率拉回目标区间，以达到有效地控制货币信贷量、稳定经济的目的。

专栏5-2　国际货币市场上有代表性的三种同业拆借利率

在国际货币市场上，有代表性的同业拆借利率有三种：伦敦银行同业拆借利率（LIBOR）、新加坡银行同业拆借利率以及中国香港银行同业拆借利率。伦敦银行同业拆借利率，是伦敦金融市场上银行间相互拆借英镑、美元及其他欧洲货币的利率，由报价银行在每个营业日的上午 11：00 对外报出，分为存款利率和贷款利率两种。资金的拆借期限有 1 个月、3 个月、6 个月和 1 年等几个档次。自 20 世纪

60 年代初，该利率就成为伦敦金融市场借贷活动中的基本利率，目前它已经成了国际金融市场的关键利率，成为国际融资中浮动利率的基准利率或参照。新加坡银行同业拆借利率和中国香港银行同业拆借利率的影响范围要小些，它们主要作为观察亚洲货币市场资金供求状况的指标。

我国同业拆借市场的创立可追溯到 1984 年。中国人民银行独立行使中央银行职能之初，首先建立了法定存款准备金制度，这一制度的建立为实现银行间短期资金融通的同业拆借市场提供了条件。

2007 年 1 月 4 日，上海银行间同业拆放利率（Shibor）正式运行，标志着中国货币市场基准利率培育工作全面启动。Shibor 由 18 家信用等级较高、在中国货币市场上人民币交易相对活跃、信息披露比较充分的银行，在公开市场的一级交易市场或外汇市场上组成报价团，由中国人民银行成立的 Shibor 工作小组管理。每个交易日，各家自主报出人民币同业拆放利率，后由全国银行间同业拆借中心授权计算[剔除最高、最低 2 个报价后，根据期限品种（隔夜、1 周、2 周、1 个月、3 个月、6 个月、9 个月、1 年）确定算术平均利率（单利、无担保、批发性利率），并于北京时间上午 11:30 对外发布（2014 年 8 月 1 日起改为上午 9:30 对外发布）]。Shibor 是具有市场代表性，与拆借、质押式回购利率高度相关的同业拆借利率，其与货币市场利率之间的利差稳定性不断增强。近年来，以 Shibor 为基准的市场交易规模不断扩大，促进了货币市场的快速发展。

2. 票据市场

票据市场是指各类票据发行、流通及转让的场所，主要包括商业票据发行市场和票据贴现市场。

（1）商业票据发行市场

商业票据是大公司为了筹措资金，以贴现方式出售给投资者的一种短期无担保债务凭证。美国的商业票据属本票性质，英国的商业票据属汇票性质。商业票据没有担保，仅以信用做保证，因此能够发行商业票据的一般都是规模巨大、信誉卓著的大公司。商业票据市场就是一些信誉卓著的大公司发行商业票据的市场。

商业票据是货币市场上历史最悠久的工具，最早可以追溯到 19 世纪初。早期商业票据的发行和运用几乎都集中在美国，发行者主要是纺织品工厂、铁路公司等非金融性企业。大多数票据通过经纪商出售，主要购买者是商业银行。20 世纪 20 年代以来，商业票据的性质发生了变化，汽车和其他耐用消费品大量进入家庭，使消费者产生了短期贷款需求，消费信贷公司为满足这种需求，发行商业票据筹集资金，贷放给消费者。首先发行商业票据的消费信贷公司是美国通用汽车承兑公司，目的是为消费者购买通用汽车融资。美国通用汽车承兑公司进行的改革是将商业票据直接发行给投资者，而不通过经纪人销售。20 世纪 60 年代，由于经济的持续增长，美联储紧缩的货币政策和"Q 条例"的实施，导致了资金的短缺。银行为了满足资金需求，开始自行发行商业票据，从而使商业票据迅速增加。由于商业票据风险低、期限短、收益相对高，商业银行、公司和非银行金融机构都是其购买者。

目前，市场上的商业票据大多由商业银行代理发行、保管，并由商业银行提供信用额度支持，通过"滚动发行"偿还，因此，商业银行对票据市场的发展是功不可没的。

（2）票据贴现市场

票据贴现是指票据持有人在需要资金时，将其持有的商业票据转让给银行的行为。银行在买入未到期的商业票据时，要扣除从贴现日到票据到期日的利息。票据贴现是企业从银行获取融资的一种方式。由于商业票据期限短，又具有自偿性特征，银行承担的风险较低，是银行乐于接受的一项业务。

当然，不是所有的票据银行都接受。一般来说，它应具有以下特征：它必须是未到期的商业票据；它必须是实质票据或由信用卓著的企业发行的票据。为了保证银行资金的安全，银行只接受建立在商品交易基础上的实质票据或信誉好的大企业发行的票据（在中国，只能签发和贴现实质票据）。各国对票据的贴现范围都做了明确的规定，银行除了对商业票据给予贴现以外，还可对商业本票、银行汇票、国库券和公债券予以贴现。

贴现分为贴现、转贴现和再贴现三种方式。贴现是指汇票的持票人将未到期的商业票据转让给银行；转贴现是指商业银行将未到期的商业票据转让给其他商业银行，这是银行间融资的一种方式；再贴现是指商业银行在资金周转困难时，将未到期的商业票据转让给中央银行。再贴现是中央银行投放基础货币的一种途径。

3. 大额可转让定期存单市场

大额可转让定期存单简称 CDs，是 20 世纪 60 年代以来金融环境变革的产物。由于 20 世纪 60 年代市场利率上升，美国的商业银行又受"Q 条例"关于存款利率的限制，许多公司为了寻求更好的收益，将资金调往收益较好的货币市场，从而使商业银行的市场萎缩。为了夺回市场，阻止存款外流，商业银行设计了大额可转让定期存单。这种存单的发明者是美国花旗银行。

同传统的定期存款相比，大额可转让定期存单具有以下特点：不记名，可流通转让；面额固定，在美国至少为 10 万美元，二级市场的交易单位为 10 万美元；利率分为固定和浮动两种，且比同期定期存款利率高；不可提前支取，而只可在二级市场上通过转手变现。

大额可转让定期存单的投资者主要是大企业。投资大额可转让定期存单是企业解决流动与收益矛盾的良好出路。除此之外，金融机构也是大额可转让定期存单的积极投资者。政府机构、外国中央银行及个人也是其投资者。

对发行大额可转让定期存单的商业银行来说，通过发行大额可转让定期存单获得的资金，既可视为定期存款，用于中期放款，又可调整资产的流动性。大额可转让定期存单不失为其实施资产负债管理的良好工具。

4. 短期政府债券市场

短期政府债券是政府部门以债务人的身份承担到期偿付本息责任，期限在 1 年以内的债务凭证。从广义上说，政府债券不仅包括国家财政部门发行的债券，还包括地方政府及其代理机构发行的证券。狭义的短期政府债券仅指国库券。一般来说，短期政府债券市场主要指国库券市场。

短期政府债券通常以贴现方式发行，投资者的收益是证券的购买价与证券面额之间的差额。财政部门发行的短期政府债券一般称为国库券。政府发行短期债券的目的：一是满足政府部门短期资金周转的需要，调节政府收支季节性的不平衡；二是为中央银行提供公开市场操作的工具，用以影响货币供给和利率。目前，在西方，短期政府债券的发展比较快，其在货币政策上的意义已经超过了其平衡财政收支的意义。

同其他货币市场证券相比，国库券有以下几个明显的特征：信用风险小，国库券是国家债券，几乎没有违约风险，因此通常被称为"金边债券"或无风险债券，从而对投资者有很强的吸引力；流动性强，国库券有很强的流动性，这可使它在交易成本及价格风险较低的情况下迅速变现；面额小，国库券是货币市场中面额较小的证券，对许多小投资者来说，国库券通常是他们能直接从货币市场上购买的唯一有价证券；收入免税，其他形式的投资收益均需缴纳所得税，国库券的投资收益通常是免税的，这使国库券具有了更大的投资价值。

5.回购市场

回购市场是指通过回购协议进行短期资金融通交易的市场。所谓回购协议，是指卖方在出售证券的同时和买方签订的，约定在一定期限后按原定价格或约定价格购回所出售证券，从而获取即时可用资金的一种交易协议。从本质上说，回购协议是一种抵押贷款，其抵押品为证券。回购协议的期限从 1 日至数月不等。回购的证券主要是政府债券。

回购市场没有集中的有形市场，交易以电讯方式进行。大多数交易由资金供应方和资金需求方直接进行，也有少数交易是通过市场专营经纪商进行的。

回购协议中的证券交付一般不采用实物交付的方式，特别是在期限较短的回购协议中。但为了防范资金需求者在回购协议生效期间将证券出售或与第三方进行回购交易所带来的风险，一般要求资金需求方将证券交给贷款人清算银行的保管账户中，或交给借款人专用的证券保管账户中，以备随时查询。

回购市场的利率不是统一的，利率的确定取决于多种因素。这些因素主要有以下几种。

（1）用于回购的证券质地。一般说来，信誉度越高，流动性越强，回购利率越低；反之，利率会相对高些。

（2）回购期限的长短。一般说来，期限长的利率会高些。

（3）交割的条件。采用实物交割的利率高些。

（4）货币市场其他子市场的利率水平。

二、资本市场

资本市场的主要参与者有政府部门、商业银行、中央银行、其他金融机构及企业单位、居民个人等。其中，投资银行是最重要的参与者与中介机构之一，保险公司、信托公司、养老基金等金融机构是资本市场上的积极参与者。

（一）资本市场的特点

1.融资期限长

资本市场的融资期限通常较长，一般在 1 年以上，甚至数十年，有些甚至没有明确的期限。资本市场的长期融资期限使得企业和政府能够筹集资金来支持长期投资项目，如基础设施建设、新技术研发、大型生产项目等。这对推动经济的长期增长和提高生产力至关重要。同时企业在发展过程中通常需要大量的资金进行扩张和发展。通过资本市场融资，企业能够获得较长期的债务融资或通过股票发行吸引长期投资。这使得企业能够更好地规划未来，并确保有足够的资金支持业务的长期发展。长期融资期限也给企业和政府提供了一定的灵活性，以适应项目的不同特性。一些大型基础设施项目可能需要数十年的时间来实现收益，而短期融资往往难以满足这类项目的资金需求。长期融资通常伴随着较为稳定的利率，相对于短期市场波动较大的情况，长期融资的利率相对较为平稳。

资本市场长期融资的特点吸引了长期投资者，如养老基金、保险公司等。这些机构更倾向于长期稳定的投资，与资本市场的长期性特点相辅相成。尽管长期融资有利于支持长期投资，但也存在一些挑战和风险。例如，利率变动、通货膨胀等因素可能对长期融资的成本和回报产生影响。此外，长期项目的不确定性也需要谨慎管理。

2. 资金交易量大

资本市场的特点之一是交易的资金量通常较大，这对满足长期性投资资金需求具有重要意义。企业和政府在进行大规模项目、扩张计划或其他长期性投资时，需要大量的资金支持。资本市场的大规模融资能力使得它成为满足这类需求的关键渠道。例如，企业可以通过发行股票或债券来筹集数十亿元甚至数百亿元的资金。资本市场的大规模资金交易有助于支持基础设施建设和其他大型项目。这些项目通常需要巨额的投资，而资本市场提供了一种有效的方式，通过吸引大量投资者的资金来支持这些项目的实施。

资本市场吸引了各类投资者的参与，包括机构投资者、个人投资者、养老基金等。这种多元化的投资者基础有助于形成大规模的资金池，支持资本市场的流动性和资金量。资本市场的大规模资金交易不局限于国内，还涉及全球范围的资本流动。这使得国际投资者能够参与并对市场产生影响，同时本国企业也能够在国际市场筹集资金。

这些因素使得资本市场成为支持经济增长和大型投资项目的关键平台。然而，与之相伴的是对市场稳定性和监管的不断关注，以确保大规模的资金交易能够在一个合理、透明的框架内进行。

3. 有价证券作为交易工具

在资本市场中，有价证券是常见的交易工具。资本市场中的有价证券包括股票、债券、证券衍生品等。这些证券代表了投资者对企业或政府的一种权益或债务关系，成为投资者进行资本市场交易的工具。

有价证券市场涉及一定的投资风险。股票和债券的价格可能会受到市场波动、公司业绩、宏观经济因素等多种因素的影响。这使得投资者在资本市场中面临一定的风险，而需要仔细评估和管理。有价证券的市场价格是由供求关系决定的，通过交易形成。这种价格发现机制使得市场能够更准确地反映投资者对公司或债务者的估值，促使市场更为有效运作。

总体而言，有价证券在资本市场中的作用是多层面的，既包括了让投资者获取收益，也涉及市场的风险和流动性等方面的作用。

（二）资本市场的功能

资本市场的功能主要体现在以下几个方面。

1．促进资本的形成

资本形成是一国经济增长和经济发展的核心问题之一。居民、企业、政府等储蓄主体可以通过购买股票、国债、公司债券、基金及其他证券，实现其储蓄向投资的转化。

2．使产业结构合理化和高级化

资本在产业和地区之间的流动，决定并改变着产业的部门结构和地区结构。通过已投入各产业部门和地区的资产的风险-收益评价，资本市场发挥着诱导资本从夕阳产业向朝阳产业流动、从竞争力较弱的部门向竞争力较强的部门转移、从劣势地区向优势地区集中的作用。资本市场促进了资本的流动，因而它具有风险分散的功能。利用分散风险和筹资功能，资本市场激励了新资本向高科技产业部门的投入和高科技在产业部门中的运用，从而促进了产业的部门结构和地区结构不断合理化和高级化。通过资本定价，资本市场诱导着资本向规模经济较好或潜力较大的企业集中，从而促进产业组织结构的调整。

3．促进企业资产结构优化

资本市场为企业调整资产负债结构、资产流动性结构以及资本结构提供了高效率的市场机制。企业可以根据自己的调整需求，充分利用股权性工具和债权性工具，来实现其多方面的目的。

（三）资本市场的构成

资本市场不仅是经济的金融基础设施，更是国家金融体系的关键组成部分，通过有效运作，它们可以促进资本的有效配置、企业的可持续发展以及整个国家经济的稳定。我国具有典型代表意义的资本市场包括国债市场、股票市场、企业中长期债券市场和中长期放款市场。

1．国债市场

国债市场提供了多种类型的债券，如国库券、建设债券等。这些债券具有不同的特性，包括期限长短、收益率不同，以满足不同投资者的需求。投资者可以根据其风险偏好和投资目标选择适合的国债产品。国债市场中有各种期限的债券，包括短期、中期和长期债券。同时，这些债券的收益率也因其期限和其他因素而有所不同。这种多样性使得国债成为投资者配置资产组合的重要组成部分。

国债市场为政府提供了一个关键的借贷平台。政府通过发行国债筹集资金，用于支持国家的财政政策和各类项目融资。这有助于满足政府的短期和长期财政需求，支持国家经济的发展。在经济下行时，政府可以增加债务融资以刺激经济；而在经济过热时，可以适度减少债券发行以平衡经济。这些都有助于平衡国家财政预算和国家债务管理。政府通过在国债市场上发行债券来满足支出需求，避免依赖过度印钞票等不可持续的手段，从而维持财政的可持续性。

2．股票市场

股票市场通过公司股票的发行为企业提供了一种重要的融资途径。一方面，公司可以通过公开发行股票吸引投资者的资金，从而筹集资本用于运营、扩张和投资。另一方面，股票交易市场为股票提供了流动性，使得投资者可以买卖股票。这种流动性不仅使投资者更容易进入或退出市场，也有助于价格发现，即股票价格能够反映市场对公司价值的共识。投资者通过购买股票成为公司的股东，从而分享公司的成长和收益。股东有权分享公司利润，参与股东大会，并在公司的重要事务上行使投票权。这种参与使得投资者与公司的命运紧密相连。

股票市场也涉及重要的公司治理问题，包括股东权益、董事会职责、信息透明度等。确保公司治理的有效性对吸引投资者、提高市场信心以及公司长期的稳定发展至关重要。另外股东在公司治理中拥有一定的权益，包括参与关键决策、分享利润，以及通过股票的升值获取投资回报。公司需要平衡不同股东的权益，确保决策符合整体利益。同时董事会在股票市场上扮演着关键角色，负责监督公司管理层、制定战略方向以及确保公司的长期利益。董事会的透明度和独立性对公司治理的有效性至关重要。

股票市场要求公司提供及时、准确的财务报告和信息，以确保市场的透明度。同时，公司需要遵循法规和合规性标准，以维护市场的正常运作和投资者的信心。

3．企业中长期债券市场

企业中长期债券市场为企业提供了多样化的融资工具，包括各种债券类型，如公司债券、可转换债券等。这种多样性允许企业更灵活地选择适合其融资需求和投资计划的工具。由于中长期债券具有相对较长的期限，企业可以利用这个市场满足中长期资金需求，例如进行新项目的投资、设备更新、扩张计划等。这有助于企业更好地规划和执行其战略发展计划。同时企业可以通过发行债券来管理其融资成本。由于债券的利率是预先确定的，企业可以在发行时锁定相对较低的融资成本。这种稳定的融资成本使企业能够更好地规划未来的财务状况。投资者通过购买企业债券可以获得固定的利息，这为他们提供了一种相对稳定的投资回报。这种固定利息的特性吸引了寻求相对低风险投资的投资者。企业通过吸引多元化的投资者，实现了风险的分散。

在企业中长期债券市场上，信用评级对债券的发行和投资至关重要。高信用评级的企业通常能够以更低的利率发行债券，吸引更多投资者。这也提供了一种对企业信用状况的客观评估标准。中长期债券市场的流动性和定价透明度对企业和投资者都非常重要。市场的流动性确保了债券的买卖过程更加顺畅，而定价透明度则有助于确保债券的公正定价。

4．中长期放款市场

中长期放款市场的核心功能之一是为企业提供资金支持，以满足其在固定资产方面的中长期投资需求，包括更新现有资产、扩大规模以适应市场需求，以及启动新的项目。在这个市场中，金融机构通常要求借款企业提供担保品，如固定资产、土地、建筑物等有形资产。这种担保机制有助于降低借款风险，因为在发生违约的情况下，金融机构可以依靠这些担保品来弥补损失。同时金融机构在中长期放款市场中扮演着重要的风险评估和管理的角色。在放款决策过程中，它们会评估借款企业的信用状况、还款能力以及所提供担保的价值。这有助于确保资金被分配给风险相对较低的借款人，从而保护金融机构的利益。

中长期放款市场的贷款通常具有相对较长的期限，这与企业的投资周期相一致。同时，利率的确定通常会考虑到贷款的期限和借款企业的信用状况，以确保贷款条件对双方都是可接受的。通过为企业提供中长期资金，中长期放款市场促进了固定资产的更新和扩建，从而支持了经济的可持续发展。这对提高生产力、创造就业机会和促进技术创新都具有重要意义。

第三节　金融工具和衍生金融工具

一、金融工具概述

金融工具亦称"信用工具"或"交易工具"，是金融市场交易的对象，它是随信用关系的发展而产生、发展起来的。为了适应多种信用形式的需要，产生了商业票据、银行存款凭证、股票、债券等金融工具。金融工具的收益性是指金融工具能定期或不定期给持有人带来收益的特性。金融工具收益性的大小，是通过收益率来衡量的，其具体指标有名义收益率、直接收益率、持有期收益率等。

二、金融工具的收益率

（一）名义收益率

名义收益率，又称为"票面收益率"或"息票率"，是指债券票面上注明的债券发行利率，即债券票面收益与债券面值之比。这一收益率通常用百分比表示，反映了投资者在持有该金融工具期间所能获得的利息或收益。债券的票面收益率是指投资者在按面值购买债券后，持有并保留至债券到期时，根据票面金额收回本息而算得的收益率。这个指标并不考虑实际购买价格与票面金额可能不一致的情况，也没有纳入投资者在持有期间有可能出售债券的情形。

债券的实际收益率常常与名义收益率存在较大差异，这是因为债券市场价格随时间波动，并受通货膨胀等因素的影响。通常情况下，债券的实际收益率会低于名义收益率。因为名义收益率未考虑通货膨胀或其他因素的影响，是在未对通货膨胀、税收、手续费或其他相关成本进行调整的情况下计算的收益率。

例如，某债券票面金额为 100 元，10 年还本，每年利息为 5 元，其名义收益率就是 5%。

（二）直接收益率

直接收益率，也称为本期收益率和当前收益率，是指本期获得的债券利息与债券本期市场价格的比率。其计算公式为：

直接收益率=本期获得的债券利息÷债券本期市场价格×100%

直接收益率是债券的年息除以债券当前的市场价格所计算出的收益率。它并没有考虑债券投资所获得的资本利得或是损失，只衡量债券某一期间所获得的现金收入相较于债券价格的比率，不能用于评价不同期限付息债券的优劣，因此不能全面反映债券投资的收益。

【例 5-1】某债券的面值为 1 000 元，其票面利率为 5%。如果投资者以 950 元的市场价格购得该债券，则投资者获得的直接收益率是多少？投资者获得的直接收益率=1 000×5%÷950×100%=5.26%。

值得注意的是，在此例中未考虑其他成本，投资者以低于债券面值的价格购得债券，因此实际收益率高于票面利率。

（三）持有期收益率

持有期收益率是指投资者在持有某债券一段时间后，将其在到期前出售而获得的收益率，它考虑了持有期间的利息收入和资本损益。债券持有期收益率的计算公式如下：

$$债券持有期收益率=\frac{卖出价格-买入价格+持有期间的利息}{买入价格×持有年限}×100\%$$

【例 5-2】某发行人将一张面额为 1 000 元、期限为 5 年、票面利率为 10%的债券，以 950 元的价格向社会公开发行。投资者认购债券后持有至第三年年末，以 990 元的价格卖出，该债券的持有期收益率为多少？

该债券的持有期收益率=（990-950+1 000×10%×3）÷（950×3）×100%≈11.93%

债券持有期收益率比较充分地反映了实际收益率。然而，这个指标的局限性在于，债券的出售价格只有在投资者真正出售债券时才能确定，而在做投资决策时，常常无法准确预测未来的市场情况，包括出售债券时的价格，而只能凭主观预估。这就使得持有期收益率作为一个投资参考指标时，更多具有主观性和估算性。尽管它可以提供一个参考值来评估投资的效果，但其结果受到未来市场变化的影响，因而在实际投资决策中可能存在较大的不确定性。

三、常见的衍生金融工具

衍生金融工具，又称"金融衍生产品"，是在货币、债券、股票等传统金融工具的基础上衍化和派生的，以杠杆和信用交易为特征的金融工具。这些工具的价值并非独立存在，而是基于衍生品合约中所约定的资产、指数、利率、交易价格，或其他金融参数的变动情况而变化的。衍生金融工具的种类繁多，包括期货合约、期权、互换交易和其他结构性产品，它们可以用于对冲风险、投机以及进行投资组合的管理。金融工具的分类可参考图 5-2。

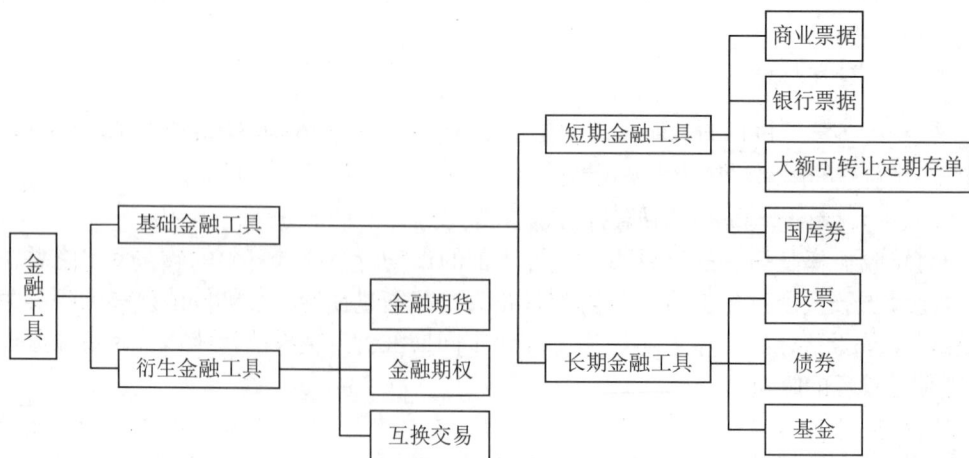

图 5-2 金融工具的分类

（一）金融期货

金融期货交易是指以各种金融工具或金融商品（如外汇、债券、存款证、股价指数等）为标的物的期货交易方式，即以公开竞价的方式进行的标准化金融期货合约的交易。金融期货合约作为一种标准化合约，载明了买卖双方同意在约定的时间按约定的条件（包括价格、交割地点、交割方式）买进或卖出一定数量的某种金融商品。在这种合约中，除价格外，其余的条件都是事先规定好的，交易者只能选择不同的合约，而无法改变合约中的条件。金融期货包括利率期货、股票指数期货、外汇期货等。

1. 利率期货

利率期货是指交易双方在集中性的市场以公开竞价的方式进行的利率期货合约的交易。所谓利率期货合约，是指由交易双方订立的，约定在未来某日期以成交时确定的价格交收一定数量的某种与利率相关商品（即各种债务凭证）的标准化契约。

2. 股票指数期货

股票指数期货是指买卖双方同意在将来某一日期，按约定的价格买卖股票指数的交易。股票指数是一种极特殊的商品，没有具体的实物形式，因而双方在交易时只能把股票指数换算成货币单位进行结算，而没有实物交割。全球著名的股票指数期货有标准普尔 500 指数、纽约证券交易所综合指数、日经 225 指数等。

3. 外汇期货

外汇期货是指交易双方在集中性的交易市场以公开竞价的方式进行的外汇期货合约的交易。外汇期货合约是由交易双方订立的，约定在未来某日期以成交时确定的汇率交收一定数量的某种外汇的标准化契约。其内容包括外汇种类、到期月份、交易时间、合约金额、开价形式、最小价格波幅、最大价格波幅等。

（二）金融期权

金融期权（Financial Options）是以金融商品或金融期货合约为标的物的期权交易形式。在金融期权交易中，期权购买者向期权出售者支付一定费用后，就获得了在未来某特定时间以某一特定价格向期权出售者买进或卖出一定数量的某种金融商品的权利。

根据期权内容的不同，金融期权可分为看涨期权（或买入期权）和看跌期权（或卖出期权）。根据期权标的物的不同，期权可分为黄金期权、白银期权、股票期权、债券期权、大额存单期权、外汇期权和金融期货期权等。其中，金融期货期权是以金融期货合约为标的物的期权。这一产品将金融期货的优点与期权的优点有效地结合起来，交易的安全性较强而风险较低，是近年来深受投资者欢迎的期权交易。

1. 期权购买者与期权出售者

期权购买者（Buyer）也称期权持有者（Holder），在支付一笔期权买入费以后，其就获得了在合约所规定的某一特定时间以事先确定的价格向期权出售者买进或卖出一定数量的金融商品的权利。当然，期权购买者也可以根据需要和当时的经济形势放弃执行这种权利。

期权出售者（Seller）又称为期权签发者（Writer），其在收取期权购买者所支付的期权费之后，就必须在规定时间内应期权购买者的要求履行该期权合约的义务。

在合约规定的时间内，只要期权购买者要求行使其权利，期权出售者就必须无条件地履行期权合约。由此可见，在期权交易中，交易双方的权利与义务存在着明显的不对称性。

2．买入期权与卖出期权

根据期权内容的不同，期权可分为买入期权和卖出期权。其中，买入期权（Call Options）又称为看涨期权，是指期权购买者可在约定的未来某日期以事先约定的价格向期权出售者买进一定数量的某种金融商品的权利。卖出期权（Put Options）又称为看跌期权，是指期权购买者可在约定的未来某日期以协定价格向期权出售者卖出一定数量的某种金融商品的权利。无论是买入期权还是卖出期权，对期权购买者而言，均只有权利而无义务；而对期权出售者而言，则均只有义务而无权利。这一现象的出现是以期权购买者向期权出售者支付一笔期权费为前提的。

3．协定价格

协定价格又称为履约价格或执行价格（Exercise Price），是指期权合约所规定的，期权购买者在行使其权利时所实际执行的价格。这一价格一经确定，在期权合约的有效期内，无论期权标的物的价格上涨到什么水平或下跌到什么水平，只要期权购买者要求执行合约，则期权出售者都必须以协定价格履行其义务。

4．期权费

期权费（Premium）是指期权购买者为获得期权合约所赋予的权利而向期权出售者支付的费用。期权费是期权的交易价格，一经支付，则不管期权购买者执行还是放弃该期权，均不予退还。

5．欧式期权与美式期权

根据对履约时间的不同规定，金融期权可分为欧式期权与美式期权。其中，欧式期权是指期权购买者只能在期权到期日这一天行使其选择的权利，既不能提前，又不能推迟。美式期权是指期权购买者既可在期权到期日这一天行使其权利，又可在到期日前的任何一个营业日行使其权利。目前，在世界主要的金融期权市场上，美式期权的交易量远大于欧式期权的交易量。

6．期权与期货的区别

第一，权利和义务的对称性不同。期货合约的双方被赋予了对等的权利和义务。而期权合约只赋予买方权利，卖方无任何权利，而只有按买方要求履约的义务，买方则不需要承担任何义务。

第二，标准化程度不同。期货合约是标准化的合约，而期权合约则不一定是标准化的合约。在美国，场外交易的现货期权是非标准化的，但在交易所内交易的现货期权是标准化的。

第三，盈亏风险不同。期货交易双方所承担的盈亏风险是无限的。期权交易中，卖方的亏损风险是无限的，盈利能力是有限的；相应地，买方的亏损风险是有限的，而盈利的可能则是无限的。

第四，保证金不同。期货交易双方都必须交付保证金。期权的买方无须交纳保证金，因为其亏损一般不会超过已支付的期权费；在交易所交易期权的卖方则要交纳保证金。

（三）互换交易

互换交易是金融市场上的一项典型创新工具，它在 20 世纪 70 年代初期金融期货出现之后崭露头角。这种交易指的是在预定时间内，双方交换货币或利率的金融活动。通俗地说，就是双方都有各自的优势领域，让自己与对方都在各自优势领域进行操作，最后将获得的利益给予对方，在利益互换的过程中给予互换差价。通过利用不同时间段的利率变动、外汇市场或资本市场的走势，企业可以获得所需的资金，因此，从某种角度看，互换市场成了理想的筹资渠道。这种交易不仅为金融市场引入了新的风险管理工具，也为金融市场的运作开辟了新的领域。

互换交易主要包括货币互换、利率互换以及它们的组合形式——货币利率互换等。在这些交易中，商业银行既可以是交易方，也可以是中介。通过参与互换交易，交易者能够有效地管理和消除其面临的风险敞口，特别是在降低汇率风险和利率风险方面起到关键作用。

1. 货币互换

货币互换（又称"货币掉期"）是指两笔金额相同、期限相同、利率计算方法相同，但货币不同的债务资金之间的调换。简单来说，货币互换是不同货币债务间的调换。货币互换双方换的是货币，这期间，双方的债权债务关系并没有发生变化。货币互换的目的在于降低融资成本及防止汇率变动风险造成损失。

2. 利率互换

利率互换是指互换双方在同种货币的基础上，在预定的时间内，为对方支付利息，即互换双方将两笔货币相同、债务额相同（本金相同）、期限相同的资金，做固定利率与浮动利率的调换。这个调换是双向的。例如，甲方以固定利率换取乙方的浮动利率，乙方则以浮动利率换取甲方的固定利率。互换的目的在于降低互换双方的资金成本和利率风险。

📖 **专栏 5-3　金融衍生品市场的三类参与者**

金融衍生品市场的三类参与者包括保值者（hedgers）、投机者（speculators）和套利者（arbitrageurs）。

保值者参与金融衍生工具市场的目的是降低甚至消除他们已经面临的风险，他们通过使用远期期货或期权来对冲已有的风险，从而减少意外风险带来的损失。

投机者则希望增加未来的不确定性，他们在基础市场上并没有净头寸或需要保值的资产，参与金融衍生工具市场的目的在于赚取远期价格与未来实际价格之间的差额。

套利者通过同时在两个或两个以上的市场进行交易，获得没有任何风险的利润，他们套利的种类包括跨市场套利、跨时套利和跨品种套利。

这些参与者的活动为金融衍生品市场提供了充分的流动性，并有助于市场价格的发现和均衡。

章后习题

一、单项选择

1. 利率期货的交易标的物是（   ）。
    A. 浮动利率   B. 固定利率
    C. 市场利率   D. 固定利率的有价证券

2. 下列衍生金融工具中，实际上是赋予持有人一种权利的是（   ）。
    A. 金融期货   B. 金融期权   C. 互换交易   D. 金融远期

3. 通过构建资产组合的方式来降低投资风险，投资者应该尽量选择收益率（   ）的资产。
    A. 不相关   B. 正相关   C. 负相关   D. 相互独立

4. 有可能使投资者完全规避其资产利率风险和汇率风险的金融衍生产品是（   ）。
    A. 远期合约   B. 期货合约   C. 期权合约   D. 互换合约

5. 当期货合约临近到期日时，现货价格将（   ）期货价格。
    A. 大于   B. 小于   C. 等于   D. 无关于

6. 利率互换双方（   ）。
    A. 只交换本金   B. 只交换利息
    C. 交换本金和利息   D. 交换资产

7. 下列证券中，流动性风险最小的是（   ）。
    A. 商业票据   B. 企业债券   C. 政府债券   D. 企业股票

8. 下列选项中，属于资本市场的是（   ）。
    A. 同业拆借市场   B. 股票市场   C. 票据市场   D. 定期存单市场

9. （   ）是银行间所进行的票据转让。
    A. 贴现   B. 转贴现   C. 再贴现   D. 都不是

10. 在出售证券时与购买者约定到期买回证券的方式称为（   ）。
    A. 证券发行   B. 证券承销   C. 期货交易   D. 回购协议

11. 商业银行是货币市场的主要参与者，商业银行参与货币市场的主要目的是（   ）。
    A. 调剂资金头寸，进行短期资金融通
    B. 取得投资利润
    C. 获取该市场上安全的投资品种，实现合理的投资组合
    D. 通过公开市场操作，实现货币政策目标

二、多项选择

1. 期货市场的基本功能有（   ）。
    A. 投机获利   B. 套期保值   C. 价格发现   D. 投资工具

2. 期权交易双方的损益具有（   ）特点。
    A. 期权卖方最大的收益是期权费   B. 期权卖方最大的损失是期权费
    C. 期权买方的潜在收益无限大   D. 期权买方的潜在损失无限大

3. 金融市场主要由（　　　）等基本要素构成。

    A. 参与者　　　　B. 金融工具　　　C. 交易价格　　　D. 组织方式

4. 金融市场主体有（　　　）。

    A. 个人　　　　　　　　　　　　B. 企业

    C. 银行和非银行金融机构　　　　D. 中央银行

    E. 政府及政府机构

5. 货币市场的业务类型主要包括（　　　）。

    A. 票据贴现市场　　　　　　　　B. 票据承兑市场

    C. 短期证券市场　　　　　　　　D. 黄金买卖市场

6. 金融期权的主要特征有（　　　）。

    A. 交换的是买卖权利

    B. 买方无须交纳保证金

    C. 期权合约赋予交易双方的权利和义务不对等

    D. 只有买入方才支付期权费

7. 金融市场的功能有（　　　）。

    A. 有效地动员筹集资金　　　　　B. 合理地分配和引导资金

    C. 灵活地调度和转化资金　　　　D. 有效地实施宏观调控

三、案例分析

什么是 Shibor

Shibor，是 Shanghai Interbank Offered Rate 的简写，中文意思是上海银行间同业拆放利率。它是指由上海 18 家商业银行组成的团体，相互借钱周转的报价。那报价是怎么来的？这个有点像跳水比赛，每个银行会报出自己的价位，然后去掉一个最高价和一个最低价，得出来的平均价就是 Shibor。

Shibor 的意义在于，它是反映银行资金是否充足的晴雨表：每当中央银行上调存款准备金率或者有上调预期时，Shibor 会有一定幅度的上升；而一旦 Shibor 下行，意味着银行资金充足，市场偏宽松，即有可能是中央银行进行公开市场操作的结果。

思考与讨论：

结合上述情况，分析 Shibor 与投资者之间的关系。它对我们日常经济又有哪些影响呢？

第六章　商业银行

章前引例

当美国经济在 2000 年互联网泡沫破裂和 2001 年"9·11"事件的双重打击下呈现衰退危险时，美国政府为挽救经济采取低利率和减税等一系列措施。这些措施使大量资金涌入沉寂 10 年的房地产市场。随着资金的不断涌入，房地产价格一路攀升。不少投资者通过贷款购买第二套甚至第三套房产，同时大批没有偿还能力的借款者和有不良还款记录者也向银行申请次级按揭贷款以购买房产。当银行手中持有大量未来可能违约的按揭贷款时，银行则将这些不良按揭贷款打包出售，再由华尔街投行将其证券化，包括设计成诱人的金融衍生品出售给全球投资者。然而从 2006 年年底开始，由于美国房产价格下跌，很多借款者无力偿还债务，致使次贷危机爆发。

2007 年接近尾声的时候，一贯被认为经营稳健的金融机构不约而同地冲销资产。短短几个月，瑞士银行、花旗银行、贝尔斯登银行、美林银行等世界顶级商业银行的高管离职。欧美发达国家金融机构纷纷出现流动性困难和财务危机，濒临破产，连带影响股价暴跌和全球股市的进一步下挫。2007 年 9 月雷曼兄弟申请破产保护，至此，此次金融危机的序幕被拉开。

仅仅两个月的时间，美国九大商业银行都接受了政府国有化性质的注资，年内破产关闭的中小银行达 22 家。至此美国前十大商业银行发生巨变，华尔街五大独立投资银行全军覆没。

思考与讨论：

商业银行的职能是什么？次贷危机的成因和影响是什么？商业银行在次贷危机中的管理缺失表现在哪些方面？次贷危机对商业银行的启示有哪些？

学习目标

了解商业银行的产生和发展；

了解商业银行的职能；

了解商业银行的中间业务和表外业务；

掌握商业银行的主要业务；

掌握商业银行存款货币创造的原理。

价值目标

通过本章的学习，认识到作为银行从业者的职业素养和能力要求，培养责任担当意识。

培养创新意识和适应能力，思考商业银行在互联网金融时代的社会责任。

第一节　商业银行概述

商业银行是从事各种存款、放款和汇兑结算等业务的银行，其特点是可开支票的活期存款在所吸收的存款中占相当高的比重。

一、商业银行的产生

商业银行是商品经济发展到一定阶段的必然产物。随着商品经济的不断发展，商业银行产生了，其职责为货币兑换、保管、借贷等。商业银行的产生可以分为以下三个阶段。

（一）早期的货币兑换业

商业银行的产生与货币兑换业（或称为银钱业）有着密切关系。在十四、十五世纪的欧洲，由于优越的地理环境和社会生产力的较大发展，各国、各地之间的经贸往来逐渐增加。但由于欧洲国家数量众多，加之各国国内存在多种货币，不同货币在名称、质量、成色方面都存在很大差异，给商业往来带来了很大不便。要实现商品的交换，必须实现不同货币的相互兑换。在此背景下，出现了专门的货币兑换商，从事货币兑换业务。

（二）近代银行

随着商品经济的发展，商业往来的规模越来越大，货币兑换和收付的规模也随之变大。为了避免长途携带大量贵金属所带来的不便和风险，人们将货币存放在货币兑换商处，后又逐渐发展到委托货币兑换商办理支付和汇兑。货币保管和代理收付业务的开展让货币兑换商积攒了大量的货币资金，且资金余额长期保持在一个稳定的水平上。为了增加利润收入，货币兑换商开始发放贷款，获得高额利息收入。从现代意义上看，这就是商业银行最初的资产业务。为了更大规模地开展贷款业务，货币兑换商由被动接受客户委托保管货币转变为积极主动地揽取货币进行保管，并逐渐降低、取消保管费，甚至后来还给委托其保管货币的客户一定好处（存款利息的原始形态）。这样货币保管业务逐渐演变成了存款业务。贷款业务、存款业务、代理保管业务、收付业务等基本形成以后，货币兑换商转变为近代银行，但其贷款对象主要是政府，且利率过高，具有高利贷性质。从历史上看，最早的银行产生于意大利，后来发展至欧洲其他国家。1580年，在当时的世界贸易中心意大利出现了第一家以银行命名的金融机构——威尼斯银行。在此之后，银行相继成立，如1609年阿姆斯特丹银行成立，1619年汉堡银行成立，1635年鹿特丹银行成立。

（三）现代银行

工业革命的兴起使得工业发展对资本的需求日益增加，商业银行的作用日益凸显。近代银行过高的利率吞噬了产业资本家的全部利润，使新兴的资产阶级无利可图。近代银行不能适应资本主义工商企业发展需要的现实，让建立能够服务、支持和推动资本主义生产方式发展的资本主义银行成为当务之急。现代银行是顺应资本主义生产方式的发展，在反对高利贷的斗争中发展起来的。1694 年，英国政府为了同高利贷做斗争，维护新生的资产阶级，积极发展工商业，成立了一家股份制银行——英格兰银行（Bank of England），规定以 5%～6%的低利率向工商企业发放贷款。当时，那些高利贷性质的银行的利率一般都在 20%～30%。英格兰银行高达 120 万英镑股份资本的雄厚实力，很快就动摇了高利贷性质的银行在信用领域的垄断地位，从而成为现代商业银行的典范。英格兰银行的成立，标志着现代商业银行的诞生。英格兰银行的组建模式很快被推广到其他欧洲国家，商业银行也开始在世界范围内普及。各国对商业银行的称呼各不相同，英国称之为存款银行、清算银行，美国称之为国民银行、州银行，日本则称之为城市银行、地方银行等。

专栏 6-1　我国商业银行的产生和发展

18 世纪二三十年代，中国就已经产生了账局，这种账局虽然不经营汇兑业务，但经营存款和放款业务，起着银行的中介作用，可以算是中国最早的银行。18 世纪后半叶及 19 世纪 20 年代盛极一时的票号和钱庄可谓是中国银行的前身。二者都是经营货币信用业务的旧式金融机构。

鸦片战争后，中国出现的第一家外资银行就是英国开设的丽如银行。甲午中日战争后，多国在中国设立外资分支机构，为清政府发放政治奴役性贷款。随着开埠后的地区商品经济的发展和清政府基于财政的需要，中国带有资本主义色彩的金融机构开始出现。1897 年，中国产生了第一家商办的股份制现代银行。之后，一些官商合办的银行纷纷建立。同时，一些私营银行也开始出现。

1927 年以后，官僚资本以多种形式渗入国内各大商业银行，其中由国民党直接控制的是中国银行、四明银行、中国国货银行和中国实业银行。此外还有受国民党间接控制的所谓"南三行"和"北四行"，由此形成了国民党官僚资本银行体系。

中华人民共和国成立后，我国经历了长达 30 年的"大一统"金融体制。改革开放后，我国逐步建立了以国有银行为主体，股份制商业银行、农村商业银行、城市商业银行、民营银行、外资商业银行等并存的银行金融体系。随着国有银行股份制改革的推进，我国商业银行步入一个新的发展阶段。

二、商业银行的职能

商业银行被称为"存款货币银行"，作为一种金融企业，其主要具有以下职能。

（一）信用中介职能

商业银行通过其负债业务，把社会上的各种闲散货币资金集中起来，再通过其资产业务，把它们投向社会经济各个部门。商业银行在这里充当受授信用的中介，使社会闲散资金得以有效使用，提高了资源配置的效率。

（二）支付中介职能

商业银行既是信用机构，又是经营货币的机构。在经营货币的过程中，商业银行通过为客户开立账户，办理现金收付和存款转账，成为客户的"账房""出纳"，起着支付中介的作用。商业银行发挥支付中介职能加速了资本周转，促进了商品生产和流通的顺利进行。

（三）调节媒介职能

通过自身的业务活动，商业银行能从多个方面对经济和金融活动发挥调节功能。例如，商业银行通过放款和投资，可从总量和结构上调节企业的生产经营活动；通过办理消费信贷业务，可调节和引导消费；等等。其中，最能体现调节功能的是商业银行充当着中央银行货币政策的传导媒介。中央银行实施的调节货币和信用的各种措施，大多数首先作用于商业银行。商业银行一旦接受了这些调节变量，就会对自身的信用活动做出相应的调整，其结果是将中央银行调节货币信用的作用传递到了企业和个人等经济活动主体。

（四）金融服务职能

商业银行凭借自身社会联系面广、信息灵通、设备先进等优势，为客户提供各种服务，如信息咨询、决策支援、自动转账、保管箱、代发工资、代理支付各种费用、代理买卖有价证券等。

（五）信用创造职能

这一职能表现在两个方面。一方面，随着信用制度的发展，商业银行在银行信用的基础上创造了可以代替货币的信用流通工具，如支票、本票、大额定期存单等，这些信用流通工具代替现实货币流通，相对扩大了流通手段和支付手段，扩大了社会信用规模。另一方面，在新的信用流通工具广泛流通和实施转账结算的条件下，银行将吸收的原始存款作为资金来源发放贷款后，接受贷款的客户并不完全支取现金甚至完全不支取现金，而是转入其银行存款账户，从而形成一批新的存款，即派生存款。派生存款表现为原始存款的一定倍数（派生倍数或称货币乘数），反映了商业银行信用创造的能力。由此可见，商业银行还具有创造存款货币的功能，从而在货币供给机制中发挥重要作用。

第二节　商业银行的主要业务

商业银行的负债业务是商业银行筹措资金，借以形成信贷资金来源的业务，是商业银行资产业务和其他业务的基础。商业银行的资产业务是指运用资金以获取收益的业务，它在银行经营活动中具有非常重要的意义。商业银行的主要业务如图 6-1 所示。

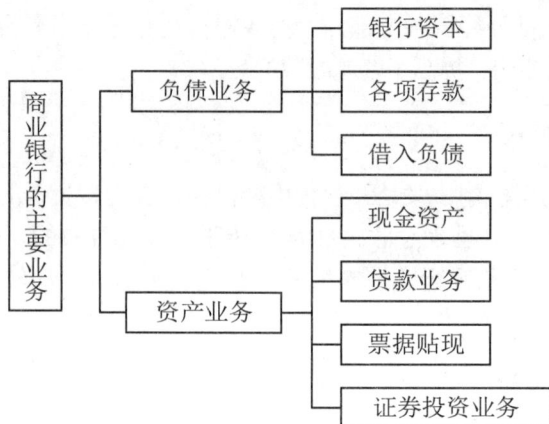

图 6-1　商业银行的主要业务

一、商业银行的负债业务

（一）银行资本

商业银行的设立，首先必须拥有一定数额的原始资金来源，即银行资本或资本金。资本金是商业银行的本钱，是银行得以存在和发展的前提，是商业银行开展存贷款等金融业务的基础。银行资本与一般企业资本的显著差别在于，它在全部资本中所占的比重是相对比较低的，但它的绝对数额是很大的，其重要性不可低估。它是商业银行经济实力强弱的象征。它反映商业银行的清偿能力与抗风险能力的强弱。为增强商业银行实力，避免金融业动荡，各国政府对商业银行的资本金规模均有一定的要求。如《中华人民共和国商业银行法》第十三条规定，我国全国性商业银行注册资本的最低限额为 10 亿元人民币，城市商业银行为 1 亿元人民币，农村商业银行为 5 000 万元人民币，且注册资本应当是实缴资本。同时还规定商业银行资本占资产比率不得低于 8%。

（二）各项存款

存款是商业银行最重要的资金来源，也是开展贷款和其他业务的重要基础，在整个商业银行负债中所占的比重最大。努力吸收各项存款，是商业银行负债业务中最重要的一环。

商业银行的存款种类很多，从表现形式上看，不外乎是活期存款和定期存款。

1．活期存款

活期存款是指不规定存款期限，不需要预先通知就可随时提取或支付使用的存款。由于在各种提取存款的工具中，最传统和大量使用的是支票，活期存款也叫支票存款。其特点是：流动性强，方便灵活；存款数额变化大，但从长期来看有一个比较稳定的余额，可用于银行提供中长期放款和投资。由于活期存款存取频繁，手续繁杂，银行要相应提供更多的服务，因而成本较大。大多数国家的商业银行一般不支付利息，而有些国家的商业银行还要收取一定的手续费。近年来，随着银行之间的竞争日趋激烈，许多新的活期存款方式相继推出，如可转让支付命令存款、货币市场存款、超级可转让支付命令账户、电话转账服务账户、自动转账服务账户等。

2．定期存款

定期存款是相对于活期存款而言的，是一种由存款客户预先约定期限的存款。期限一般有 3 个月、6 个月、1 年、2 年、3 年等。其特点主要有：期限长而稳定，为商业银行提供了稳定的资金来源，有利于商业银行长期放款和投资业务的开展；上交的存款准备金比率低于活期存款的存款准备金比率，可相应增加其放款的资金来源；带有投资性，是银行收益的重要来源。定期存款的种类主要有：定期储蓄存款、大额可转让定期存单、不可转让存单等。

（三）借入负债

借入负债是指商业银行通过借入资金的方式形成资金来源的业务，大体包括以下几种。

1．向中央银行借款

中央银行是"银行的银行""最后的贷款人"，当商业银行需要借入资金时，可以向中央银行申请再贴现或再贷款。

2．同业借款

同业借款是指金融同业之间进行的临时性的资金融通，主要有以下三种形式。

（1）同业拆借。同业拆借是指商业银行之间的临时借款。当商业银行资金不足时，可采用同业拆借的方式拆入资金，以达到融资的目的。同业拆借的资金主要是金融机构在中央银行的超额储备，也有一部分是同业存款。同业拆借的时间一般比较短，最短的只有 24 小时，通常称为日拆。

（2）转贴现。转贴现是指商业银行将其贴现收进的未到期票据向其他商业银行或贴现机构进行贴现的融资行为。

（3）转抵押。转抵押是指商业银行用自己办理抵押贷款所取得的抵押物向其他商业银行转抵押的一种借款形式。

3．证券回购协议

证券回购协议是指商业银行向协议对方出售一定数量的证券（通常是政府债券），以取得资金，经过协议中规定的一定期限之后，按协议规定的价格购回该项证券，差价就是利息。这实质上是以证券为抵押物的一种借贷活动。

4．向国际货币市场借款

当商业银行信贷资金不足时可向国际货币市场借款以调剂头寸，该项借款占整个国际货币市场的比重较大。

5．发行国内或国外债券

商业银行等金融机构发行的债券称为金融债券，西方国家的商业银行经常发行金融债券来筹措资金，我国也有一些商业银行发行过国内和国际债券。

二、商业银行的资产业务

（一）现金资产

现金资产是商业银行资产中最具流动性的部分，基本上不给商业

微课堂

商业银行的资产业务

银行带来直接收益，法律上对其持有量有严格规定。商业银行的现金资产包括库存现金、存放在中央银行的资金、存放在其他银行的资金、托收中的现金。

1. 库存现金

库存现金是指银行保存在金柜中的通货。它主要用于应对柜台上客户的取现和支付银行本身的日常开支。

2. 存放在中央银行的资金

存放在中央银行的资金包括一般性存款和存款准备金两部分。一般性存款主要用来满足转账结算的需要，同时也可用来调剂库存现金余缺。存款准备金包括法定存款准备金和超额存款准备金。在正常情况下，法定存款准备金一般不能动用，银行能用于存款支付和新增贷款的只能动用超额存款准备金。

3. 存放在其他银行的资金

这类款项主要是为了便利银行之间的票据清算以及开展代理业务。

4. 托收中的现金

在支票广泛流通的基础上，商业银行在经营过程中每天都会收到客户存入的大量支票。这些支票中，大多数属于向其他付款银行收取款项的。这类需向其他银行收款的支票被称为托收中的现金，属于非营利性资产。

现金资产是商业银行的无利或微利的资产，但这类资产对商业银行来说却有非常重要的作用：第一，现金资产可以帮助商业银行保持足够的清偿力；第二，现金资产可以帮助商业银行保持资产的流动性。

（二）贷款业务

贷款业务也称放款业务，是指商业银行根据必须偿还的原则，将所吸收的资金按照一定的利率提供给客户使用的一种资产业务。这是商业银行最重要的资产业务。在美国，贷款业务总额占银行总资产的 60%～70%。我国金融企业的贷款业务总额约占全部资金运用总额的 90%以上。贷款业务运作的好坏，不仅是银行经营成败的关键，还关乎社会经济的兴衰。

1. 贷款的对象与条件

商业银行的贷款对象，是指商业银行限定的借款客户的范围。根据中国人民银行制定的《贷款通则》的有关规定：凡是经工商行政管理机关（或主管机关）核准登记的企（事）业法人、个人合伙、个体工商户或具有中华人民共和国国籍的具有完全民事行为能力的自然人，都可成为我国商业银行的贷款对象。但成为贷款对象后，商业银行并不一定给予贷款。在我国，借款客户向银行申请贷款时，还必须具备下列基本条件。

（1）有按期还本付息的能力。

（2）原应付贷款利息和到期贷款已按期清偿。

（3）除自然人外，应当经过工商部门办理登记、年检手续。

（4）已开立基本账户或一般存款账户。

（5）企业法人对外的股本权益性投资总额不得超过其资产净值的 50%。

（6）申请中、长期贷款的，新建项目企业法人的所有者权益一般不得低于项目所需总投资的 25%。在具体执行时，加工业的所有者权益应当高一些，商业的所有者权益可以低一些；盈利水平低的所有者权益应当高一些，盈利水平高的所有者权益可以低一些。

（7）申请短期贷款的，企业法人的新增流动资产一般不得小于新增流动负债。

2．贷款的种类

依据不同的标准，贷款可分为不同的种类。

（1）以贷款的期限为分类标准，贷款可分为活期贷款和定期贷款。活期贷款是指没有确定贷款期限，银行可以随时收回或借款人可以随时偿还的贷款，主要包括银行与客户之间的通知贷款、客户支票透支、信用卡透支以及银行的辖内往来。定期贷款是指具有确定期限的贷款。它是商业银行贷款的主要形式，包括短期贷款、中期贷款和长期贷款。

（2）以贷款的规模为分类标准，贷款可分为批发贷款和零售贷款。批发贷款一般指贷款金额较大，个人、合伙人或公司出于经营企业的目的而获取的贷款，是商业银行贷款业务的主要部分，包括工商业贷款、农业贷款、建筑贷款、贸易融资等。零售贷款是指那些不是出于经营目的而获取的贷款，一般金额较小。零售贷款一般指消费贷款，包括住房按揭贷款、汽车贷款等。

（3）按商业银行对所贷款项拥有的权利不同，贷款可分为自营贷款和委托贷款。自营贷款是指商业银行以所筹集的资金自主发放的贷款，并到期收取本息。这种贷款的风险由发放贷款的商业银行自担。委托贷款是指由政府部门、企事业单位及个人等委托人提供资金，由商业银行（在这里充当受托人）根据委托人确定的贷款对象、用途、金额、期限、利率等代理发放、监督使用并协助收回的贷款。商业银行办理委托贷款时会从中收取手续费。这种贷款的风险由委托人承担。

目前，我国商业银行的贷款业务以自营贷款为主。委托贷款业务主要是受政府委托，办理基本建设投资贷款和城镇居民住房公积金贷款等业务。

（4）以贷款有无担保为分类标准，贷款可分为信用贷款和担保贷款。信用贷款是指以借款客户的信誉为基础，无须任何担保而发放的贷款。担保贷款是指需借款客户提供担保后才发放的贷款。根据借款客户提供担保的不同，担保贷款又可分为保证贷款、抵押贷款和质押贷款：保证贷款是指以第三人承诺在借款客户不能偿还贷款时，按约定承担一般保证责任或者连带责任为前提而发放的贷款；抵押贷款是指以借款客户或第三人的财产作为抵押物发放的贷款；质押贷款是指以借款客户或第三人的动产或权利作为质押物发放的贷款。

3．贷款的审批程序及其评估

商业银行应制定书面的贷款审批和管理程序，为信贷部门开发贷款项目提供指导，规定贷款审批过程的正式步骤，规定贷款的批准权限、有关信贷组织之间的报告关系，体现审贷分离的原则。通过对银行贷款审批程序进行评估，检查人员可评估银行贷款过程的谨慎程度，了解贷款质量的成因。

一般来说，商业银行的贷款程序按先后顺序，应包括以下环节：

（1）借款人向银行提出贷款申请，并提交贷款凭证；

（2）银行对借款人的信用等级进行评估，或评估借款人的信用风险；

（3）就贷款项目进行调查，形成贷款调查分析报告；

（4）根据分级授权，即审贷分离、分级审批的贷款管理原则审批贷款；

（5）签订贷款合同，担保人出具担保书，如果为抵押或质押贷款，则须签订抵押合同或质押合同，办理公证及登记；

（6）根据贷款合同发放贷款。

对贷款审批程序的评估，应至少包括以下内容。

（1）贷款的审批是否按贷款审批程序进行，是否体现了贷款审批环节之间的制约关系和上下级报告关系，是否存在越级审批，或未经信贷调查即进行审批的情况。

（2）是否体现审贷分离的原则。贷款调查评估人员负责贷款调查评估，承担调查失误和评估失误的责任；贷款审查人员负责贷款风险的审查，承担审查失误的责任；贷款发放人员负责贷款的检查和清收，承担检查失误、清收不力的责任。这样一种审、贷、查分离的制度就是审贷分离制度。

（3）是否要求信贷人员进行充分的信贷调查。借款人提出贷款申请后，信贷人员应该对借款人的信用风险进行详细的分析，内容包括借款人的管理水平、财务状况、发展前景、贷款项目的可行性、信誉、还款能力。

（4）贷款审查人员对调查人员提供的资料的复核是否充分，其结论是否简单地建立在调查人员做出的调查结论上。

（5）贷款方式、贷款安排是否符合银行贷款政策。贷款方式是指银行给予客户的授信方式，即是给予短期授信还是长期授信。贷款安排包括贷款的金额、贷款的期限、贷款的偿还安排、贷款定价、贷款保证、贷款文件等多方面内容。

4．贷款风险的分类管理

贷款风险分类是指商业银行的信贷分析和管理人员，或者金融监管部门的检查人员，综合所能够获得的全部信息并运用最佳的判断方法，根据贷款的风险程度对贷款质量做出评价。1998 年 4 月，中国人民银行在比较了各国商业银行信贷资产风险分类做法的基础上，结合我国的国情，制定了《贷款风险分类指导原则》。该原则规定：中国人民银行将正式采用新的贷款风险分类方法，按风险程度将贷款划分为五类，即正常、关注、次级、可疑、损失，后三类为不良贷款。

五类贷款的定义如下。

（1）正常类贷款：借款人一直能够还本付息，银行对借款人最终偿还贷款有充分的把握，企业各方面情况正常，不存在任何影响贷款本息及时、全额偿还的消极因素，没有任何理由怀疑贷款会遭受损失，贷款的损失概率为零。

（2）关注类贷款：借款人偿还贷款本息仍属正常，但是发生了一些可能影响贷款本息偿还的不利因素，如果这些因素继续存在，则有可能影响贷款本息的偿还，贷款损失概率不会超过 5%。

（3）次级类贷款：贷款的缺陷已经十分明显，借款人依靠其正常经营收入已经无法偿还贷款本息，不得不通过重新融资或拆东墙补西墙的办法来归还贷款。例如，通过出售、变卖资产，对外融资乃至执行担保、抵押等办法来归还贷款，贷款损失概率为 30%～50%。

（4）可疑类贷款：该类贷款具备次级类贷款的所有特征，只是程度更加严重，即贷款肯定要发生损失了。如果是有担保、抵押的贷款，即使执行担保、抵押，贷款本息也注定要发生损失，只是因为存在借款人重组、兼并、合并、抵押物处理和未决诉讼等，损失金额还不能确定，贷款损失概率为50%～75%。

（5）损失类贷款：该类贷款是指那些无论采取什么措施和执行什么程序，都注定要损失的贷款，虽然可能能够收回极少部分，但其价值也只是在账面上保留。对于该类贷款，在执行必要的程序后应立即予以冲销，其贷款损失概率为95%～100%。

（三）票据贴现

票据贴现是指商业银行应客户的要求，买进客户未到期的票据而将资金提供给客户的业务。办理贴现业务时，商业银行向客户收取一定的利息，称为贴现利息或折扣。具体程序是：银行根据票面金额及既定贴现金，计算出从贴现日起到票据到期日止这段时间的贴现利息，并从票面金额中扣除，余额部分支付给客户；票据到期时，商业银行持票据向票据载明的支付人索取票面金额的款项。未到期票据贴现付款额的计算公式是：

$$贴现付款额=票面金额×（1-年贴现率×未到期天数÷365）$$

【例 6-1】某客户将 100 000 元的未到期票据向银行申请贴现，该票据离到期日还有 70 天，假定年贴现率为6%，试计算贴现付款额。

$$贴现付款额=100 000×（1-6%×70÷365）$$
$$=98 849.32（元）$$

票据贴现从形式上看是票据的买卖，其实际上是一种信用活动，因为票据付款人对持票人的负债通过贴现转移为付款人对银行的负债。所以，票据贴现实际上是债权债务的转移，即商业银行通过贴现间接贷款给票据付款人。从这种意义上看，票据贴现是一种以票据为担保的贷款。

但票据贴现与普通贷款相比也存在较大的区别，主要表现在以下三个方面：第一，贷款是到期后收取利息，而票据贴现是在贴现业务发生时从票面金额中预扣利息，故贷款利率略高于贴现率；第二，贷款的期限有长有短，而票据贴现的期限一般较短，如遇付款人不能支付，银行可根据法律行使追索权，向背书人、承兑人、发票人及其他票据债务人追索金额；第三，贷款的申请人为银行的直接债务人，而贴现的申请人并非银行的直接债务人，票据的出票人、承兑人和背书人均应对支付款项负责。

（四）证券投资业务

证券投资业务是商业银行购买有价证券的活动，其目的是获取优厚的收益，分散风险，提高资产的流动性。投资业务是商业银行的一项重要资产业务。投资的证券种类如下。

1. 政府债券

政府债券是政府根据信用原则，以承担还本付息责任为前提而筹措资金的债务凭证。政府债券分为中央政府债券和地方政府债券。中央政府债券又叫国家债券或国家公债券，简称国债。国债按期限长短分为短期国债和中长期国债。短期国债通常称为国库券，中长期国债通常称为公债。

在西方国家，国库券一般是为了弥补国库的暂时性不足而发行的，期限一般在1年以内，有1个月、3个月、6个月、9个月、12个月等不同期限。西方国家的国库券是不记名、贴现式债券，票面上只有到期还本的金额，不写明利率。出售时按面额折扣发行，其折扣金额根据发行时国库券的利率计算，到期时政府按票面额足额还本。公债是政府出于特定目的而发行的，期限一般在1年以上，1～10年为中期公债，10年以上为长期公债。公债票面上都印有偿还期限、利率，在债券上附有息票者，持有人可按期领取利息。

由于政府债券由政府发行，银行以政府债券为投资对象有许多好处：政府债券信用度高，安全系数大，与其他证券相比，银行投资政府债券风险最低；政府债券流通性强，容易转让变现，可以更好地满足银行资金营运对流动性的要求；政府债券可以作为抵押品使用。

2．公司债券

公司债券又称企业债券，是公司为筹措资金而发行的债务凭证。发行债券的公司或企业向债券持有者做出承诺，在指定的时间后还本付息。商业银行投资公司债券时应遵从各国金融法律的有关规定。

专栏6-2　银行投资公司债券有哪些好处

银行投资公司债券具有以下好处。

（1）能够获取较高收益。由于公司筹集的资金直接用于公司经营，没有中间环节，所以其收益率一般高于其他债券的收益率。

（2）具有较强的流动性。银行向企业发放贷款和投资公司债券对信贷资金的流动性有着不同程度的影响。贷款在到期以前不能转化为现金资产，而公司债券可以通过金融市场转化为现金资产，补充银行资金流动性的不足。与贷款相比，公司债券不仅具有较高的流动性，而且在数量、种类的选择上更富有灵活性和自主性，更有利于增强信贷资产的流动性。

（3）具有较强的安全性。公司债券的安全性虽然不及政府债券的安全性，但由于公司发行债券时一般会进行严格审查和财产抵押，所以事实上公司债券的安全性也较高。同时，一旦发行债券的公司出现经营不善的征兆，银行可将债券转手，以避免或降低风险带来的损失；而如果是贷款，就可能出现信用风险。从这方面看，银行投资公司债券比贷款更安全。

3．公司股票

股票是股份有限公司发行的，证明股东投资入股并据以取得股息收入的一种有价证券，是企业筹集自有资金和扩充资本的重要手段。在发达国家如法国、日本、奥地利、瑞士等国，商业银行除了投资政府债券和公司债券外，还投资公司股票，成为企业的股东，对企业进行直接的控制。但有些国家，如美国，在法律上则禁止商业银行购买公司股票。《中华人民共和国商业银行法》明确规定，商业银行在中华人民共和国境内不得从事股票业务，其目的在于保障金融业的安全运行。

商业银行的投资业务不同于贷款业务，主要表现在以下三个方面。一是投资业务中，银行是完全主动的，是否买卖有价证券完全由银行自行决定；而贷款业务很大程度上取决于客户的态度和对资金的需求程度。二是在投资证券过程中，银行买卖证券取决于收益率的高低，与债务人一般不存在往来关系；而在贷款业务中，借款人同银行间存在经常性的往来关系。三是投资证券时，银行作为众多的证券购买者之一，很难对债务人的经营活动起到控制作用；而在贷款业务中，银行是主债权人，所起的作用较大。

第三节　商业银行的中间业务和表外业务

商业银行的中间业务和表外业务之间既有联系又有区别。中间业务更多地表现为传统的业务，风险小；表外业务则更多地表现为创新的业务，风险较大，这些业务与表内业务一般有密切的联系，在一定条件下还可以转化为表内业务。

微课堂

商业银行的中间业务

一、中间业务

中间业务是指商业银行不运用自己的资金，只为客户提供各种服务，从而收取手续费的各种业务。由于办理这些业务既不形成银行的负债，又不形成银行的资产，从债权债务关系的角度看是中性的，故称之为中间业务。商业银行主要的中间业务有结算业务、代理业务、咨询业务、租赁业务、信托业务、信用卡业务等。

（一）结算业务

结算业务是由商业银行存款业务派生的一种业务，是商业银行通过提供结算工具，为购销双方或收付双方完成货币收付、记账行为的业务。商业银行的结算业务按是否直接使用现金，可分为现金结算业务和转账结算业务。随着银行信用范围的逐步扩展，转账结算业务已成为商业银行的主要结算业务。

我国商业银行目前办理的转账结算业务有六种：银行汇票、商业汇票、银行本票、支票汇兑、委托收款和托收承付业务。此外，在进出口业务中还广泛使用信用证业务。随着我国金融电子化的不断发展，更加便捷的结算工具将会被不断地开发出来并加以运用。

（二）代理业务

代理业务是商业银行接受客户的委托，以代理人的身份代为办理委托人指定的经济事务的业务。商业银行在接受委托并办理代理事项过程中，依据双方商定的收费标准，收取一定的代理费用。同时，在委托人赋予的权限范围内所办的事项，具有同委托人亲自办理的同等效力。

商业银行办理的代理业务主要有：代理客户发行证券、代理客户买卖、代理融通款项、代理保管、代理保险及代理收付等。

（三）咨询业务

咨询业务是商业银行利用其人才多、联系面广、信息快捷、业务量大等优势，为客户提供作为决策依据的经济信息的一种服务性业务。其内容主要有：企业资信评估、商品市场供需结构变化趋势、金融市场动态分析、投资项目经济技术论证和可行性研究、有关金融法规介绍、联系业务对象、协助洽谈业务等。

（四）租赁业务

租赁是指以收取租金为条件出让物件使用权的经济行为。租赁可以分为经营性租赁和融资性租赁两种类型。商业银行所从事的租赁业务主要是融资性租赁。其操作过程是：出租人（商业银行或租赁公司）根据企业的要求，筹措资金，购买企业所需的设备，然后出租给企业，收取租金；待租赁期满后，再以象征性的价格将租赁物出售给企业。当企业急需某种机器设备而又缺乏必要的资金时，这一方法不失为一种明智的选择。融资性租赁中的出租人一般只负责筹措购买租赁物所需的资金，而不负责设备的挑选、安装及维修等业务。

融资性租赁可以采取不同的形式，最简单的形式是直接租赁，即出租人一次性付清货款，购进设备，并把它出租给承租人。当租赁设备价格昂贵，出租人难以独立承担时，也可以采取杠杆租赁或转租的方式。前者是指出租人在购进租赁设备时自己只提供一部分资金，以贷款的方式筹集设备购置所需的大部分款项，并通过设备出租后收取的租金来归还这些贷款。这种方式在近些年变得十分流行。后者则是指出租人先以承租人的身份从别的租赁机构处租入设备，再把它出租给承租人，这种方式在国际租赁中较为常见。

（五）信托业务

信托即信用委托。商业银行的信托业务是指商业银行接受个人、机构或政府的委托，代为管理、动用和处理所托管的资金或财产，并为受益人谋利的活动。信托关系中的受益人既可以是委托人本身，又可以是委托人指定的个人或机构。信托业务最初由个人和保险公司经营，后来随着业务范围的扩展以及债权债务关系的日益复杂，出现了专门的信托公司。同时，商业银行由于资本雄厚，业务经营种类丰富，也开始介入这一领域。目前，美国约有四分之一的商业银行设有信托部。和信贷业务不同，商业银行对信托业务一般只收取有关的手续费，而营运中获得的收入则归委托人或其指定的受益人所有。同时，信托也不同于简单的代理活动，因为在代理关系中，代理人只是以委托人的名义在委托人指定的权限范围内办事，在法律上，委托人对委托财产的所有权并没有改变；而在信托关系中，信托财产的所有权则从委托人转移到了信托人（商业银行信托部或信托公司）手中，受托人以自己的名义管理和处理信托财产。

（六）信用卡业务

信用卡是由商业银行或专门的信用卡公司发行的一种现代支付工具。持卡人可以凭卡在特约商户中购买商品，或支付交通、旅游费用，还可以凭卡到指定银行兑付现金。信用卡通常有一定的透支额度，当持卡人信用卡账户上的存款额小于其消费支出额时，差额将自动转变为持卡人对发卡单位的负债，透支超过一定期限后持卡人要支付利息。发卡单位一般只向持卡人收取少量服务费，其主要收入来源于特约商户的回扣费。特约商户之所以愿意接受信用卡支付方式，并向发卡单位支付回扣费，是因为可以借此扩大销售，带动经济增长。

二、表外业务

商业银行的表外业务是指对银行的资产负债表没有直接影响，但却能够为银行带来额外收益，同时可使银行承受额外风险的经营活动。广义的表外业务泛指所有能给银行带来收入而又不在资产负债表中反映的业务。根据这一定义，商业银行的所有中间业务均属表外业务。狭义的表外业务，也就是这里所讨论的表外业务，则仅指涉及承诺和或有债权的活动，即银行对客户做出某种承诺，或者使客户获得对银行的或有债权，当约定的或有事件发生时，银行承担提供贷款或支付款的法律责任。这与中间业务既有区别又有联系。

虽然表外业务和中间业务都属于收取手续费的业务，并且都不直接在资产负债表中反映出来，但是银行对它们所承担的风险却是不同的。对于中间业务，银行一般仅处于中间人或服务者的地位，不承担任何资产负债方面的风险。而表外业务虽不直接反映在资产、负债各方，即不直接形成资产或负债，但却是种潜在资产或负债。在一定条件下，表外业务可以转化为表内业务，因此银行要承担一定的风险。例如，当银行对商业汇票进行承兑后，即负有不可撤销的第一手到期付款责任。即使汇票的付款人无力付款，银行也必须向汇票的受益人付款，因此银行承兑汇票是银行的一种或有负债。但是，中间业务和表外业务也有一小部分是重合的。例如，商业信用证业务属于中间业务，但是就其内涵而言，它又具有担保业务的性质，因此也属于表外业务。

专栏6-3　中行原油宝事件

银行表外业务以其成本低、风险小、收入稳定、受国家宏观经济金融政策影响较小等特点，受到商业银行高度关注和重视，近年发展异常迅猛。从国外商业银行看，表外业务收入占商业银行的总收入比例日益增高。虽然表外业务是一项低成本、低风险、高效益的业务，但它的风险并非等于零。

2020年，继全球股市出现历史罕见的快速暴跌后，大宗商品市场也不平静：国际油价上演高台跳水，美原油期货主力合约跌至-38美元/桶。这一历史性的事件不仅让很多直接参与的交易者损失惨重，也让与原油期货挂钩的理财产品出现爆仓。例如，中国银行推出的原油宝就是典型代表，其客户的账户在此次暴跌中被强平，且因为原油宝业务本身存在重大违规嫌疑，引发巨大争议，最终中国银行主动承担大部分损失。

第四节　商业银行的派生存款

在现代各国货币供给量的构成中，存款货币是最大的组成部分。可开支票的活期存款等同于货币，在各国的货币供给口径中，可开支票的活期存款都被计入 M1 层次的货币。从总量和结构上看，各国的活期存款都是货币供给量中占比最大的部分。由于存款货币是以商业银行活期存款的形式存在的，而活期存款既是商业银行开展存、贷、汇业务的基础，又是存、贷、汇业务的结果，所以，商业银行的信用业务对存款货币具有决定性作用，存款货币可以通过商业银行的存、贷、汇等信用业务活动创造出来。那么，商业银行是如何通过信用业务活动创造出存款货币的呢？首先需要明确的是创造存款货币的前提条件。

一、商业银行创造存款货币的条件

首先，发达的信用制度是银行扩张信用的基础，也是创造存款货币的前提条件。非现金结算的普及、票据的广泛使用，使商业银行发放贷款时一般不需要以现金形式支付，而是把贷款转入借款企业在银行开设的存款账户，而后企业通过转账支付的方式使用贷款。因此，银行贷款的增加，就会引起银行存款的增加，这是银行创造存款货币的关键。

其次，银行创造存款货币涉及两个概念——原始存款和派生存款。人们存入银行的现金和来自中央银行的各种贷款（基础货币）称为原始存款。原始存款是商业银行从事资产业务的基础，也是扩张信用的源泉。商业银行以发放贷款、办理贴现或者投资等业务活动引申的存款，叫派生存款。派生存款产生的过程，就是商业银行吸收存款，发放贷款，形成新的存款额，不断地在各银行存款账户之间转移，最终导致银行体系存款总量增加的过程。在银行体系中，存款货币绝大部分是银行通过第二种渠道创造出来的。

撇开原始存款不谈，银行为什么能创造出派生存款呢？这是因为部分准备金制度和部分现金提取制度的引入。

（1）部分准备金制度。部分准备金制度又称法定存款准备金制度，与全额准备金制度相对应。全额准备金制度是法律规定银行吸收的存款必须全额保留、不能动用的准备金制度。部分准备金制度是指按法律规定，银行吸收的存款只要保留一定的比例（如 10%）作为法定存款准备金，剩下的部分则可以通过贷款或者投资来获得利润的制度。在这一过程中，新的存款就派生出来了。

（2）部分现金提取制度。在部分准备金制度下，如果银行给客户发放贷款后该客户全部以现金形式取出，而且在贷款归还之前，这笔现金始终被公众持有，不再存入银行，这时存款不会有多倍的派生。只有在社会公众得到存款后不提现金或者不全部提现而用签发支票来进行各种支付时，存款的创造才有可能。非现金结算制度使得人们能够通过开出支票的方式进行货币支付。客户取得借款后，往往通过签发支票的形式转入另一家企业的银行存款账户；接受该笔新存款的另一家银行，除了保留一部分作为法定存款准备金外，又可将其余部分用于贷款和投资，从而诞生另一笔存款。这个过程就这样不断地进行，从而创造出数倍于原始存款的派生存款。

二、派生存款的创造过程和紧缩过程

派生存款是通过银行与其他金融机构或客户进行衍生合约交易的方式创造的一种存款形式。银行通过这些交易可以获得额外的存款或资金，从而扩大了存款基础。

存款货币乘数模型是一种经济学模型，用于描述银行系统中存款的创造过程。根据这个模型，银行通过贷款和投资等活动创造的存款可以超过它们持有的现金储备。存款货币乘数模型包括简单存款货币乘数模型和复杂存款货币乘数模型。

（一）简单存款货币乘数模型

为了简要说明商业银行创造存款货币的过程，我们先做几个假定：

（1）银行体系由中央银行及多家商业银行构成，每家商业银行只持有法定存款准备金，其余部分全部运用出去，超额存款准备金为零；

（2）客户不持有现金，其收入的一切款项均存入银行，形成活期存款；

（3）法定存款准备金比率为20%。

【例 6-2】假设现在有人将 1 000 元现金作为活期存款存入银行，则存款货币的派生过程如表6-1所示。

表6-1　存款货币的派生过程

单位：元

银行名称	存款增加额	提留准备金	贷款和投资增加额
A	1 000.00	200.00	800.00
B	800.00	160.00	640.00
C	640.00	128.00	512.00
D	512.00	102.40	409.60
E	409.60	81.92	327.68
……	……	……	……
……	……	……	……
……	……	……	……
银行系统总计	5 000.00	1 000.00	4 000.00

原始存款从外部注入银行体系后，在存款货币的创造过程中，逐步地转化为法定存款准备金。当原始存款全部转化为法定存款准备金，也就是全部转化为银行不能动用的资金时，存款货币的创造过程才结束，此时存款货币的扩张达到极限。

我们可以用公式来表示这一过程，$R = R_d$，而 $R_d = D \cdot r_d$，所以有：

$$D = \frac{1}{r_d} R$$

其中，R 表示原始存款，R_d 表示法定存款准备金，D 表示活期存款总额，r_d 表示法定存款准备金比率。$1/r_d$ 被称为存款货币乘数，它表示商业银行体系的存款总额与原始存款或者存款准备金的倍数关系。

根据这一公式可以知道，存款货币的总额取决于两个因素：一是商业银行的原始存款；二是法定存款准备金比率。

在西方经济学中，这一存款货币乘数模型被称为简单存款货币乘数模型，因为它假定存款货币乘数只由法定存款准备金比率这一简单的因素决定。

至此，可以看出，商业银行通过吸收存款、发放贷款，可以使它吸收的原始存款扩大成存款货币乘数倍的派生存款，银行的存款货币派生机制构成了银行创造货币的货币供给机制。

（二）复杂存款货币乘数模型

在上述存款货币创造过程的分析中，假设客户将一切收入都存入银行而不提取现金，以及银行只需按规定持有法定存款准备金，而将超额存款准备金全部运用出去，但是在现实的经济生活中，理想情况下的假设条件并不存在。

首先，虽然持有超额存款准备金就意味着放弃赢利的机会，商业银行在一般情况下不会持有过多的超额存款准备金，但是，商业银行在进行经营决策时并非只考虑盈利性这一个原则，而必须要同时考虑安全性与流动性的原则。因此，为了确保安全，商业银行往往持有一定比例的超额存款准备金。

其次，活期存款只是存款的一种。随着活期存款的增加，人们将把其中的一部分转化为定期存款。因为一般情况下，持有活期存款是没有收益的，人们之所以持有它，只是为了应对交易中对交易媒介的需要。如果活期存款超过了人们需要的数量，人们就会把超过的那部分转化为定期存款，以增加自己的收益。由于定期存款不创造存款货币，活期存款与定期存款的相互转化必然会影响存款货币的创造倍数。

最后，现金是货币总量的一部分，人们出于种种原因仍然必须持有一部分现金。也就是说，客户获取收入以后，总会从银行提取或多或少的现金，从而使一部分现金流出银行系统，出现所谓的"现金漏损"。所以，在分析货币供给的时候，不能不考虑"现金漏损"这一客观因素。

因此，在现实生活中，存款货币的创造和收缩过程要复杂得多。它主要受以下因素的制约。

（1）超额存款准备金率。出于安全或者应对意外之需，商业银行实际总是持有部分超额存款准备金，无论其数额多少，它都会相应降低商业银行创造或收缩存款的能力。

（2）现金漏损率。现金漏损率又称提现率，是指存款人从商业银行提取的现金占银行存款总额之比。当出现现金漏损时，银行系统的存款就会减少，从而相应地减少了银行的原始存款，使银行系统的存款创造能力受到抑制。

（3）定期、活期存款占存款总额的比例。中央银行一般对这两种存款分别规定不同的准备金比率。通常，定期存款的准备金比率比活期存款的要低，因而定期存款占存款总额的比例越高，商业银行用于发放贷款的资金就越多，创造的派生存款就越多，反之则创造的派生存款越少。

（4）客户对贷款的需求。银行贷款能否扩大，不仅取决于银行，还取决于客户是否有贷款需求。若客户没有贷款的需求，那么银行想多发放贷款也不可能实现，从而致使理论上的派生规模不能实现。

在实际的经济生活中，在出现现金漏损，商业银行同时保有法定存款准备金和超额存款准备金，并且随着活期存款的增加，存款人会把一部分活期存款转变为定期存款的情况下，商业银行的存款货币乘数将会变为：

$$m = \frac{1}{r_d + r_t \cdot t + t + e + K}$$

式中：r_d——法定存款准备金比率；

r_t——定期存款的法定存款准备金比率；

t——定期存款与活期存款的比率；

e——超额存款准备金比率；

K——社会公众持有的现金与活期存款的比率。

（三）派生存款的紧缩过程

银行系统派生存款倍数创造原理在相反的方向上也适用，即派生存款的紧缩也呈倍数紧缩。

【例 6-3】假设整个存款货币银行体系中某一银行减少了 100 元准备金，如用于偿还中央银行贷款，则该银行为了维持其法定存款准备金水平，必须收回一笔同等数量的贷款，以弥补法定存款准备金的不足。而贷款的收回是通过客户收入其他银行的客户（如 A 银行的客户）所签发的支票实现的，A 银行将减少 100 元活期存款和 100 元准备金。其资产负债状况如表6-2 所示。

表6-2　A银行的资产负债状况（1）　　　　　　　　　单位：元

资产		负债	
法定存款准备金	-100	活期存款	-100

如果法定存款准备金比率为 20%，那么活期存款减少 100 元，法定存款准备金减少 20 元。但 A 银行由于准备金已被转出 100 元，因而法定存款准备金少 80 元。为弥补这一短缺，A 银行必须收回 80 元贷款并相应地增加法定存款准备金 80 元。如果实现，则其资产负债状况如表6-3 所示。

表6-3　A银行的资产负债状况（2）　　　　　　　　　单位：元

资产		负债	
法定存款准备金	-20（-100+80）	活期存款	-100
贷款	-80		

如果 A 银行收回的贷款是通过客户由 B 银行得来的，那么 B 银行的法定存款准备金和活期存款将同时减少 80 元，其资产负债状况如表6-4 所示。

表6-4　B银行的资产负债状况（1）　　　　　　　　　单位：元

资产		负债	
法定存款准备金	-80	活期存款	-80

同样，根据 20%的法定存款准备金比率，B 银行法定存款准备金短缺 64 元（即 80-80×20%），因而它也要收缩自己的贷款，以补足准备金，其资产负债状况如表6-5 所示。

表6-5　B银行的资产负债状况（2）　　　　　　　　　单位：元

资产		负债	
法定存款准备金	-16（-80+64）	活期存款	-80
贷款	-64		

显然，B 银行收回 64 元贷款的结果，也是以减少其他银行同等数额的活期存款，

从而减少其法定存款准备金为条件的。这一过程将一直进行下去，直到银行系统的活期存款变化到如下水平：

（-100 元）+（-80 元）+（-64 元）+（-51.2 元）+（-40.96 元）+……=-500 元

可见，派生存款的倍数缩减过程与其倍数创造、扩张过程是相对称的，但其原理一样。

章后习题

一、单项选择

1. 商业银行的投资业务是指银行从事（　　　）的经营活动。
   A. 购买有价证券　B. 代理买卖　　C. 租赁　　　　D. 现金管理

2. 银行持股公司制在（　　　）最为流行。
   A. 美国　　　　B. 英国　　　　C. 德国　　　　D. 日本

3. 股份制商业银行内部组织结构的设置分为所有权机构和经营权机构。所有权机构包括股东大会、董事会和监事会。（　　　）是常设经营决策机关。
   A. 股东大会　　B. 董事会　　　C. 监事会　　　D. 执行机构

4. 商业银行从事的不列入资产负债表内，但能影响银行当期损益的经营活动，是商业银行的（　　　），且可以有狭义和广义之分。
   A. 资产业务　　B. 负债业务　　C. 表外业务　　D. 经营业务

5. 在商业银行经营管理理论演变过程中，把管理的重点主要放在资产流动性上的是（　　　）理论。
   A. 资产管理　　B. 负债管理　　C. 资产负债管理　D. 全方位管理

6. 在国际银行业，被视为银行经营管理三大原则之首的是（　　　）。
   A. 盈利性原则　B. 流动性原则　C. 安全性原则　D. 效益性原则

7. 商业银行三大经营原则中流动性原则是指（　　　）。
   A. 资产流动性　　　　　　　　B. 负债流动性
   C. 资产和负债流动性　　　　　D. 贷款和存款流动性

8. 商业银行负债业务经营的核心是（　　　）。
   A. 资本金　　　B. 存款　　　C. 同业拆借　　D. 向中央银行借款

9. 被称为商业银行二级准备资产的是（　　　）。
   A. 在央行存款　B. 在同业存款　C. 短期政府债券　D. 库存现金

10. 两家以上商业银行受控于同一个人或同一集团但又不以股权公司的形式出现的制度，称为（　　　）。
    A. 代理银行制　B. 总分行制　　C. 连锁银行制　D. 银行控股公司制

11. 当一家商业银行面临准备金不足时，它首先会（　　　）。
    A. 回收贷款　　B. 向央行借款　C. 出售债券　　D. 向其他银行借款

二、多项选择

1. 商业银行向中央银行借款通常有（　　　）两种形式。
   A. 直接借款　　B. 贴现票据　　C. 直接申请
   D. 以资产为抵押　E. 以政府为担保

2. 现代商业银行的发展趋势包括（　　　　）。

 A. 全能化   B. 电子化   C. 国际化

 D. 股权开放化 E. 非货币化

3. 商业银行的风险转移策略包括（　　　　）。

 A. 将业务交给其他银行   B. 在不同市场开展业务

 C. 通过衍生品交易锁定风险 D. 发行浮动利率负债

 E. 定价时加入风险报酬   F. 保险

4. 下列业务可以归入商业银行资产业务的有（　　　　）。

 A. 贷款业务 B. 借款业务 C. 信托业务

 D. 承兑业务 E. 证券业务

5. 下列业务可以归入商业银行中间业务的有（　　　　）。

 A. 信贷业务 B. 汇兑业务 C. 信用证业务

 D. 投资业务 E. 贴现业务 F. 国有化代收、代客买卖业务

6. 下列记入银行资产负债表的资产方的有（　　　　）。

 A. 向央行的再贴现贷款   B. 借款

 C. 国库券   D. 贷款

7. 贷款和贴现的区别主要表现在（　　　　）。

 A. 融资期限不同   B. 风险性不同

 C. 流动性不同   D. 借款人身份不同

三、案例分析

互联网金融发展迅速

随着互联网对传统行业影响的深入，互联网与传统行业之间的界限逐渐模糊。2016 年《政府工作报告》中指出，要规范发展互联网金融，使得互联网金融这一领域在相关法规政策的规范和推动下得到快速发展。近年来，以互联网支付结算、网络信贷、互联网保险、互联网众筹等模式为代表的互联网金融业务不断发展，使传统商业银行所处的市场环境发生变化，对传统商业银行发展造成一定影响，也改变了传统金融格局。在这样的背景下，传统商业银行开拓互联网金融之路显得尤为重要。

当前存在大量抢夺传统商业银行优势服务的场景，如余额宝等在互联网理财领域，京东白条和花呗等在消费金融领域，都为人们所熟知。以移动支付为例，据中国互联网金融协会数据，截至 2021 年 3 月，支付宝和微信支付分别占据了中国移动支付市场的 54.5% 和 38.8% 的份额，扫码支付时代的发展进一步弱化了传统商业银行日常支付业务。银行面对的不再是几个或多个看得见的竞争对手，而是一群大大小小的金融和非金融公司，这慢慢会影响到大客户的业务模式，进而影响到银行的核心利润来源。

思考与讨论：

商业银行的职能是什么？商业银行的主要业务有哪些？商业银行在互联网金融时代的发展前景又是怎样的呢？

第七章　中央银行

章前引例

自美联储 2015 年 12 月开始缓慢加息以来，到 2022 年 3 月为止，美国联邦基金利率在 1.50%～1.75% 之间变化。美联储加息看起来非常温和，但这是在经历了一段"极端和长期的"货币宽松政策之后实行的，且采取的形式连经济学家和投资者都不完全理解，因为美联储还开始缩减资产负债表。与此同时，美国特立独行，推行大规模财政刺激政策及紧缩货币政策。随着美联储收紧货币政策的实施，美元最初下跌的事实让人们认为这一次情况不一样，一个良性的加息周期已经开启。

思考与讨论：

众所周知，美联储加息对世界经济会产生广泛影响。那么，何为美联储？美联储的全称为美国联邦储备系统，也称美国联邦储备理事会，是美国的中央银行体系。每个国家必须有一个维护和稳定金融行业的专门机构，这一机构即中央银行。那么，什么是中央银行？其具有怎样的性质和职能？从事哪些业务？有哪些类型？

学习目标

了解中央银行的产生及特征；
掌握中央银行的性质、职能及主要业务。

价值目标

通过本章的学习，增强对中国特色社会主义制度的制度自信和理论自信。

关注中央银行政策和国家宏观经济，认识到央行的货币政策调控直接关系到实体经济的发展和社会融资成本，培养对国民经济的责任感。

第一节　中央银行的产生和特征

中央银行是一国最高的金融管理机构。中央银行制度是商品经济发展到一定阶段的产物。它的产生有其客观经济基础。

一、中央银行的产生

（一）中央银行建立的必要性

现代商业银行出现之后，经过相当长的时期才出现中央银行。随着商业银行的发展，银行体制本身出现了许多问题，要求有代表政府意志的专门机构管理金融事业，保证银行业的健康发展，避免银行危机对经济发展造成冲击。在这样的背景下，为了解决商业银行体制中存在的问题，中央银行应运而生。中央银行建立的必要性体现在以下几个方面。

1. 统一货币发行权的需要

随着经济规模的日益扩大，金属货币的数量远远不能满足生产和交换的需要。于是，在金属货币流通的同时，银行券出现了，它是由银行发行的一种债权凭证。早期的银行券可以随时用来向发行银行兑换金属货币，所以它是作为金属货币的代用品进入流通领域的。在中央银行制度确立之前，各银行都有权发行自己的银行券。因此，市场上就有许多家银行的银行券在流通。作为商品流通的媒介工具，各种银行券的价值与发行银行的经营管理水平、银行信誉等联系在一起，因而会出现部分商业银行发行的银行券不能被社会接受的问题，并由此影响正常的生产和经营；而如果由一家大银行统一发行银行券，则会大大提高货币流通的效率。实际上，现代的某些中央银行最初就是从逐步垄断银行券的发行发展而成的，如英国的英格兰银行。

2. 商业银行之间清算的需要

随着商业银行业务的不断扩大，债权债务关系日趋复杂，简单的结算方式已不能满足大量清算业务的需要。票据交换和清算若不能得到及时、合理处置，则会阻遏经济的顺畅运行。因此，客观上需要有一个全国统一，且具有权威性、公正性的清算机构为银行服务。

支票作为银行票据，虽然反映的是票据授受双方之间的债权债务关系，但是，由于它必须由开户银行来支付，所以又通常表现为各开户行之间的债权债务关系。例如，A 行的客户开出的支票被存入 B 行，该支票就表现为 B 行对 A 行的债权；反过来，B 行客户开出的支票也可能被存入 A 行，则该支票就表现为 A 行对 B 行的债权。

银行之间的这种债权债务关系，最早是通过银行派专人持客户送来的收款票据到应付款银行要求付款来结清的。这显然是缺乏效率的，而且也不安全。随着票据流通量的增大，各银行的收款人员开始聚集在固定的地点，交换手中持有的由对方银行的客户开出的票据，并相互结清其差额。在此基础上，产生了世界上最早的票据交换所——1773 年在英国伦敦成立的票据交换所。在每个营业日，各银行的收款人员都会聚集到票据交换所，将本行收到的应收票据送交给相应的付款行，并接收其他行送来的本行票据，计算其差额后与交换所的总结算员办理净额的款项收付。

票据交换所的出现，提高了清算效率。但是票据交换所一般局限于同城之间的票据清算，且银行在票据交换时利用现金来结清净额债权债务也很不方便。因此，客观上需要有一个全国统一且具有权威性、公正性的清算机构为银行服务。

3. 最后贷款人的需要

银行在其经营过程中，必然会遇到某些临时性资金不足的情况。这时，它虽然可以通过同业拆借等方式予以弥补，但有时这些方式仍是不够的。况且银行的经营状况越是不妙，它利用这些方式来筹集资金也就越困难。因此，需要有一个最后贷款人作为银行最后的依靠，来帮助它克服暂时性的困难。同时，这对维护银行体系的稳定是十分重要的。

4. 金融管理的需要

金融行业是一个较为特殊的行业，它存在明显的信息不对称和很高的风险，并且直接关系到一国的货币供给量。因此，需要有专门的机构代表政府对金融行业实行严格的管理，以维护其公平、效率和稳定，进而对整个宏观经济进行调控。中央银行便是这些专门的管理机构中最重要的一员。它的主要职责在于执行货币政策、控制货币供给。关于中央银行控制货币供给的方式和手段，将在后面的章节中加以介绍。

微课堂

我国中央银行的产生与发展

（二）我国中央银行的产生与发展

我国中央银行的产生与发展可以分为两个阶段。

1. 萌芽阶段

我国最早的中央银行出现在 20 世纪初期。1905 年 8 月，大清户部银行在北京成立。它是清政府管办银行，享有国家授予的铸造货币、代理国库、发行纸币的特权。1908 年，其更名为大清银行。因其在处理外债方面出现外汇亏损，1908 年 3 月，经清政府批准，交通银行成立，负责铁路、轮船、电报和邮政四个部的一切收支，并拥有纸币发行权。清政府垮台之后，大清银行被北洋政府改组为中国银行，与交通银行共同承担中央银行的职责。这一时期，我国中央银行制度尚处在萌芽阶段。

2. 建立与发展阶段

1928 年 11 月 1 日，国民政府在上海设立中央银行，规定其为国家银行，享有经理国库、发行兑换券、铸发货币、经理国债等特权，但尚未独占货币发行权，当时的中国银行、交通银行以及中国农民银行皆有货币发行权。1935 年，国民政府颁布了《中央银行法》；1942 年 7 月，根据《钞票统一发行办法》，国民政府将上述三家银行的货币发行权收回，将货币发行权独给中央银行，使中央银行制度向前迈进了一步。1945 年，国民政府财政部授予中央银行统一检查和管理全国金融机构的权力，使其管理职能得到进一步强化。

1948 年 12 月 1 日，中国人民银行在华北银行、北海银行、西北农民银行的基础上合并成立，同时开始统一发行人民币。各解放区银行逐步合并改组为中国人民银行的分行。1949 年 2 月，总行由石家庄迁至北平。

自中国人民银行创立至今，历经两种不同的模式，即复合式的中央银行制度和单元式的中央银行制度。从建立之日到 1983 年 9 月，它既是行使货币发行和金融管理职能的国家机关，又是从事信贷、结算、现金出纳和外汇业务的金融企业。这种一身二任、高度集中统一的"大一统"金融体系模式，既符合中华人民共和国成立初期制止恶性通货膨胀的需要，又同高度集中的计划经济管理体制相适应。1979 年以后，随着改革开放的推进，"大一统"金融体系逐渐解体，先后成立或恢复设立了

中国农业银行、中国建设银行、中国人民保险公司、中国银行等金融机构,中国人民银行的经营性业务逐步减少,开始向专司中央银行职能过渡。1983年9月17日,国务院决定中国人民银行自1984年1月1日起专门行使中央银行职能,不再对企业和个人直接办理存贷业务。这标志着中华人民共和国成立后的中央银行制度已由复合式中央银行制度正式转向单元式中央银行制度。1986年1月7日,国务院发布《中华人民共和国银行管理暂行条例》,首次以法规形式规定了中国人民银行作为中央银行的性质、地位与职能。1995年3月8日颁布的《中华人民共和国中国人民银行法》,标志着中国现代中央银行制度的正式形成并进入法制化发展的新阶段。1984年至今,中国人民银行制定、执行货币政策的独立性逐渐增强。其机构设置发生了几次重大的调整:20世纪90年代初,先后设立了中国证券监管机构和中国保险监督管理委员会(简称"保监会");2003年9月,设立了中国银行业监督管理委员会(简称"银监会"),从而彻底拆分了中央银行传统的货币政策和金融监管职能。2018年3月,银监会和保监会合并,中国银行业监督管理委员会撤销,组建中国银行保险监督管理委员会(简称"银保监会")。2023年3月,中共中央、国务院印发了《党和国家机构改革方案》,在银保监会基础上组建国家金融监督管理总局,不再保留银保监会。2023年5月18日,国家金融监督管理总局正式揭牌。这意味着,银保监会正式退出历史舞台。

> **专栏7-1　中央银行产生的途径**
>
> 　　中央银行产生的途径有两种:一种是从既有的商业银行逐步演变、地位提升中产生,典型案例是英格兰银行;另一种是从目的明确的直接创设中产生。一国政府从无到有地创设中央银行,一般都有着十分明确的目的:稳定货币供给,维护经济金融秩序。经由第二条途径产生的中央银行,当以美国联邦储备系统最具有代表性。

二、中央银行的特征

(一)中央银行业务活动的特点

　　中央银行是金融管理机构,它代表国家管理金融,制定和执行金融方针政策;但它不同于一般的国家行政管理机构,除被赋予特定的金融行政管理职责,采取通常的行政管理方式外,其主要管理职责都寓于金融业务的经营之中,也就是以其拥有的经济力量,如货币供给量、利率、贷款量等,对金融领域的活动进行管理、控制和调节。由此决定了中央银行在许多方面具有不同于商业银行的特征。

　　中央银行的业务活动具有以下特点。

　　(1)不以营利为目的。中央银行不同于一般的商业银行(在其业务经营过程中追求盈利),中央银行以稳定货币、促进经济发展为目的。

　　(2)不经营普通银行业务。中央银行不面向社会上的企业、单位和个人办理存款、贷款和结算,而只与商业银行或政府发生资金往来。

　　(3)在制定和执行国家货币政策时,中央银行具有相对独立性,不受其他部门或机构的行政干预和牵制。

（二）中央银行的独立性

中央银行的独立性，是指中央银行履行自身职责时法律赋予或实际拥有的权力、决策与行动的自主程度，中央银行的独立性比较集中地反映在中央银行与政府的关系上。如果中央银行在许多方面具有自主的决策权，则意味着中央银行具有较强的独立性。

各国政治、经济发展程度存在差异，中央银行发展情况不尽相同，因此管理决策体制各不相同，主要有以下三种。

（1）中央银行直接对国会负责。如美国、德国和瑞典的中央银行等，中央银行可以独立制定和执行货币政策，政府不得干涉，如发生矛盾可通过协商解决。

（2）中央银行受政府领导。国家法令规定中央银行受政府领导，如日本、英国等国的中央银行，在实际制定政策时，政府并不行使权力，中央银行仍具有相当强的独立性。

（3）中央银行直接隶属财政部。中央银行货币政策的制定必须经政府批准，财政部如果认为董事会通过的决议违背政府法令或有其他重大问题，则政府有权推迟甚至停止中央银行决议的执行，采用这一模式的国家有意大利。

在以上三种决策管理体制下，中央银行的独立性是不同的。

中央银行的独立性与货币价值的稳定、经济波动状况以及经济长期增长速度等是否存在一定的联系，是经济学家、政府、中央银行以及中央银行之外的金融机构长期争论不休的问题。赞成中央银行具有较强独立性的理由是：行政或立法机构过多干预中央银行，会导致信贷资金的分配产生不公，而且政府倾向于通过少征税、多支出的赤字政策来迎合公众，长期的赤字必然会给中央银行的货币控制施加政治压力，引发通货膨胀。因此，增强中央银行的独立性有利于控制通货膨胀，保持长期稳定的货币环境，促进经济长期稳定增长。

反对的一方则认为，中央银行本质上是一个行政机构，它的决策水平并不必然比其他政府机关和公众的高多少；它是"政府的银行"，应对宏观经济状况负责，制定的货币政策不应与其他宏观经济政策相矛盾。

货币政策与其他宏观经济政策的配合是个复杂而难以解决的问题，因此，反对中央银行具有较强独立性的一方给出的主要政策处方是：必须强化对中央银行的责任约束，提高货币政策的透明度和可信度，从而有利于公众对重要的宏观经济变量形成客观、稳定的预期。在通货膨胀严重的时期，主张增强中央银行独立性的一方往往占上风；而当经济衰退、利率水平畸高时，反对中央银行具有较强独立性的一方往往会提出各种削弱中央银行独立性的设想。

第二节　中央银行的职能

中央银行作为国家干预经济的重要机构，具有以下重要职能。

一、发行的银行

中央银行是"发行的银行"，是指国家赋予中央银行垄断货币发行的特权，使之成为国家唯一的货币发行机构。考察中央银行的产生和发展过程，我们不难发现，一家银行只有垄断了货币发行权，才会由普通银行真正蜕变为中央银行。中央银行史就是货币发行权由分散走向集中、垄断的历史。

作为"发行的银行"，中央银行需要承担两方面的责任：一是保持货币流通顺畅，二是有效控制货币发行量、稳定币值。历史上之所以产生中央银行这样一个机构来垄断货币发行权，是因为在自由银行体系下，各银行自行发行银行券的做法存在诸多缺陷。因此，人们希望有一个权威机构统一货币发行，在一国范围内只流通一种货币，减少以往多种货币之间兑换的不便，同时以较高的信用等级来保持货币的价值，这是中央银行存在的根本。因此，中央银行首先必须保证所发行货币的信誉和货币金融的稳定性。历史上，在金本位制度时期，中央银行是依靠足额发行准备或部分发行准备来约束、保证其银行券可兑换性的。到后来的管理纸币本位制时期，虽然纸币不再是可兑换的了，但一国政府所提供的担保足以保证一国货币的稳定。

中央银行垄断货币发行权，并不意味着中央银行可以任意决定货币发行量。作为"发行的银行"，中央银行必须根据经济发展的需要来决定货币发行量。特别是在管理纸币本位制下，单位纸币的价值主要取决于纸币发行量，中央银行有责任保持货币币值稳定，因此就有责任合理规范货币发行，以保证金融环境的稳定。

二、银行的银行

中央银行是"银行的银行"，有以下几层含义：一是中央银行的业务对象不是一般企业和个人，而是商业银行、其他金融机构及特定的政府部门；二是中央银行在与其业务对象之间的业务往来中仍表现出银行所固有的"存、贷、汇"等业务特征；三是中央银行为商业银行提供支持和服务的同时，也负责对商业银行的监督管理。作为"银行的银行"，中央银行的职能具体体现在如下几个方面。

（一）集中存款准备金

在自由银行体系下，各银行所持有的备付金相对较少，难以应对突然发生的支付困难，客观上要求有一家权威机构来集中支配各家银行所自行持有的备付金，在某家银行出现危机时加以救助，这就形成了中央银行的一大职能——集中管理存款准备金。这一职能是中央银行执行其"银行的银行"职能的前提和保证。首先，集中各银行的存款准备金，增强了中央银行的资金实力，使之除了货币发行外，又增加了一种重要的资金来源渠道。其次，中央银行可以通过改变法定存款准备金比率约束、调节各商业银行的存款创造能力，进而可以调节、控制货币供给量。因此，集中存款准备金已逐渐演化为中央银行控制商业银行信用创造能力的工具。

（二）"最后贷款人"责任

如前所述，中央银行产生的一个重要原因是它作为权威机构可以通过法令等途径将各银行自留的备付金集中起来统一使用，从而有能力援助部分流动性出现危机的银行渡过难关。既然商业银行将自留的备付金上交给了中央银行，那么中央银行就应该担负起为商业银行提供最终支付能力的责任。这就形成了中央银行的"最后贷款人"责任。

专栏 7-2 "最后贷款人"责任的内涵

"最后贷款人"一词最早由白哲特（Bagehot）提出，他主张当某家银行出现流动性不足时，中央银行有责任为其提供贷款支持，以帮助其渡过难关，从而避免因银行破产倒闭而带来的巨大负面效应。从实证的角度来看，"最后贷款人"机制的产生的确对避免或减轻银行危机起到了一定的作用。中央银行作为"最后贷款人"为商业银行和其他金融机构融通资金时，主要通过为这些机构办理票据再贴现、再抵押，在特殊情况下也可以采取信用放款的方式。

"最后贷款人"责任的最终目的是避免银行倒闭引发金融危机，后来其内涵逐步扩展，发展为商业银行向中央银行进行短期资金头寸拆借的渠道，从而使商业银行又增加了一条从外部获得流动性的重要途径。此外，中央银行通过多种方式为商业银行等金融机构提供资金支持，可以有目的地调节基础货币发行量，从而调节银行信贷规模和货币供给量，最终达到影响经济的目的。可见，最初为防止银行倒闭而产生的"最后贷款人"责任，现在已逐步演化为中央银行调节货币供给量的主要手段，其内涵已大大丰富，在中央银行的职能中具有重要地位。

（三）组织、参与和管理全国银行间的资金清算

中央银行组织、参与和管理全国银行间的资金清算始于英格兰银行。1854 年，英格兰银行采取了对各银行之间每日清算差额进行结算的做法，大大简化了各银行间资金往来的清算程序。这一做法后来被其他国家相继效仿而推广开来。到目前为止，绝大部分国家的中央银行均担负有组织、参与、管理全国清算的职责。由于各银行均在中央银行有存款准备金账户，故在央行的账户之间划拨资金成为最简单、方便的清算方法。同时，央行的权威性又可以保证这种清算过程的安全和高效。中央银行参与、组织、管理全国清算，一方面加快了资金周转速度，压缩了资金在结算中的占用时间和清算费用，提高了清算效率，解决了非集中清算带来的不安全、在途资金占用过多等问题；另一方面，可以及时掌握各商业银行的头寸状况，便于中央银行履行金融监管的职能。目前，大多数国家的中央银行已成为全国资金清算中心。

三、政府的银行

中央银行是"政府的银行"是指：第一，中央银行根据法律授权制定和实施货币政策，对金融业实施监督管理，负有保持货币币值稳定和保障金融业稳健运行的责任；第二，中央银行代表本国政府参加国际金融组织，签订国际金融协定，参与国际金融事务与活动；第三，中央银行为本国政府代理国库，依照法律办理政府所需要的银行业务。中央银行是"政府的银行"，还体现在许多国家的中央银行行长是由政府和国家元首任命的，绝大多数国家中央银行的资本金为政府所有或由政府控股，有些国家的中央银行直接是政府的部门，对政府负责。

作为"政府的银行"，中央银行的职能主要体现在以下几个方面。

（一）代理国库

国家财政收支一般交由中央银行代为办理，政府的收入和支出均通过财政部门在

中央银行系统内开立的各种账户来进行，具体包括：按国家预算要求代收国库库款，拨付财政支出，向财政部门反映预算收支执行情况，经办其他有关国库事务等。

（二）代理政府债券的发行

当一国政府为调节政府收支或弥补政府开支不足而发行政府债券筹措资金时，通常由中央银行来代理政府债券的发行，并代办债券到期后的还本付息等事宜。

（三）向政府融通资金

主要有两种方式。第一种方式是中央银行直接向政府放款或透支。这种做法虽然可以有效弥补政府开支的不足，但很容易引发货币的过量供给，不利于金融环境的稳定；同时容易导致财政赤字因没有有效约束而过度扩大并长期存在，从而违反政府预算原则。因此，许多国家都明确规定，中央银行应竭力避免用发行货币的方式来弥补财政赤字。第二种方式是中央银行购买政府债券，主要分为两种情况。一是直接在一级市场上购买，中央银行所支付的资金就会成为财政收入，等同于直接向政府融资。因此，有的国家的中央银行法禁止中央银行以直接方式购买政府债券。二是间接在二级市场上购买，即公开市场业务。中央银行根据经济发展或宏观政策的需要，通过在二级市场上购入或卖出政府债券可以改变基础货币投放量。公开市场业务是各国中央银行积极采用的一种重要货币政策工具。

（四）为国家持有和经营管理国际储备

国际储备包括外汇、黄金、在国际货币基金组织中的储备头寸、本国尚未动用的特别提款权等。中央银行对国际储备的管理包括：对储备资金总量进行调控，使之与国内货币发行和国际贸易等所需的支付数量相适应；对储备资产结构，特别是外汇资产结构进行调节；对储备资产进行经营和管理，负责储备资产的保值及经营收益；保持国际收支平衡和汇率基本稳定。

（五）代表本国政府参加国际金融组织和国际金融活动

在一国的对外金融活动中，中央银行一般作为本国政府的代表参加，其主要内容包括：参加国际金融组织，如国际货币基金组织、世界银行、亚洲开发银行等世界性或区域性金融组织；代表本国政府签订国际金融协定；参与国际金融活动与事务，代表本国政府出席各种国际性金融会议，参与国际金融事务的谈判，办理政府间的金融事务往来及清算等。

（六）制定和实施货币政策

中央银行在政府的授权下制定并监督执行货币政策，以实现稳定币值、促进经济增长等目标。

（七）对金融业实施监管

中央银行代表本国政府对金融业实施监管，其内容主要有：制定并监督执行有关金融法规、基本制度、业务活动准则等，监督管理金融机构的业务活动，管理、规范金融市场。

（八）为政府提供经济、金融情报和决策建议，向社会公众发布经济、金融信息

由于中央银行处于社会资金运动的中心环节，中央银行能够比较全面地掌握经济、金融活动的基本资料，从而可以为政府决策提供有力的支持。同时，中央银行有责任定期通过各种媒体公布近期的物价水平、利率、货币供给量等金融信息，使公众对本国金融运行状况有一个客观、公正的认识。

第三节　中央银行的资产负债业务

中央银行的资产负债业务是中央银行资金来源业务与资金运用业务的合称。与商业银行的资产负债业务不同，中央银行的资金运用创造了资金来源，而商业银行的资金来源决定了其资金运用。要了解中央银行的资产负债状况，必须首先了解中央银行的资产负债表及其构成。因为中央银行资产负债表是综合反映中央银行一定时期内资产负债业务的会计记录，中央银行资产负债的种类、规模及其结构都将会在其资产负债表中得到反映。

中央银行职能的充分发挥有赖于中央银行业务活动的广泛开展。中央银行的业务中与货币资金相关的业务主要通过资产业务和负债业务反映出来。中央银行资产是指中央银行在某一时点所拥有的各种债权，中央银行负债则是指中央银行在某一时点对社会各经济主体的负债。中央银行资产负债表是中央银行全部业务活动的综合会计记录，可以反映中央银行在任何时点上的资产负债情况。

在现代金融条件下，中央银行要通过自身的业务操作来调节金融机构的资产负债和社会货币总量，借以实现宏观金融调控的近期和远期目标。因此，深入研究中央银行业务，分析其资产负债表就成为把握宏观金融调控的基础。

为了使世界各国相互了解彼此的货币金融运行状况，国际货币基金组织（International Monetary Fund，IMF）会定期编印《国际金融统计》，以相对统一的统计口径与编制格式为各成员方提供诸如货币当局资产负债表、国际收支平衡表等有关货币金融与经济发展的主要统计数据。实际上，由于各国在金融体制和信用方式方面存在差异，不同国家的中央银行资产负债表并不整齐划一，其中项目的多寡及包含的内容、各项目在总资产或总负债中所占比重等不一致。好在这并不影响其基本结构的相近性，表 7-1 所示为高度简化的中央银行资产负债表。

表 7-1　高度简化的中央银行资产负债表

资产项目	负债项目
国外资产	流通中的货币
贴现及放款	政府和公共机构存款
政府债券与财政借款	商业银行等金融机构存款
黄金与外汇储备	对外负债
其他资产	其他负债和资本账户
资产项目合计	负债项目合计

一、负债业务

中央银行负债即其资金来源，主要包括流通中的货币、各项存款和其他负债。虽然资本项目也是其资金来源，但并非严格意义上的负债。

（一）流通中的货币

当今世界各国的中央银行一般都享有垄断货币发行的特权。发行货币是中央银行的基本职能，会形成中央银行的主要资金来源。一般来说，中央银行发行的货币是通过再贴现、再贷款、购买有价证券以及收购黄金外汇等途径投入市场的，从而形成流通中的货币。

专栏 7-3 中央银行货币发行的原则

中央银行发行货币遵循三个原则。

（1）垄断性原则：货币发行权高度集中于中央银行。这样有利于避免货币发行分散的诸种弊端，有利于对货币流通的管理，有利于增强中央银行的实力，有利于实现国家宏观经济目标，有利于增加货币发行的收益。

（2）信用保证原则：货币发行要有一定的黄金或有价证券作为保证。也就是说，通过建立一定的发行准备制度，保证中央银行的独立发行。要坚持经济发行，法制财政发行。

（3）弹性发行原则：货币发行要有一定的弹性，也就是货币发行要有高度的伸缩性和灵活性，不断适应社会经济状况变化的需要，既要充分满足经济发展的需要，避免通货不足而导致经济萎缩，又要严格控制发行数量，避免通货过量而引起通货膨胀，造成经济混乱。

（二）各项存款

各项存款具体分为政府和公共机构存款、商业银行等金融机构存款。

中央银行作为"政府的银行"，通常由政府赋予其代理国库的职责，因此财政部门的收支一般都由中央银行代理。同时，那些依靠国家财政拨付行政经费的公共机构，其存款也由中央银行办理。政府和公共机构的存款在其支出之前存在中央银行，就形成了中央银行重要的资金来源。

商业银行在中央银行的存款主要包括两大部分：一是商业银行向中央银行上缴的存款准备金，二是商业银行存入中央银行用于票据清算的活期存款。目前，中央银行吸收的商业银行存款主要是法定存款准备金。随着商品经济和货币信用关系向更高阶段发展，中央银行集中存款准备金的原始目的发生了根本性的转变。存款准备金业务已逐渐发展成中央银行控制货币供给的主要政策工具。

在现代市场经济条件下，中央银行一般是一国商业银行之间债权债务的清算中心。中央银行办理清算业务通常要有两个条件：其一，商业银行要在中央银行开立往来存款账户；其二，商业银行要交存一定的清算保证金，从而形成商业银行在中央银行的存款。商业银行以外的其他金融机构要通过中央银行清算，也必须满足上述两个条件。另外，中央银行为了加强金融管理，有时也规定其他金融机构向中央银行上缴一部分存款，作为中央银行的金融管理基金。

（三）其他负债

其他负债即中央银行除以上负债项目以外的负债，如对国际金融机构的负债或中央银行发行的债券等。

二、资产业务

中央银行的资产业务主要包括贴现及放款、证券业务、黄金外汇储备和其他资产业务。

（一）贴现及放款

贴现及放款主要包括中央银行对商业银行的再贴现和再贷款、财政部门的借款和在国外金融机构中的资产等。对商业银行的再贴现和再贷款，是中央银行资产中比重最大的项目。

在票据业务发达的国家，中央银行办理票据再贴现成为向商业银行融通资金的重要方式。这时，商业银行将其对工商企业已经贴现的票据向中央银行办理再贴现，取得资金，中央银行则成为"最后贷款人"。再贴现利率是中央银行向商业银行融通资金的重要调节工具。

在我国，商业银行的贴现业务量不大，因而可向中央银行办理再贴现的合格票据就更少。在这种情况下，中央银行主要靠再贷款业务向商业银行融通资金。由于我国再贷款采用信用放款的授信方式，没有任何抵押与担保，中央银行既无选择融资对象的依据，又无贷款发放量的约束，因而容易出现货币供应的失控。因此，与再贴现业务相比，再贷款业务并非理想的资产业务。

（二）证券业务

证券业务主要是指中央银行的证券买卖业务。在证券市场发达的国家，中央银行开展公开市场业务的工具是那些优质证券，如政府债券、央行票据、回购协议等。中央银行买卖证券的目的，不是赢利，而是通过买卖、投放或回笼基础货币，对货币供求进行调节。中央银行开展证券买卖业务，不管哪个国家，指导思想都基本一致，只是在买卖对象上存在细微差别。有的国家的买卖对象限于商业票据、银行承兑票据和公债，而有的国家只能买卖政府债券。我国的中央银行可依法在公开市场上买卖国债和外汇。

（三）黄金外汇储备

中央银行的资产应以可以随时出售且可以避免损失为原则。所以，黄金、白银和外汇储备是中央银行的重要资产业务。从纸币发行史上看，黄金、白银、外汇储备始终是稳定货币币值的重要储备，也是用于国际支付的国际储备。中央银行买卖金银、外汇储备是为了集中储备、调节资金、调节货币流通、稳定汇率和金融市场。

章后习题

一、单项选择

1. 我国目前实行的中央银行体制属于（　　）。
   - A. 单一中央银行制
   - B. 复合中央银行制
   - C. 跨国中央银行制
   - D. 准中央银行制

2. 下列属于中央银行资产项目的是（　　）。
   - A. 流通中的货币
   - B. 政府和公共机构存款
   - C. 政府债券
   - D. 商业银行等金融机构存款

3. 中央银行若提高再贴现率，将（　　）。
   - A. 迫使商业银行降低贷款利率
   - B. 迫使商业银行提高贷款利率
   - C. 迫使企业增加贷款
   - D. 迫使企业增加存款

4. 垄断货币发行权，是央行（　　）的职能的体现。
   - A. 银行的银行
   - B. 政府的银行
   - C. 监管的银行
   - D. 发行的银行

5. （　　）不属于中央银行的业务类型。
   - A. 发行货币
   - B. 集中存款准备金
   - C. 吸收个人存款
   - D. 管理国家黄金和外汇储备

6. （　　）是中央银行的负债。
   - A. 联邦储备券
   - B. 贴现贷款
   - C. 证券
   - D. 特别提款权凭证账户

7. 中央银行逐步发展完善时期为（　　）。
   - A. 16 世纪初到 18 世纪末
   - B. 19 世纪中到 20 世纪 30 年代
   - C. 17 世纪中到 19 世纪 40 年代
   - D. 第二次世界大战以后

8. （　　）不是间接信用控制工具。
   - A. 优惠利率
   - B. 存款利率的最高限额
   - C. 证券保证金比率
   - D. 房地产信贷管制

9. 中央银行的产生（　　）商业银行。
   - A. 早于
   - B. 晚于
   - C. 同时
   - D. 有赖于

10. 中央银行是政府的银行，它代理国库，集中（　　）。
   - A. 国库存款
   - B. 企业存款
   - C. 团体存款
   - D. 个人存款

11. 在下列针对中央银行资产项目的变动中，导致准备金减少的是（　　）。
   - A. 央行给存款机构贷款增加
   - B. 央行出售证券
   - C. 向其他国家中央银行购买外国通货
   - D. 中央银行代表财政部购买黄金，增加证券储备

12. 在下列针对中央银行负债的变动中，使商业银行体系准备金增加的是（   ）。

    A. 财政部在中央银行的存款增加

    B. 外国在中央银行的存款增加

    C. 流通中的通货减少

    D. 其他负债的增加

二、多项选择

1. 中央银行是（   ）。

    A. 发行的银行   B. 政府的银行   C. 银行的银行

    D. 监管的银行   E. 自负盈亏的银行

2. 现代中央银行享有的国家赋予的特权有（   ）。

    A. 垄断货币发行   B. 集中存款准备金

    C. 制定执行货币政策   D. 充当信用中介

    E. 管理黄金与外汇

3. 中央银行作为"政府的银行"体现在（   ）。

    A. 代理国库   B. 代理发行政府债券

    C. 为政府筹集资金   D. 制定和执行货币政策

    E. 集中存款准备金

4. 中央银行的资产业务主要包括（   ）。

    A. 再贴现   B. 再贷款   C. 购买有价证券

    D. 办理信托租赁 E. 收购黄金外汇

5. 下列属于建立中央银行的必要性的有（   ）。

    A. 中央集权的需要   B. 统一发行货币的需要

    C. 最后贷款人的需要   D. 票据清算的需要

6. 中央银行的职能可以高度概括为（   ）。

    A. 发行的银行   B. 管理的银行   C. 银行的银行   D. 政府的银行

7. 下列属于中央银行所有制形式的有（   ）。

    A. 全部资本归国家所有的中央银行

    B. 国家资本与民间资本共同组建的中央银行

    C. 全部股份由私人持有的中央银行

    D. 资本为多国所有的中央银行

8. 支付清算服务的内容包括（   ）。

    A. 票据交换与清算   B. 异地跨行清算

    C. 证券与金融衍生工具交易清算   D. 跨国清算

三、案例分析

央行降低存款准备金率

为贯彻落实金融服务实体经济高质量发展政策，中国人民银行决定于 2023 年 2 月 5 日下调存款准备金率 0.5 个百分点，向市场提供长期流动性 1 万亿元。存款准备金率下调之前，央行于 2023 年 1 月 25 日开始下调支农支小再贷款、再贴现利率

0.25 个百分点，同时，央行将继续推动社会综合融资成本的稳中有降。

当前国内经济正处于恢复向好阶段，宏观政策有望适度发力，加强逆周期和跨周期调节。业内专家普遍认为，当前降准有空间且有必要，有利于巩固经济回升向好态势。2022 年 4 月以来的四轮操作中，央行单次降准幅度收窄至 0.25 个百分点，而本次降准幅度扩大至 0.5 个百分点。本次降准落地后预计流动性环境将进一步改善。

中国人民银行将继续发挥货币政策工具总量和结构双重功能，加强工具创新，继续引导金融机构做好科技金融、绿色金融、普惠金融、养老金融、数字金融"五篇大文章"。经中央批准，中国人民银行将设立信贷市场司，重点做好"五篇大文章"相关工作。

思考与讨论：

试分析中国人民银行如何通过降低存款准备金率支持实体经济发展，降低存款准备金率是否意味着稳健货币政策取向发生改变并说明理由。

第八章　货币供给与均衡

2023 年 11 月 13 日，人民银行发布的 2023 年 10 月金融统计和社会融资数据显示，10 月末，广义货币（M2）余额 288.23 万亿元，同比增长 10.3%，增速与上月末持平，比上年同期低 1.5 个百分点。狭义货币（M1）余额 67.47 万亿元，同比增长 1.9%，增速分别比上月末和上年同期低 0.2 和 3.9 个百分点。流通中货币（M0）余额 10.86 万亿元，同比增长 10.2%。当月净回笼现金 688 亿元。

从 M1、M2 的结构看，M1 由"M0+企业活期存款"构成，M2 由"M1+准货币（定期存款+居民储蓄存款+其他存款）"构成。2023 年以来，M2 增速从 3 月开始逐月下降，到 9 月已是七连降。数据显示，M2 增速在 2023 年 1 月至 9 月分别是 12.6%、12.9%、12.7%、12.4%、11.6%、11.3%、10.7%、10.6%、10.3%。

值得关注的是，2023 年 10 月 M1 同比增速延续了此前的回落趋势，M2 同比增速与上月持平，M1 和 M2 剪刀差扩大至 8.4 个百分点，为年内最高。M2 增速持稳主要有两方面原因。一是税期影响。10 月为缴税大月，叠加政府债券集中发行，导致居民和企业存款减少，财政存款增多。10 月新增财政存款 1.37 万亿元，同比多 2 300 亿元。二是在中秋、国庆假期带动下，居民外出旅游消费需求明显增加，国内旅游热情高涨，居民存款同比减少了 1 266 亿元。

思考与讨论：

什么是货币需求？分析货币需求的理论有哪些？影响货币需求的因素又有哪些？我国的货币存量为何这么高？我国的 M2 大扩张是由哪些因素推动的呢？

了解货币层次的含义和划分货币层次的意义；

了解货币供给与货币需求的含义；

掌握货币理论与货币供给机制；

掌握货币均衡的含义；

掌握通货膨胀与通货紧缩的含义、类型及相关理论。

通过学习不同的货币理论，培养利用金融理论分析现实问题的能力。

从历史中吸取教训，认识到通货膨胀的深刻影响，关注政府财政政策和货币发行对经济的潜在风险，培养对国家经济稳定发展的责任感。

第一节　货币层次

根据统计口径的不同，货币供给可以划分为不同的层次。

一、货币层次的含义

货币层次，也称为货币分层，是指各国中央银行在确定货币供给的统计口径时，以金融资产流动性的大小作为标准，并根据自身政策目的的特点和需要，划分货币的方式。货币层次的划分有利于中央银行进行宏观经济运行监测和货币政策操作。

货币供给量按口径依次加大的顺序可划分为 M0、M1、M2 三个层次。

大多数的经济学家认为，货币应该包括那些在商品和劳务买卖以及债务支付中，作为交易媒介和支付手段而被普遍接受的东西。他们把货币定义为通货（即流通中的现金）和活期存款，即 M1，实际上这也是狭义的货币的定义。它是现实经济中具有较强流动性和较为活跃的货币量，在货币总量中占有相当大的比例，并且与经济的关系最为密切，对经济的影响也最大。

我国现行货币统计制度按流动性标准将货币供给量划分为三个层次。

（1）流通中的现金（M0），是指银行体系以外各个单位的库存现金和居民的手持现金之和。

（2）狭义货币供给量（M1），是指 M0 加上企业、机关、团体、部队、学校等单位在银行可开具支票进行支付的活期存款。M1 反映居民和企业资金松紧变化，是经济周期波动的先行指标。

（3）广义货币供给量（M2），是指 M1 加上企业、机关、团体、部队、学校等单位在银行的定期存款，城乡居民个人在银行的各项储蓄存款以及证券公司的客户保证金。

除了流动性标准以外，便于宏观监测和调控也往往成为划分货币层次的重要依据。一般来讲，出于管理金融的需要和货币政策上的考虑，各国金融管理当局尽管至今对货币供给总量没有形成一个统一的认识，但在设计货币供给量各项指标以及解释其含义时，总是力图做到以下几点：一是理论上兼顾各种观点，所公布的各项指标均以不同的货币定义为其理论基础；二是使公布的各项指标有利于货币当局对货币供给量的控制；三是根据本国具体的金融情况设计各项指标。

二、划分货币层次的意义

要想准确地统计货币供给量，一般需借助货币层次的划分。各国对货币层次的划分有多种做法，但普遍遵循的原则是以流动性的强弱为依据。具体来说，是以某种金融资产转化为现金或者活期存款的能力作为标准。其转换为现金和活期存款的成本越低、时间越短，则流动性越强，货币层次也就越高；反之，货币层次越低。

📖 **专栏 8-1　为什么要按照流动性标准划分货币层次**

按照流动性标准划分货币层次有着两方面的意义。

一方面，对货币层次的科学划分，能够为中央银行的宏观决策提供一幅清晰的货币流通结构图，有助于中央银行分别了解不同货币领域的问题，并采取不同的措施加以控制。根据各种金融资产不同的流动性来划分货币层次后，中央银行就可以掌握货币政策将怎样在不同流动性的货币层次中传递，将主要对哪一层次的货币量产生影响，以及将以怎样的方式和程度影响经济。通过货币层次之间的数量变化，中央银行还可以分析市场动向和经济变化趋势，正确估计前期货币政策的效果，从而为今后的货币政策选择提供决策依据。

另一方面，按金融资产的流动性对货币层次进行科学划分，有助于中央银行分析经济的动态变化。因为经济活动的任何变化会最先反映在市场供求和物价变化上，而市场供求和物价的变化又都会集中表现在货币流通状况的变化上。具体来说，每一货币层次的货币量，都有特定范围的经济活动和商品流通与之对应，通过对货币层次的划分和观察，可以掌握生产、交换、分配、消费与再生产各个环节的变化，摸清不同层次经济活动的规律，预测它们的发展趋势。只有对货币层次进行科学划分，才能真正把握物价、投资、经济增长和国际收支等整个经济状况。

第二节　货币需求

在当今经济高度货币化的社会中，各个社会部门需要拥有一定量的货币用于商品交换、支付费用、清偿债务、投资或保值，因此便产生了货币需求。

一、货币需求的含义

货币需求是指社会各部门（个人、企业、政府）在既定的收入或财富范围内能够而且愿意以货币形式持有的数量。经济学家所讨论的需求是有一定前提条件的，货币需求不是简单地表示人们想持有多少货币，如果是这样，也许每个人都会希望自己手中的货币越多越好，货币需求这个概念就没有任何意义了。它真正的含义是指，当某人拥有一定的财富时，他可以选择多种形式来持有该笔财富，他愿意以货币这种资产形式持有的那部分财富就构成了他对货币的需求。货币需求不仅包括对现金的需求，而且包括对存款货币的需求。因为货币需求是所有商品、劳务的流通以及有关一切货币支付提出的需求，这种需求，存款货币也同样可以满足。

货币需求量以收入或财富的存在为前提，是指具备获得或持有货币的能力后所愿意持有的货币量。货币需求的形成需要同时具备两个条件：一是要有能力获得或持有货币，二是必须愿意以货币形式保有其财产。二者缺一不可，有能力却不愿意持有货币不会形成对货币的需求，希望持有货币却无能力获得货币也不会对货币需求产生影响。

从货币的购买力角度分析，货币需求也可分为名义货币需求和实际货币需求。在现实的经济生活中，通货膨胀使货币的名义购买力与实际购买力之间存在差异，这会导致经济主体的货币需求量发生变化。名义货币需求是指经济主体在不考虑价格变动情况下所需的货币量，这种货币需求可以直接用货币的面值来衡量和计算。实际货币需求是指经济主体在扣除了物价上涨因素后对货币的需求量，即以某一不变价格为基础来计算的对货币的需求量。名义货币需求与实际货币需求之间存在联系，两者在数值上可以相互换算。将名义货币需求用一个充分反映价格变动的指数，如国民收入平减指数，进行平减后即可得到实际货币需求。

还可以从宏观和微观的角度来考察货币需求。从宏观的角度出发，只把货币视为交易的媒介，从而探讨为完成一定的交易量需要用多少货币来支撑。马克思的货币需求量公式和费雪的费雪方程式都属于这种类型。从微观的角度出发，把货币视为一种资产，是人们持有财富的一种形式。微观角度的不同之处仅仅在于货币还有交易媒介的职能。从这一角度出发，货币需求不是被理解为经济中为完成一定的交易量所需要的货币量，而是被理解为人们愿意以货币这种形式持有的财富量。自从剑桥学派提出现金余额说以来，经济学家主要是从后一种角度来讨论货币需求的。人们对货币需求理论研究的轨迹，基本上遵循着"宏观角度—微观角度—宏观角度"的循环规律。其原因是，从宏观角度分析，具有变量少、易考察、易应用的优点，但是没有考虑利率、微观主体心理预期等因素对货币需求的影响，而这些恰恰又是现代社会经济中所不能忽视的。于是，微观分析发展了起来，更加重视这些因素对货币需求的影响，但相应的问题是变量太多，不易考察与操作。因而，在实证分析中，普遍的做法是在微观分析模型的基础上，对一些变量进行修正和解释，并转化为宏观分析模型。

二、古典货币需求理论

各种货币需求理论都有其特点，反映了学者对货币需求的多方面认识。西方的古典货币需求理论的发展参见图 8-1。

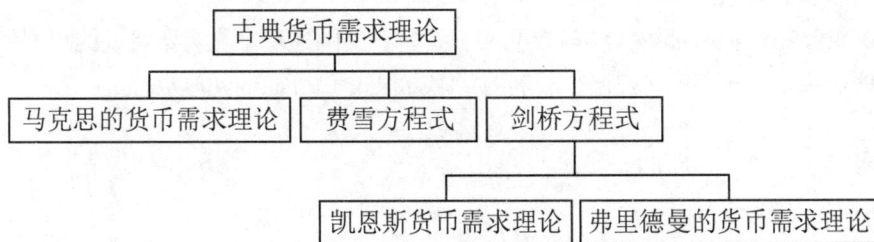

图 8-1　古典货币需求理论的发展

（一）马克思的货币需求理论

马克思的货币需求理论，总是贯穿于他提出的货币流通规律中。货币流通规律是指决定一定时期内流通中所需要的货币量的规律。它是马克思在总结前人对流通中货币数量广泛研究的基础上对货币需求理论的提炼与概括。

马克思以完全的金币流通作为假设和前提，其论证过程是：首先，商品价格取决于商品的价值和黄金的价值，而商品价值取决于生产过程，所以商品是带着价格进入流通领域的；其次，商品数量和价格的多少，决定了需要多少金币来实现交换；最后，商品与货币交换后，商品退出流通，货币却要继续流通，并可以使其他的商品得以出售，从而一定数量的货币流通几次，就可使相应倍数价格的商品出售。这一论证过程可以用公式表示为：

$$M = \frac{P \cdot Q}{V}$$

式中：M —— 货币必要量；

Q —— 待售商品数量；

P —— 商品价格；

V —— 货币流通速度。

上式表明，在一定时期内执行流通手段职能的货币需求量主要取决于商品价格总额和货币流通速度两种因素。它与商品价格总额成正比，与货币流通速度成反比。

马克思的货币需求量公式具有重要的理论意义，它反映了商品流通决定货币流通这一基本原理。货币是为了适应商品交换的需要而产生的，并随商品的交换进入流通且因交换的需要而变换自身的数量。这种分析为我们深入了解商品与货币流通的内在联系提供了重要的思路。

（二）货币数量说——费雪方程式与剑桥方程式

货币理论中，流传最广、影响最深远的是货币数量说。这一学说实际上讨论的是商品交易所需货币供给量的问题，它认为货币供给量的变化决定了物价水平的变化，因此货币对实物经济并无实质性影响。

在货币数量说的不同学派中，最著名的是现金交易数量说和现金余额数量说，也就是我们平时所说的费雪方程式与剑桥方程式。

1. 费雪方程式

20世纪初，美国耶鲁大学教授欧文·费雪在其阐述现金交易数量说的代表作——《货币的购买力》一书中，提出了著名的费雪方程式（Equation of Exchange）：

$$M \cdot V = P \cdot T$$

式中：M —— 一定时期内流通货币的平均数量；

V —— 货币流通速度；

P —— 交易中各类商品的加权平均价格；

T —— 各类商品的交易数量。

费雪认为人们持有货币的动机是换取商品，因此在一定时期内人们需要支付的货币总量（上式等号左端）应该等于该时期内所有交易的商品总额（上式等号右端）。仅仅从方程式本身的角度来看，平均物价水平由 M、V、T 三者共同决定。这一方程式的前提假设如下。

（1）在费雪方程式中，商品的交易数量 T 取决于资本、劳动力以及自然资源的供给状况和生产技术等非货币因素，与产出水平保持着比较固定的比例。

（2）货币流通速度 V 是由制度因素决定的，它受制于人们的支付习惯、信用制度的发达程度、运输与通信条件以及其他"与流通中的货币供给量没有明显关系"的社会因素。

（3）V 与 T 在长期内倾向于上升，但短期内大体不会发生变化，可认为比较稳定。

正因为 V 和 T 长期都不受 M 变动的影响，所以货币供给量的变动只会带来一般物价水平的相应变动，即结论为：货币数量决定着物价水平。可以进一步推导出在一定价格水平下的名义货币需求量：

$$M = \frac{P \cdot T}{V}$$

费雪方程式着重考虑的是在商品交易过程中作为交换媒介的货币需求量，相比之下，剑桥方程式则更多注意了人们的主观意志对货币需求的影响。

2．剑桥方程式

以马歇尔和庇古为代表的英国剑桥大学经济学家，并没有着重探究什么决定了整个社会在一定时期内所需要的货币量，而是研究了个人希望持有的货币量的决定因素。根据现金余额数量说的观点，人们持有货币的原因是便于交易，那么持有货币越多，对人们就越有利。但事实上，人们持有的货币量却会受到多种因素的影响，从而使货币流通速度发生变化。这就需要更加详细地去分析决定货币需求的因素。

个人对货币的需求受到个人收入和财富的限制，也会受到持有货币的机会成本以及对未来收入、支出和物价等的预期的影响。马歇尔说："手持货币不能产生收入，所以每个人都将在以下两种收益中进行平衡：一种是持有货币的收益；另一种是将部分货币用于商品的直接投资，或投资于某些企业或上市证券而取得的货币收入。"庇古也认为，对一般物价将要下跌的任何预期都会增强人们保持货币的欲望，因为物价下跌意味着货币价值的上升。

可见，剑桥学派从个人资产选择的角度阐释了货币需求的决定因素，之后的凯恩斯学派等各种货币需求理论，无一例外地受到了这一理论的影响。但剑桥学派的经济学家并没有沿着以上的思路做深入研究，而是假定在其他条件不变的情况下，人们对名义货币额的需求将与他们的财富或名义收入保持一定的比例，这一比例取决于持有货币的机会成本和人们对未来的预期等外生变量。那么，整个社会愿意持有的平均货币数量或现金余额 M_d 和国民收入 Y 间会存在一个固定的比例 K，即：

$$M_d = K \cdot Y$$

由于国民收入可以表示为一定时期内实际产量或实际收入 R 和一般物价水平 P 的乘积，因而上式可以表示为：

$$M_d = K \cdot P \cdot R$$

这就是剑桥方程式（Cambridge Equation）最常用的形式。由于古典学派假定在充分就业状态下，产出在短期内不会发生变化，当货币供给量上升时，人们手中的货币存量增加，为了使货币供求平衡，名义货币需求就必须上升，而在实际收入不变时，人们用多余的货币去购买商品必然会导致物价的上升。由此，得出了与现金交易数量说相同的结论，即货币供给量的上升会带来物价相应比例的上升。

3．两个方程式的差异

从形式上看，剑桥方程式与费雪方程式没有太大区别，但实际上，在理论分析方法、学术思想上，剑桥方程式都有所突破和发展，表现在以下几个方面。

（1）剑桥方程式是着眼于货币需求而得出货币数量说的，本身就直接表现为货币需求。而费雪方程式则是着眼于货币供给而立论的。在分析时，费雪方程式强调 V，强调货币数量对物价、币值的影响，而剑桥方程式强调 K，强调货币存量对币值、物价的影响，研究人们到底该持有多少货币才能使经济保持均衡。这样，货币数量说就从原来单纯研究货币数量、货币价值、商品价格三者之间关系的"物价理论"，转变为研究流通中究竟需要多少货币供给量的货币需求理论。

（2）剑桥方程式强调的是在某一特定的时点上人们持有的货币存量，费雪方程式则强调在一段时间内货币支出的流量。

（3）剑桥方程式重视的是货币的资产功能和储藏功能，把货币需求当成保存资产或财富的一种手段；费雪方程式则重视的是货币的交易媒介职能，把货币需求与经济单位的支出流量联系在一起，关心的是社会公众使用货币的数量与速度。

（4）剑桥方程式更强调人们主观的资产选择行为、人的意志、预期、心理因素的作用，这为以后的货币需求理论留下了发展的空间和契机；费雪方程式则更重视影响交易的货币流通速度、金融体制等客观因素，忽略了经济主体在金融市场上的主观意志。

（三）凯恩斯货币需求理论

凯恩斯的货币需求理论有一个变化发展的过程，在 1923 年出版的《货币改革论》中仍阐述着现金余额数量说的观点，在 1936 年出版的《就业、利息、货币通论》中则正式建立起产量、收入与就业的货币理论。在这里，先介绍凯恩斯的流动性偏好理论。

凯恩斯货币需求理论

凯恩斯分析了货币需求的各种动机，并把它们归结为交易动机、预防动机和投机动机。其中，对投机动机的分析是流动性偏好理论与现金余额数量说的明显不同之处。

1．交易动机

交易动机是指日常交易中产生的持有货币的动机，可以划分为个人的收入动机和企业的营业动机。无论是企业还是个人，从收入的获得到费用的支出都有一段时间间隔。为了应对日常交易，企业和个人就必须在这一段时间内保有一定数量的货币。这一货币需求的大小主要取决于收入的数量和收入到支出的时间间隔长度。如果时间间隔保持恒定，则交易动机引起的货币需求主要由收入决定。

2．预防动机

预防动机又称谨慎动机，是指人们为了应对突然发生的意外支出和为不失去意料外的有利购买机会而做准备的动机。

预防动机是许多变量的函数，其中还包括了心理因素，因此，对它的分析很难做到精确。凯恩斯认为，影响它的因素主要是经济形势和货币收入水平。

当然，交易动机和预防动机的强度还取决于临时借款时的便利程度与成本、持有现金的机会成本，但是凯恩斯在具体分析中略去了这些因素。

3．投机动机

投机动机是由于未来利率具有不确定性，人们根据对利率变动的预期，为了在有

利时机开展投机活动而持有一定数量的货币的动机。投机动机带来的货币需求由当前利率水平和投机者对利率变化的预测决定。假设进行的投机活动是买卖政府债券，由于债券的价格与市场利率成反方向变动，人们会将当前利率与自己心目中的正常利率水平进行比较，在预期市场利率下降时买入债券，在预期市场利率上升时持有货币。

（四）弗里德曼的货币需求理论

20 世纪 70 年代以后，西方主要的经济问题转化为复杂的滞胀问题，从而相应地带来了货币数量说的复兴。在传统货币数量说的基础上，以弗里德曼的货币需求理论为主要代表的现代货币主义（新货币数量说）对经济问题提出了新的解释和政策主张，形成了与凯恩斯主义相抗衡的主要流派。

在《货币分析的理论结构》中，弗里德曼提出了关于货币需求的一个代表性公式：

$$M_d / P = f\left[y, w, r_m, r_e, r_b; 1 / P \times (dp / dt); u\right]$$

式中：M_d / P —— 实际货币需求；

y —— 恒久收入；

w —— 非人力财富占个人总财富的比例；

r_m —— 货币的预期名义收益率；

r_e —— 股票的预期名义收益率；

r_b —— 债券的预期名义收益率；

$1 / P \times (dp / dt)$ —— 预期通胀率；

u —— 影响货币需求偏好的主观因素以及其他影响货币效用的非收入变量。

从这个比较复杂的式子中，我们可以发现弗里德曼货币需求理论区别于传统货币数量说的许多独到之处。虽然他仍然承袭了传统理论中关于货币数量与物价水平的因果联系，但他不再把货币需求看作一个常数，而是包含许多变量的函数，包括如下变量。

（1）恒久收入。这是弗里德曼提出的一个用来代表财富的概念，可以理解为预期平均长期收入，相对于会发生不规律的波动的当前收入而言具有稳定性。作为资本理论的应用，弗里德曼认为，恒久收入是决定货币需求的主要因素。恒久收入越多，货币需求越大。

（2）人力财富。弗里德曼认为，个人的财富可以分为人力财富和非人力财富两种，但是由于客观环境的约束，要把人力财富转化为非人力财富会受到较多的限制，经济不景气时更是如此。因此，当个人总财富中人力财富所占比重越大时，为了防止转化过程的停滞而持有的货币就会越多。

（3）货币以及其他各类资产的预期收益，可以用来衡量持有货币的机会成本。在弗里德曼的分析中，货币需求的统计口径被扩大到了 M2，因而是有收益的。

（4）预期通货膨胀率，它直接影响着实际的收益率。

（5）货币持有者的主观偏好和现实生活中的各种非货币因素（如技术水平）等。

上述内容构成了弗里德曼货币需求理论的主要表述。强调恒久收入的影响是其重要的特点，在吸收了凯恩斯流动性偏好理论和资产选择理论的基础上，弗里德曼做出了论断：由于恒久收入的波动幅度小，货币需求也是比较稳定的。虽然他没有像传统货币数量说那样，假设货币流通速度是稳定的，但是由于决定货币需求量的函数关系具有稳定性，尤其是恒久收入代替了当期收入，从而推导出了货币需求的稳定性。从政策上看，就必须以稳定的货币需求为基础，从货币供应的变动角度来研究货币对产量和物价的影响。

专栏 8-2　弗里德曼的货币需求函数与凯恩斯的货币需求函数的区别

弗里德曼的货币需求函数与凯恩斯的货币需求函数有着明显不同，表现在以下三个方面。

（1）二者强调的侧重点不同。凯恩斯的货币需求函数非常注重利率的主导作用，认为利率的变动会直接影响就业和国民收入的变动，最终必将影响货币需求量。弗里德曼则更强调恒久收入对货币需求的重要影响，认为利率对货币需求的影响是微不足道的。

（2）二者虽然都从资产选择的角度来分析货币需求，但人们选择资产的范围是不同的。凯恩斯的货币需求函数涉及的资产范围仅包括货币与债券，弗里德曼的货币需求函数涉及的资产范围则要广泛得多。

（3）凯恩斯把货币的预期收益率看成 0，而弗里德曼则把货币的预期收益率看成一个随其他资产预期收益率变化而变化的量。

三、现代货币理论

现代货币理论（Modern Monetary Theory，MMT）被视作后凯恩斯主义经济学的一种演进。其起源可以追溯到 20 世纪 90 年代，是在多位经济学家的研究基础上形成的全新视角，融合了多种经济学理论和观点。

MMT 承袭了凯恩斯的观点，特别是关于需求管理和政府干预的理念。然而，与传统凯恩斯主义略有不同的是，MMT 强调了财政政策的关键作用，认为政府应当通过财政手段来实现充分就业和稳定经济增长，而不仅仅是依赖货币政策。此外，MMT 也汲取了其他理论的精华。例如，科纳普的国家货币理论强调国家的货币发行权，并强调政府在货币创造和管理中的主导作用。英尼斯的内生货币理论则强调了货币供给和经济活动之间的相互关系，认为货币的产生是由经济活动所驱动的。勒纳的功能财政理论强调了财政政策在实现社会和经济目标中的关键作用。此外，明斯基的金融不稳定假说则强调了金融体系的不稳定性，并提出了政府应对金融市场波动的责任。

总体而言，MMT 作为一种经济理论框架，试图整合和综合多个非主流经济学派别的观点，并着重探讨了财政政策和货币政策之间如何协调运作，以实现经济稳定和充分就业。兰德尔等现代货币理论的领军人物将这些观点进行了更新和整合，使得 MMT 成为当今经济学中备受关注和争议的一个领域。

第三节　货币供给

货币供给即在一定时点上经济中所拥有的货币存量。货币供给对经济有着广泛的影响。

一、货币供给的含义

货币供给是指一定时期内一国银行系统向经济中投入、创造、扩张（或收缩）货币的行为。货币供给必然会在实体经济中形成一定的货币量，即货币供给量。货币供给量通常是指一国经济中的货币存量，它是一国经济主体持有、由银行系统供应的债务总量，主要包括现金和存款货币两部分。货币供给量可以是名义货币供给量，也可以是实际货币供给量。名义货币供给量是指在一定时点不考虑物价影响因素的货币存量，而实际货币供给量是指剔除了物价影响因素之后的一定时点上的货币存量。

二、货币供给机制

（一）基础货币与货币供给量

基础货币 B 又称高能货币、强力货币，是流通中的现金（流通于银行体系之外的通货）和银行准备金（包括银行的库存现金和在中央银行的存款，或者说包括法定存款准备金和超额存款准备金）的总和，是商业银行创造存款货币的源头和基础。

用 C 表示公众（即非金融部门和居民）持有的现金；用 R 表示商业银行持有的存款准备金，包括商业银行持有的库存现金、在中央银行的法定存款准备金及超额存款准备金，则基础货币可以表示为：

$$B=C+R$$

现在，整个货币供给过程就表现为：中央银行提供基础货币，商业银行以此为基础向社会直接供给货币。

作为货币供给之源的基础货币，可以引出数倍于自身的货币供给量。如果把货币供给量与基础货币的比率定义为货币乘数 m，则货币供给量 M 的公式为：

$$M=m·B$$

如果定义 C 为现金，D 为活期存款，K 为社会公众持有的现金与活期存款的比率，则 $K=C/D$。r_d 为活期存款的法定存款准备金率，r_t 为定期存款的法定存款准备金率，t 为定期存款与活期存款的比率。如果 T 为定期存款，则 $t=T/D$。e 为超额存款准备金率，如果 E 表示超额存款准备金，则 $e=E/D$。

根据上述定义，可知：

$$M=D+C$$
$$C=K·D$$
$$T=t·D$$
$$E=e·D$$

则有：

$$M=D+K·D=D·(1+K)$$

$$B=C+R=K·D+r_d·D+r_t·T+e·D=D·(r_d+r_t·t+e+K)$$

得：

$$M=B·\frac{1+K}{r_d+r_t·t+e+K}$$

其中，$\dfrac{1+K}{r_{\mathrm{d}}+r_{\mathrm{t}}\cdot t+e+K}$ 就是货币乘数 m。它是由社会公众持有的现金与活期存款的比率 K、活期存款法定存款准备金率 r_{d}、定期存款法定存款准备金率 r_{t}、定期存款与活期存款的比率 t 及超额存款准备金率 e 共同决定的。

（二）决定基础货币的因素

基础货币包括商业银行的准备金和社会公众所持有的现金。在部分准备金制度下，商业银行的准备金是创造存款、供给货币的基础，它的增加和减少必然会引起货币供给量的成倍扩张和收缩。流通于银行体系之外，为社会公众持有的现金，实际上是一种潜在的准备金。一旦这些现金被存入银行，它就可以作为银行的准备金而成为创造存款货币的基础。在现代经济中，基础货币来源于货币当局的投放。所谓货币当局，一般指中央银行，有时还包括财政部。货币当局投放基础货币的主要渠道有三种：一是直接发行通货；二是变动黄金和外汇储备；三是实行货币政策。因此，一般认为，基础货币在一定程度上能为中央银行直接控制。

如果把商业银行的库存现金看作中央银行的存款准备金，则基础货币就是商业银行和非金融部门持有的中央银行负债凭证。所以，研究基础货币的决定机制，可以从中央银行的资产负债表入手。

中央银行的资产项目主要包括四个方面：对政府财政的贷款、对金融机构的贷款、金银外汇储备和其他资产。与此相对应的负债项目主要有：流通中的现金、金融机构存款、政府财政存款、外国存款、其他负债和资本项目等。其中，金融机构存款可以视为金融机构在中央银行的存款准备金。

1. 资产项目的变动及其对基础货币的影响

资产项目的变动通过以下途径对基础货币产生影响。

（1）资产项目的变动对政府财政贷款与基础货币的影响。

政府的财政收入主要来源于税收。当政府的财政收入不足以支付其支出时，政府便有可能要求中央银行向其发放贷款。中央银行向政府发放贷款对基础货币的影响可以从两方面进行分析。在分析期内，如果政府不支用中央银行贷款所形成的政府财政存款，则其对基础货币的变化并无影响；如果政府对这笔贷款所形成的政府存款加以支用，则会使对应的基础货币增加，从而使货币供给增加。

事实上，中央银行向政府发放贷款的原因是政府有财政赤字，而政府的财政赤字又远非中央银行所能影响的，中央银行在与政府的借贷关系中一般处于被动地位。因此，对于影响基础货币变化的这一因素，中央银行一般无法给予直接控制。

（2）资产项目的变动对金融机构的贷款与基础货币的决定。

一般地，中央银行对金融机构的贷款主要分为三个项目，即再贴现、贷款和购买承兑汇票。

再贴现的结果是中央银行按照当时的再贴现率扣除利息之后，将余额加记于商业银行在中央银行的存款准备金账户上，从而使商业银行所持有的中央银行负债增加。因此，中央银行对商业银行开展再贴现业务的同时，基础货币也在增加。

中央银行对金融机构的贷款主要是对商业银行的再贷款，它是指中央银行在与商业银行协商好贷款的数量、期限和价款等条件以后，直接在商业银行的存款准备金账户上加记一笔相应的货币，从而使商业银行持有的中央银行负债增加。因此，中央银行对商业银行开展再贷款业务的同时，基础货币的供给也在等量增加。

中央银行从商业银行手中购买承兑汇票之后，便直接在商业银行的存款准备金账户上加记一笔货币，从而使商业银行持有的中央银行负债增加，也就是使基础货币的供给等量增加。

2．非基础货币负债项目的变化与基础货币的决定

如果不考虑中央银行的其他负债和资本项目，那么影响基础货币决定的非基础货币负债项目主要是政府财政存款和外国存款两个项目。

在中央银行资产规模相对固定的条件下，政府财政存款的变化对基础货币供给的影响可以归纳为：政府财政存款的增加会使基础货币及货币供给量减少；反之，政府财政存款的减少会使基础货币和货币供给量相应增加。其原因在于，政府存款来自财政收入，而财政收入或来源于其他经济主体缴纳的税款，或来源于债券购买者所付款项，而这两种形式都是通过支票的签发进行的。中央银行在收到税款缴纳者和债券价款支付者开出的支票时，在财政金库存款账户上加记相应的金额。同时，中央银行又会将支票寄送给签发支票的商业银行，商业银行收到支票以后就会从开出支票的客户的存款账户上减记相应金额。结果是，一方面商业银行持有的中央银行负债减少，另一方面非金融部门所持有的商业银行的负债减少，即货币供给量减少。如果政府财政存款减少，则会出现与上述相反的结果。

作为货币当局，中央银行对上面提及的各个有关因素的控制能力根据各国制度的不同而有所差别。因此，对于大多数发展中国家而言，中央银行控制基础货币供给的手段主要是控制它对金融机构的贷款，其中，可直接控制贷款规模、再贴现率和再贷款利率。

由于在中央银行的资产和负债业务中各资产与负债项目的变化是相互制约的，中央银行只要能够有效控制影响基础货币变化的各因素中的一项，就能达到控制基础货币供给量的目的。因为中央银行在预测一些它不能直接控制的因素的变动趋势时，可以通过它能直接控制的手段去冲抵它不能直接控制的因素变化的影响效果。

除了前面所讲的三个因素外，一些其他因素也会影响到中央银行对基础货币的控制。例如，财政部在动用它在中央银行的存款来购买商品和劳务时，部分资金会转化为流通中的现金或银行存款，从而引起基础货币增加。由于这些因素的影响往往是暂时的，而且可以由中央银行通过公开市场业务进行抵销，它们对中央银行控制基础货币的能力不会产生太大的影响。

（三）货币乘数与货币供给量

货币乘数，即基础货币扩张或收缩的倍数，是货币供给量与基础货币之比。它表示 1 元基础货币变动所能引起的货币供应的变动，因此，它是反映基础货币与货币供给量之间关系的变量。

在基础货币一定的条件下，货币乘数决定了货币供给量。货币乘数越大，则货币供给量越多；货币乘数越小，则货币供给量越少。所以，货币乘数是决定货币供给量的又一个重要因素。

从存款货币乘数模型中，我们可以知道，货币乘数是受许多复杂的变量影响的。下面将逐一分析这些影响因素。

1．社会公众所持有的现金与活期存款的比率 K

社会公众所持有的现金与活期存款的比率主要取决于公众的资产选择行为。当流通中的现金存入银行时，可成倍地派生存款，扩大货币供给量。但如果存款人以现金形式从银行取款，则会成倍地减少存款货币量。因此，在基础货币一定的情况下，社会公众所持有的现金与活期存款的比率 K 反向作用于货币供给量。

决定 K 的主要因素有以下五个。

（1）公众的流动性偏好程度。现金是一种流动性最强的金融资产，人们持有现金的主要目的在于满足自己的流动性偏好。因此，在其他条件不变时，如果人们的流动性偏好增强，则 K 上升；反之，则 K 下降。

（2）其他金融资产的收益率。现金以外其他金融资产的收益是人们持有现金的机会成本。所以，其他金融资产收益率上升，则人们会减少现金持有量，从而使 K 下降。

（3）银行体系活期存款的增减变化。在公众持有的现金量不变时，如果银行体系的活期存款增加，则 K 下降；反之，则 K 上升。凡是影响银行体系活期存款的因素都会对 K 产生影响。

（4）收入或财富的变动。当收入增加使人们的流动性偏好增强时，K 将上升；而当收入增加使人们对高档消费品和生息资本的需求增强时，K 会下降。通常，这一因素的负向影响是主要的，而正向影响会被负向影响抵消。

（5）其他因素，包括信用发达程度、人们的心理预期以及季节性因素等。这些因素也会对 K 产生一定的影响，有时甚至会产生重大影响。

2．定期存款与活期存款的比率 t

定期存款与活期存款比率的变动主要取决于公众的资产选择行为。影响 t 的主要因素有三个。

（1）定期存款利率。定期存款利率决定着人们持有定期存款所能获得的收益。所以，在其他情况不变的条件下，如果定期存款利率上升，则 t 也上升；如果定期存款利率下降，则 t 也下降。

（2）其他金融资产的收益率。其他金融资产的收益是人们持有定期存款的机会成本。因此，如果其他金融资产的收益率上升，则 t 会下降；反之，如果其他金融资产的收益率下降，则 t 会上升。

（3）收入或财富的变动。收入或财富的增加往往会引起各种资产持有量的同时增加，但各种资产的增加幅度却未必相同。以定期存款和活期存款这两种资产而言，随着收入和财富的增加，定期存款的增加幅度一般要大于活期存款的增加幅度。所以，一般来说，收入或财富的变动会引起 t 的同方向变动。

3．超额存款准备金与活期存款的比率 e

e 的变动对货币供给量变动的反作用较强。它主要取决于商业银行的经营决策行为，商业银行留存的超额存款准备金越多，其贷款和投资规模越小，存款扩张的倍数也就越小，反之则越大。影响 e 的主要因素有以下三个。

（1）保有超额存款准备金机会成本的大小，即市场利率的高低。如果市场利率上升，则商业银行将减少超额存款准备金而相应地增加贷款或投资，以获得较多的收益，因此，e 就下降；反之，如果市场利率下降，则 e 就上升。

（2）借入资金的难易程度以及资金成本的高低。如果商业银行能够比较容易地从中央银行或其他地方借入资金，且资金成本较低，则商业银行就可以减少超额存款准备金，从而使 e 下降；反之，则使 e 上升。

（3）社会公众的资产偏好以及资产组合的调整。如果公众比较偏好现金，纷纷将存款转化为现金，即 K 上升，则商业银行的库存现金以及存在中央银行的准备金存款将减少。因此，为了防止清偿力不足，商业银行将增加超额存款准备金，从而使 e 上升。反之，如果公众比较偏好定期存款，纷纷将活期存款转化为定期存款，即 t 上升，则因为定期存款比较稳定，提现频率较低，故而商业银行可以减少其所持有的超额存款准备金，从而使 e 下降。由此可见，e 虽然主要取决于商业银行的经营决策行为，但商业银行的经营决策行为在一定程度上还要受到社会公众等其他经济主体行为的影响。

4. 活期存款准备金率 r_d 和定期存款准备金率 r_t

定期存款较活期存款稳定，因而，一般来说，定期存款的法定存款准备金率总是低于活期存款的法定存款准备金率。

存款准备金率的大小是由中央银行直接决定的，规定或调整法定存款准备金率是中央银行的货币政策手段。在其他条件不变的情况下，中央银行可以通过提高或降低法定存款准备金率而直接改变货币乘数，从而达到控制货币供给量的目的。当然，由于法定存款准备金率的变动将会给经济带来较大的冲击，不宜频繁地通过变动法定存款准备金率来控制货币供给量。另外，还应该看到，商业银行和公众的某些行为也将会在一定程度上抵消中央银行调整法定存款准备金率对货币乘数的影响。

从存款货币乘数模型中也可以直观而清楚地看出，法定存款准备金率的变动必然会引起货币乘数的反向变动。

综上所述，货币乘数是多个变量相互作用的结果。其中，K、t 取决于社会公众的行为，e 取决于商业银行的经营行为，r_d、r_t 取决于中央银行的法定存款准备金率政策。因此，货币供给量是由中央银行、商业银行以及社会公众这三个经济主体的行为共同决定的。

专栏 8-3　虚拟经济的虹吸效应

虹吸效应原本是一个物理学概念，在区域经济学中主要用于解释发达地区对周边欠发达地区的投资、生产要素以及主要资源的吸收作用。虹吸效应在虚拟经济部门同样适用，主要表现为，脱离实体经济的投资、生产、流通，不断转向虚拟经济的投资，形成了虚拟经济部门对实体经济部门资源的"虹吸"作用。随着虹吸效应的凸显，虚拟经济部门的货币需求量不断攀升，货币供给的流向逐步从实体经济部门转向虚拟经济部门。虚拟经济虹吸效应使通货膨胀对货币供给增加的敏感程度降低，使货币供给作用下的通货膨胀机制失效。

第四节　货币均衡

这里将货币供给与货币需求两方面放在一起，研究货币供给或货币需求的变化对宏观经济变量的影响。

一、货币均衡与失衡

这里提出的货币均衡与失衡概念，是用来说明货币供给与货币需求之间关系的。货币均衡条件为 $M_s = M_d$，货币失衡条件则是 $M_s \neq M_d$。当存在货币失衡时，可能是货币需求大于货币供给的情形，也可能是货币供给大于货币需求的情形。

如把价格水平因素考虑进来，则价格水平提高将导致名义收入水平提高，名义货币需求将相应增加。如果这时货币当局不相应调整名义货币供给，货币失衡的局面就会出现。从另一个角度分析，名义货币需求的增减变化如果只是由价格水平的波动引起的，则实际货币需求并不会因此改变。这时，如果名义货币供给量不变，当物价水平提高时，意味着实际货币供给量减少；物价水平下降时，则意味着实际货币供给量增大。

在市场经济条件下，货币均衡与失衡的实现过程离不开利率的作用。利率与公众和企业的货币需求之间呈负相关关系，而货币供给与利率变动呈正相关关系，如图 8-2 所示。

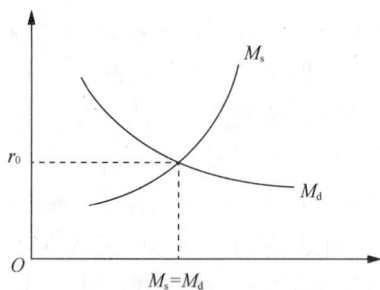

图 8-2　均衡利率下的货币供求

如果设想货币供给是外生变量，即货币供给完全是由货币当局决定的，而且货币当局并不根据货币需求的变化调节货币供给，那么货币供给就成了一条垂直于横轴的直线，如图 8-3 所示。此时，如果货币需求增大，利率会上升；若货币需求减少，利率则会下降。也就是说，货币需求只对利率产生影响，却不能通过利率机制影响货币供给。

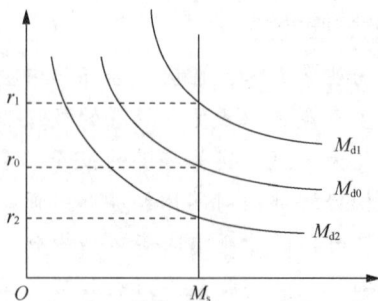

图 8-3　货币供给外生情况下的货币供求关系

比较这两种情况，在图 8-2 所示的情况中，利率的变动能够作为货币均衡或非均衡的指示器；在图 8-3 所示的情况中，利率的变动不仅能够作为货币均衡或非均衡的指示器，还能成为由货币失衡趋向均衡的自动调节杠杆。

（一）货币均衡

社会总供求均衡是指社会总供给与总需求的相互适应和平衡，它是宏观经济的最终目标。而要实现这一目标，就必须实现商品（劳务）市场和货币市场的同时均衡，货币的供求平衡又是商品（劳务）市场供求平衡的前提。货币供求与社会总供求的总体关系可用图 8-4 表示。

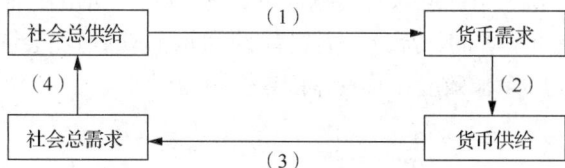

图 8-4　货币供求与社会总供求的总体关系

货币均衡的实现机制如下。

（1）社会总供给决定货币需求

货币的产生本身就是为了满足商品交换和流通的需要，社会各物质生产部门、服务部门所提供的商品和劳务都需要以货币来度量其价值，并通过与货币的交换来实现其价值。商品市场上的商品与劳务供给在客观上需要在流通领域里有相应数量的货币与之相对应。因此，社会总供给的数量和规模就决定着货币需求的数量和规模。

（2）货币需求决定货币供给

在纯粹信用本位制下，虽然中央银行具有决定货币供给量的能力，但货币供给不能脱离国民经济整体运行规模的要求。货币需求是一定时期内一国经济活动客观要求的货币量，中央银行在进行货币供给操作时投放的货币量应不超过客观经济增长所需的货币量。

（3）货币供给最终产生了社会总需求

社会总需求（Y_d）通常包括消费需求（C）、投资需求（I）、政府支出（G）和净出口需求（NX），即：

$$Y_d = C + I + G + NX$$

货币对投资需求的影响，一向是凯恩斯主义者重视的内容。凯恩斯在 1936 年出版的《就业、利息和货币通论》中就已揭示了以下的货币传导机制：

$$\frac{M}{P} \uparrow \rightarrow i \downarrow \rightarrow I \uparrow \rightarrow Y_d \uparrow$$

式中：M/P——实际货币余额；

　　　i——利率。

凯恩斯主义者后来又着重讨论了货币影响投资的其他途径，形成了信贷可得性效应、托宾 q 理论等。

信贷可得性效应的具体传导机制为：

$$\frac{M}{P}\uparrow \rightarrow A\uparrow \rightarrow I\uparrow \rightarrow Y_d\uparrow$$

式中：A——信贷可得性，即企业或个人通过信贷市场所获得的信贷量。

托宾 q 理论的具体传导机制为：

$$\frac{M}{P}\uparrow \rightarrow V\uparrow \rightarrow q\uparrow \rightarrow I\uparrow \rightarrow Y_d\uparrow$$

式中：V——企业的市场价值，即企业的股票总市值；

q——企业的市场价值与企业的资本重置成本之比。

货币供给的增加可从两个方面增加消费者的净财富。首先，在价格不变的前提下，名义货币供给（M）增加意味着实际货币余额（M/P）增加；而实际货币余额又是消费者实际净财富（W/P）的一部分，消费者实际净财富的增加会使消费支出增加。这也就是人们常说的实际余额效应，其具体传导机制为：

$$\frac{M}{P}\uparrow \rightarrow \frac{W}{P}\uparrow \rightarrow C\uparrow \rightarrow Y_d\uparrow$$

其次，货币供给还可以通过影响股票价格（P）、债券价格（P_b）等金融资产的价格来影响消费。其具体传导机制为：

$$\frac{M}{P}\uparrow \rightarrow P、\ P_b\uparrow \rightarrow \frac{W}{P}\uparrow \rightarrow C\uparrow \rightarrow Y_d\uparrow$$

同时，货币供给的增加还可以通过净出口的增加而使总需求增加。这一传导机制为：

$$\frac{M}{P}\uparrow \rightarrow i\downarrow \rightarrow E\uparrow \rightarrow NX\uparrow \rightarrow Y_d\uparrow$$

式中：E——直接标价法下本币的汇率。

这里考察了货币供给对社会总需求中除政府支出外三个重要组成部分的影响，但这还远不是货币供给影响社会总需求的全部途径。

（4）社会总供给与社会总需求之间达到平衡

社会总供给与社会总需求之间达到平衡是宏观经济稳定的表现，是一个经济社会的理想状态。

（二）货币失衡

货币供给量 M_s 等于货币需求量 M_d 时，表现为货币均衡，即：

$$M_s = M_d$$

或

$$M_s - M_d = 0$$

$M_s \neq M_d$ 表现为货币失衡。它可以是 $M_s > M_d$，也可以是 $M_s < M_d$。

市场经济条件下一切交易都要以货币为计价标准和交易媒介，一定时期内的货币总流量表示该时期的社会总需求，一定时期内的商品总流量表示该时期的社会总供给。商品总流量决定了对货币的需求，货币总流量决定了对商品的需求。因此，货币均衡是经济均衡的集中表现。$M_s \neq M_d$，则货币失衡，表示社会总供给与总需求不平衡，此时价格水平发生波动。

货币失衡、价格水平波动的原因可能来自商品流通方面，也可能来自货币流通方面。

先从商品流通方面看，假设前期 $M \cdot V = P \cdot T$，现货币流量 $M \cdot V$ 不变，商品流量的变化会使货币供给量显得过多或不足。$P \cdot T$ 的变化可能来自价格水平的变化，也可能来自商品实物数量的增减变化。一般来说，在正常情况下，商品实物的绝对量总是增长的，但商品总流量 $P \cdot T$ 的增长幅度可能大于或小于实物数量的增长幅度，这是因为价格水平的变化有其自身的影响因素。

在供求结构绝对均衡、不存在短缺资源、工资不具有任何刚性、长期生产同一类型产品、劳动生产率不断提高且没有效率递减的经济条件下，商品价格水平将随劳动生产率的提高、生产成本的降低而降低。但在实践中，这几个假设的前提条件很难同时出现。通过长期观察，许多情况下，往往是劳动生产率虽不断提高，但价格水平也不断上升。从供应方面看，就存在推动价格水平上升的因素，如果稳定货币供给量或只按生产增长率来确定货币供给量的增长率，或许不能满足经济需要，会使货币供给量小于货币需求量，出现货币失衡。

同时，在市场经济条件下，现实的商品供给与现实的社会需求总是平衡的，但就其潜力来说，它们之间的平衡是罕见的，不平衡则是经常的，供给的潜力往往大于或小于现实的需求。当货币流量已定，商品供给潜力大时，厂商为了争售商品，就会降低价格水平；反之，商品供给潜力不足以满足需求，商品价格就会提高。

再从货币流通角度看，货币流量取决于货币量和货币流通速度两个因素。在二级银行制度和纸币流通条件下，中央银行在很大程度上可以决定货币存量即货币供给量，货币供给量在很大程度上是一个政策变量。但中央银行不能决定货币流通速度，从而不能决定货币流量。传统货币理论把货币流通速度 V 或 K 看作稳定不变的，是常数；短期内商品实物数量的增长是稳定的，也可视作常数。因此，价格水平与货币供给量成正比。但近期统计资料表明，无论我国还是外国，货币流通速度都是一个变量，而不是稳定不变的。

各国中央银行都力求使货币供给量符合经济对货币的实际需求量，保持币值稳定和金融稳定，以促进经济增长。但是，即使在西方市场经济国家，货币供给量也不是完全由中央银行决定的，它除了取决于货币当局的政策意向外，还取决于商业银行资产运用的意愿以及居民金融资产选择的意愿。货币流通速度则是一个内生变量，货币当局无法左右。因此，货币当局要使货币供给量恰好等于实际货币需求量，既无货币超供给，又无货币负供给，是不易做到的。

商品流通和货币流通两方面都有可能形成货币不均衡，货币当局的任务就是适时制定货币政策，运用货币政策工具并与其他方面的政策配合，保持货币币值稳定和金融稳定，促进经济持续、稳定发展。

二、通货膨胀

当一国的货币供给量与国民经济发展对货币的需求量不一致时，就会出现货币失衡，以致引发通货膨胀或通货紧缩。无论是通货膨胀还是通货紧缩，对一国的经济与政治都会产生广泛的影响。正如美国著名经济学家弗里德曼（Friedman）所言："通货膨胀是一种顽疾，是一种危险的有时是致命的疾病。如果不及时医治，它可以毁掉一个社会。"因而，无论是经济

> 微课堂
>
> 通货膨胀

学家还是政策制定者，都对其予以高度的关注。

（一）通货膨胀的定义

美国经济学家布朗芬布伦纳（Bronfenbrenner）和霍尔兹曼（Holzmann）曾经将西方经济学家所说的通货膨胀予以归纳，将其分为三种通货膨胀定义：一是通货膨胀是需求普遍过度的现象，即"太多的货币追逐太少的货物"；二是通货膨胀是货币存量或货币收入的增长；三是通货膨胀是具有另外的特征或状态的物价水平上涨，主要表现为不完全被预见、没有增加就业和实际产量、不可逆、由货币方面的因素引起、成本上升将导致物价进一步上涨等。由此可见，通货膨胀总是与物价上涨、货币贬值紧密地联系在一起的，通货膨胀的结果必然是物价不断上涨，购买力不断下降。

综上所述，可以将通货膨胀定义为：一般物价水平以不同形式普遍而持续地显著上涨的过程。要准确理解通货膨胀的定义，应该把握以下四点。

（1）"一般物价水平"是指所有商品和劳务的（加权）平均价格水平，而不是局部商品的价格水平或个别商品的价格水平。任何部门性的、行业性的某一类商品或一种商品的价格水平上涨，都不能说是"一般物价水平"的上涨，故不能据此断言通货膨胀的发生。

（2）"普遍而持续的上涨过程"是指一般物价水平变动呈现出普遍而持续的上涨趋势与过程，即通货膨胀具有普遍性、持续性、长期性和不可扭转性的特点。因此，一次性、季节性、偶然性或临时性的物价上涨过程并非通货膨胀。

（3）"不同形式的"上涨过程是指一般物价水平上涨不论是公开形式的物价上涨，还是隐蔽形式的物价上涨，只要具有"一般物价水平普遍而持续的上涨过程"的基本特征，皆为通货膨胀。

（4）通货膨胀是一般物价水平的"显著上涨过程"。这就是说，并非一般物价水平所有的上涨过程都可以称为通货膨胀，只有当一般物价水平上涨幅度达到一定程度，才可以说出现了通货膨胀。至于一般物价水平上涨到何种程度才可以称为通货膨胀，主要取决于人们对通货膨胀危害性的认识与敏感性。最为保守的看法是，一般物价水平上涨幅度在 1%～3% 的，应视为物价稳定。

（二）通货膨胀的测度

既然通货膨胀是一般物价水平普遍而持续的显著上涨过程，那么如何测度一般物价水平就成为一个必须解决的实际问题。实践中大多采用以下四种物价指数。

1. 消费物价指数

消费物价指数（Consumer Price Index，CPI）是根据具有代表性的家庭消费的商品和劳务的价格变动状况编制而成的物价指数。消费物价指数的优点在于搜集资料比较容易，市场敏感性强，公布较为频繁（通常每月公布一次），因而能够比较及时地反映直接影响居民生活费用的物价变动趋势。但是，消费物价指数也存在一定的缺陷，主要表现为统计的范围窄，没有包含资本品、生产资料、公共部门的消费、进出口商品及劳务，因此不能准确而全面地反映消费物价水平以及一般物价水平。

2. 零售物价指数

零售物价指数（Retail Price Index，RPI）是根据具有代表性的零售商品的价格变动状况编制而成的物价指数。该指数的优点是资料易收集、公布频率高、可及时反映零售商品的物价趋势。但是，该指数没有包含资本品、生产资料和劳务，同样存在范围窄的缺点。

3．批发物价指数

批发物价指数（Wholesale Price Index，WPI）是根据制成品和原材料的批发价格编制而成的物价指数。这一指数的主要优点是对商业周期反应比较敏感，能够灵敏地反映厂商生产成本的变化状况。但是，由于该指数没有将各种劳务价格包含在内，批发物价指数的范围比消费物价指数的范围更加狭窄。

4．国民生产总值平减指数

国民生产总值平减指数（Implicit Price Gross National Product Deflator，GNP Deflator）是按照当年价格计算的国民生产总值对按照不变或固定价格计算的国民生产总值的比率。国民生产总值平减指数最为显著的优点是包括的范围广，除了包括私有部门的消费之外，还包括了生产资料和资本品、进出口商品与劳务以及公共部门的消费等，因此能够比较全面地反映一般物价水平的变动趋势。正因为这个指标包括的范围广以及技术性强，资料搜集难、编制难度大、公布不频繁，才难以及时地反映通货膨胀发生的程度及变动趋势。

（三）通货膨胀的类型

通货膨胀按照不同的分类标准，可以分为多种类型。

1．按程度来划分

按程度来划分，通货膨胀可分为爬行式、温和式和恶性通货膨胀。年物价上涨率低于 3%，并且在经济生活中没有形成通货膨胀预期的通货膨胀被称为爬行式通货膨胀。温和式通货膨胀是指物价总水平的上涨率比爬行式通货膨胀的高，但又不是很高，其具体的年物价上涨率没有一个统一的说法。恶性通货膨胀是指每月物价总水平上涨速度超过 50%，发展速度很快并呈加速趋势。

2．按市场机制的作用来划分

按市场机制的作用来划分，通货膨胀可分为公开型通货膨胀和隐蔽型通货膨胀。公开型通货膨胀是指在市场机制完善、价格具有充分弹性的市场经济条件下，过度需求通过价格的变动得以消除，价格总水平明显地、直接地上涨。隐蔽型通货膨胀是指一国在实行价格与工资管制的情况下，表面上货币工资没有下降，物价总水平也未上升，但居民实际消费水准却在下降的现象。

3．按预期来划分

按预期来划分，通货膨胀可分为预期性通货膨胀和非预期性通货膨胀。经济学家为了考察通货膨胀的效应，将通货膨胀分为预期性和非预期性两种。预期性通货膨胀是指通货膨胀过程被经济主体预料到了，且基于这种预期采取了各种补偿性行动而引发的物价上涨。非预期性通货膨胀是指未被经济主体预见到的，不知不觉中出现的物价上涨。一般认为，只有非预期性通货膨胀才有真实的通货膨胀效应，而预期性通货膨胀一般没有实际性的通货膨胀效应。

4. 按成因来划分

按成因来划分，通货膨胀可分为需求拉上型通货膨胀、成本推进型通货膨胀、供求混合推进型通货膨胀以及结构型通货膨胀。需求拉上型通货膨胀是指由于社会总需求的过度增长超过了社会总供给的增长，致使太多的货币去追求太少的商品和劳务而引起的一般物价水平的上涨。当社会消费与投资支出激增时，商品和劳务的有效供给因多种原因受到限制，或者未能随有效需求的增长而相应增长，这样就自然会引起物价上涨。

（四）通货膨胀的控制方法

西方经济学家依据他们各自信奉的通货膨胀理论提出了治理通货膨胀的各种政策主张。这些政策主张归纳起来，不外乎旨在抑制需求增加的紧缩性货币财政政策、抑制成本增加的收入政策、增加供给能力的供给政策、改善经济与生产结构的结构调整政策，以及防止通货膨胀国际传递的对外经济政策等。

1. 货币政策

治理通货膨胀的货币政策是指货币当局通过运用货币政策工具来影响社会总需求的各种紧缩性货币政策与措施的总称。对于货币当局来说，治理通货膨胀的货币政策工具主要有法定存款准备金政策、公开市场操作、再贴现政策等常规性货币政策工具以及窗口指导。

当经济出现总需求过度，进而造成需求拉上型通货膨胀时，货币当局通常通过两条途径来治理：一是减少货币供给量或减缓货币供给速度，抑制总需求；二是提高利率水平，抑制投资需求，刺激持续增长以抑制消费需求。

2. 财政政策

治理通货膨胀的财政政策是通过调节财政收支的结构和水平，达到治理通货膨胀目的的各种紧缩性财政政策与措施的总称。这是凯恩斯经济学的产物。凯恩斯学派认为，紧缩性货币政策主要用来影响信用成本和信用供给的可能性，紧缩性财政政策则主要用来直接影响收入水平。因此，紧缩性货币政策对总需求中的投资需求影响较大，财政政策对总需求中的消费需求和政府支出影响较大。财政政策主要是通过以下三种方式来治理通货膨胀的。

一是提高税率，增加税收。为了抑制通货膨胀，政府可以提高所得税、增值税、进口关税等税种的税率，减少企业与个人的收入，以此抑制消费需求和投资需求。同时，税收增加还可以减少政府的财政赤字，缩减政府货币的财政发行量，有利于缓解供求矛盾，减轻通货膨胀压力。

二是缩减政府支出。一方面，缩减政府支出本身就是减少社会总需求；另一方面，缩减政府支出可以降低政府的财政赤字，因此可以缓解通货膨胀的压力，消除通货膨胀隐患。

三是减少非生产性的财政支出与转移。尽管西方经济学家承认，财政赤字极易造成通货膨胀，但是他们认为，政府开支与可能的通货膨胀之间更多的联系是基于财政支出的非生产性特性，因而主张削减非生产性的财政支出与转移。

3. 收入政策

收入政策是为抑制或治理成本推进型通货膨胀而对物价与工资实行冻结或管制

的政策与措施的总称，这样不仅可以达到治理通货膨胀的目的，也不会导致失业率的上升。成本推进型通货膨胀主要是供给方面的成本提高所致，尤其是货币工资的提高所形成的工资与物价螺旋式上升。目前，治理成本推进型通货膨胀的收入政策主要包括工资-物价指导线、工资-物价管制、以税收为基础的收入政策和收入指数化政策等。

工资-物价指导线（Wage-Price Guideline），是指政府根据劳动生产率增长的长期发展趋势而确定的工资与物价的增长标准，要求将工资与物价的增长率控制在劳动生产率的平均值幅度之内。工资-物价指导线原则上不要求对基层谈判机构（工会与厂商）进行任何直接干预，而只是通过政府部门权威性地"说服"，使其工资与物价的增长幅度保持在指导线之内。正是由于指导线政策不具有法律上的强制性，该政策的效果并不是十分理想。

工资-物价管制（Wage-Price Control），是指政府运用法律与行政手段对工资与物价水平实行强制性管制，硬性规定工资与物价的上涨幅度，或暂时冻结工资与物价的上涨。但是工资-物价管制政策也遭受了一些经济学家的强烈反对。反对者认为：第一，工资-物价管制实际上是抹除了市场供求规律和价值规律的作用，因而妨碍了工资-物价信号机制作用的发挥，结果使得各种资源难以得到合理的配置与利用。第二，工资-物价管制造成经济上的无效性和不公平。由于工资-物价管制需要建立庞大的管理机构，这可能会导致政府的非生产性支出增加。第三，工资-物价管制将会使经济体系畸变，从而出现黑市交易猖獗、产品供给严重不足等现象。

以税收为基础的收入政策（The Tax-based Income Policies）是指政府将税收作为限制工资与物价水平上涨的奖励和惩罚的手段。具体而言，如果货币工资水平的增长幅度在政府允许的范围之内，则可以减少公司及个人的所得税，以此作为奖励；反之，如果货币工资水平的增长幅度超过了政府的允许范围，作为惩罚，则要增加公司及个人的所得税。

专栏 8-4　什么是"收入指数化"

收入指数化（Income Indexing）又称"收缩条款"（Escalator Clause）或"货币补值"（Monetary Correction），是指将货币工资、政府债券收益和其他收入与生活费用指数（如 CPI）相联系，一律采用指数化收入，使各种收入能够随着物价水平的变动而做出相应调整。收入指数化不仅可以抵消物价水平波动对收入的影响，还具有消除通货膨胀所引发的不公平收入再分配、抑制政府实施通货膨胀的动机等功效。但是，收入指数化的编制和调整都具有时滞性，使收入调整总是落后于物价指数的变动；指数的贬值本身难以预测，因此，根据指数调整的收入水平是根本做不到真正公平的。

---

4. 供给政策

供给政策是以阿瑟·拉弗（Arthur Leffer）为代表的供给学派提出的一种用于反通货膨胀的长期政策措施。供给学派认为，过去的反通货膨胀政策过于注重需求方面的因素，而忽视了供给方面的因素，即忽视了运用刺激劳动生产率的方法来同时解决通货膨胀和失业问题，故而主张通过减税和削减政府的社会福利支出等政策措施来刺激投资与就业，克服供给不足所造成的通货膨胀。

供给学派认为，美国 20 世纪 70 年代产生"滞胀"现象的根本原因是政府忽视供给而长期推行凯恩斯主义的扩张性货币财政政策，人为地膨胀社会需求。供给学派分析指出：首先，通货膨胀将使名义收入增加，从而导致人们的纳税等级上升和纳税数额增加，进而导致货币工资收入者的实际收入和储蓄能力的下降；其次，通货膨胀将导致名义利率提高，由此使投资减少；最后，通货膨胀将导致工资收入者要求提高货币工资，从而造成工资-物价螺旋式上升。故供给学派认为，凯恩斯主义政策的实施与政府的干预，在人为扩大需求的同时破坏了市场机制，大大降低了个人和企业的积极性，使得储蓄率和投资率下降，进而导致劳动生产率下降，供给不足、失业增加、物价上涨的现象产生。

供给学派由此认为，解决"滞胀"问题的根本性办法是依靠市场机制，强化个人刺激，以此提高劳动生产率和增加供给。在供给学派看来，减税是提高劳动生产率与增加供给的最核心、最基本的政策。供给学派分析，降低所得税税率不仅可以促使个人和企业增加储蓄和投资，还可以促使人们减少休闲，增加劳动供给。伴随着人们收入和劳动供给的增加，储蓄率和投资率必然上升，供给必然随之增加。劳动生产率的提高与供给的增加，不仅可以满足过剩的需求，克服通货膨胀，还可以避免单纯依靠紧缩性总需求而引起衰退的负面效应。此外，供给学派指出，根据拉弗曲线，减税可以增加政府收入，因此在减税的同时，政府要实行削减开支和紧缩货币供给的政策。因为伴随着政府支出的削减，政府的财政赤字必将减少或消除。拉弗也曾指出："税率降低不是通货膨胀性的，因为税率降低所增加的供给可以使政府实际收入增加而不是减少。因此，减税可降低政府赤字，而这就帮助解决了通货膨胀。"

另外，供给学派指出，减少社会福利支出是促进供给增加的另一重要举措。供给学派认为，政府庞大的社会福利支出，不仅没有使穷人摆脱穷困，反而会使失业人数增加，不利于劳动力的供给。因为伴随着社会福利支出的增加和高额的所得税的存在，失业成本会下降，人们积极谋求就业的积极性会降低，自愿失业人数随之增加。因此，供给学派主张，政府应削减通货膨胀时期的社会福利支出，实行改善劳动市场结构的人力资本政策（如失业者的再就业技能培训、疏通劳动力市场信息、增强劳动力流动性、优先发展劳动密集型和技术要求相对较低的部门、拓展公益事业的就业机会等政策），提高就业能力，增加劳动力供给，降低失业率。

5. 其他政策

（1）结构调整政策

结构调整政策是针对结构型通货膨胀而提出的对策措施，其目的是通过货币财政政策使得各经济部门保持适宜的比例结构，缓和因结构性不平衡而引发的物价上涨。

就财政政策而言，主要有税收政策和公共支出政策。税收政策主要是通过税率结构和税基结构的调整，对国家鼓励的行业或部门实施优惠税收政策，而对国家产业政策非鼓励的行业或部门实施提高税率或扩大税基的政策，抑制其投资需求。公共支出政策是在支出总量不变的前提下，通过财政支出结构的调整，缩减非生产性财政支出，增加生产性公共支出，以增加就业。

就货币政策而言，主要包括利率政策和信贷结构政策。其目的是通过货币政策调整结构，使资金流向生产性行业或部门，在遏制消费需求的同时，提高供给能力，缓解物价上涨的压力。

（2）浮动汇率政策

一般而言，当存在通货膨胀国际传递时，仅仅依靠国内的货币财政政策难以达到控制通货膨胀的目标。一种有效防止通货膨胀国际间传递的措施是实行浮动汇率政策。在浮动汇率政策下，汇率的自由升降代替了固定汇率下的国际储备的调整，由此提高了国内货币政策的独立性和有效性，从而形成了调节外部均衡的自发调节机制。当国外实行扩张性货币政策而引发通货膨胀率上升时，可以通过汇率的自由下降而有效地隔绝通货膨胀的传递，阻止国外通货膨胀的输入。

三、通货紧缩

与通货膨胀一样，迄今为止，通货紧缩还没有一个被普遍接受的定义。美国经济学家斯蒂格利茨在其《经济学》一书中认为，通货紧缩表示价格水平的稳定下降。美国学者 D. 格林沃尔德在其主编的《现代经济词典》中指出，通货紧缩是货币和信贷供应紧缩同时发生时的一般物价水平的下降。萨缪尔森和诺德豪斯在其《经济学》第 16 版中认为，通货紧缩是指物价总水平的持续下跌。货币主义代表人物 D. 莱德勒在《新帕尔格雷夫财政金融辞典》中对通货紧缩下的定义是：通货紧缩是一种价格下降和货币升值的过程，它是和通货膨胀相对的。托宾在《经济学百科全书》中对通货紧缩的解释是：通货紧缩也是一种货币现象，它是指每单位货币的商品价值和商品成本的上升。

尽管通货紧缩还没有一个被普遍接受的定义，不同学者和经济学家对其有着不同的解释，但我们可以大概将其总结为：通货紧缩是商品与劳务的货币价格总水平持续下跌、本币不断升值的过程。通货紧缩是一种与通货膨胀相对应的货币现象。因此，衡量通货膨胀的指数同样适用于通货紧缩。

（一）通货紧缩的基本特征

通货紧缩的定义只是一个描述性的定义，因而需要对通货紧缩的特征有较深入的理解。一般而言，通货紧缩具有以下四个基本特征。

1. 商品和劳务价格的持续下跌

通货紧缩以商品和劳务的价格为考察对象。也就是说，通货紧缩的研究范围是实体经济。通货紧缩的后果是"价格总水平的下跌"，或者说是"一般价格水平的下跌"，而不是局部的个别商品和劳务价格的下跌。通货紧缩过程中，价格的下跌是"持续的下跌"，而不是商品或劳务价格偶然的或暂时的下跌，但持续的时间长短则说法不一。

2. 货币供给量的相对下降

作为一种货币现象，通货紧缩不论其形成原因如何，传导机制怎样，最终可归结为货币供给量在某种程度上的下降。这里所说的货币供给量下降指的是货币供给量的相对下降，而非绝对下降，即货币供给量的增长率赶不上经济增长率。并且通货紧缩过程中表现出的货币供给量下降是一个持续的过程，即一个较长时期内（半年以上）货币供给量相对下降的过程，而不是某一时点或静态意义上的货币供给量下降。

3. 货币流通速度趋缓

货币流通速度趋缓在一定程度上抵消了货币供给增加的数量，而货币流通速度的加快则在一定程度上弥补了流通中货币数量的不足。因此，在货币流通速度与货币供给量之间存在着一定程度的相互替代关系。当经济出现通货紧缩时，货币流通速度会出现趋缓的现象，从而导致恶性螺旋效应链产生，即：通货紧缩→货币流通速度下降→通货紧缩加剧→货币流通速度进一步下降。

4．经济增长乏力

通货紧缩对国民经济的直接影响结果是国民收入增幅下降，经济增长乏力，具体表现为生产下降、市场萎缩、企业利润率降低、生产性投资减少、失业增加、收入水平下降等。严重的通货紧缩则会导致经济衰退。

（二）通货紧缩的主要类型

通货紧缩的主要类型一般根据其形成的原因来划分，产生通货紧缩的原因归纳起来不外乎是需求不足或供给过剩。因此，通货紧缩一般分为需求不足型通货紧缩、供给过剩型通货紧缩以及混合型通货紧缩。

1．需求不足型通货紧缩

有效需求不足，正常的供给相对过剩，由此引发的通货紧缩就是需求不足型通货紧缩。总需求（Y_d）的计算公式一般为 $Y_d=C+I+G+X-M$。其中，C 为消费需求，I 为投资需求，G 为政府支出，$X-M$ 为净出口。社会总需求各组成部分的大幅度减少都有可能造成通货紧缩。

当人们预期收入增长率下降、支出增加和对未来经济形势不看好时，都会导致边际消费倾向减弱，从而造成消费需求不足。实际利率上升以及预期边际资本收益率下降都可能会造成投资需求不足。如果政府支出减少的部分能被居民消费需求、私人投资需求或出口增加弥补，就不会出现有效需求的下降；若其他需求不变，就有可能因政府支出减少而造成有效需求下降，严重时甚至会引发通货紧缩。出口需求是一国总需求的重要组成部分，出口的减少将直接导致本国产品需求的减少，从而使国内的需求总量下降。

2．供给过剩型通货紧缩

无论是绝对的供给过剩还是相对的供给过剩，其必然结果都是产品面临市场需求不足。只要市场是竞争性市场，产品的价格就会下降，有些企业就会被迫减产或裁员。这会导致企业投资和居民消费减少，反过来又加剧了市场需求不足，加大了物价下跌的动力。当大多数产业部门都出现了生产能力过剩时，一般物价水平就会下降，从而会导致通货紧缩。

3．混合型通货紧缩

混合型通货紧缩是指引发通货紧缩的原因既有需求不足的原因，又有供给过剩的原因。这两种原因共同作用，导致商品与劳务价格总水平的持续下跌。

（三）通货紧缩的典型理论

几种通货紧缩理论的形成都与 1929—1933 年的世界经济大萧条密切相关。

1．凯恩斯的通货紧缩理论

凯恩斯在 1936 年出版的《就业、利息和货币通论》一书中仅有一处直接提到了通货紧缩，更多的地方是使用"就业不足"和"有效需求不足"。由于发生有效需求不足时物价往往是下降的，后人将实际有效需求与充分就业时有效需求之间的差额称为通货紧缩缺口（见图 8-5）。

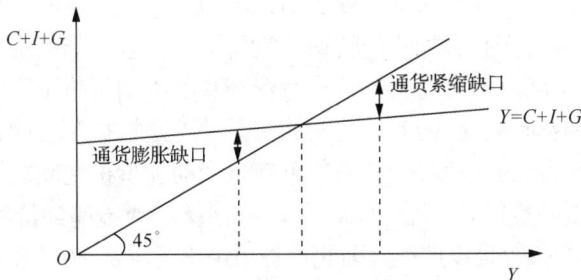

图 8-5 通货紧缩缺口

在封闭的经济条件下，有效需求包括消费（C）、投资（I）和政府支出（G）三部分。有效需求决定了社会产出水平。凯恩斯认为由于消费较为稳定，经济波动主要源于企业投资的不稳定，而投资需求取决于企业的利润预期。当经济处于衰退期时，企业投资低迷，企业家的利润预期非常低，以致任何正利率都显得太高。凯恩斯认为采用放松银根、降低利率的货币政策来抑制衰退效果不会明显，而只能通过增加政府支出来增加有效需求。

2. 奥地利学派的通货紧缩理论

奥地利学派认为，通货紧缩并不是独立形成的，而是由促成经济萧条的生产结构失调引起的。该学派运用瑞典经济学家魏克塞尔关于自然利率和货币利率的差异进行分析。自然利率是指经济体系保持均衡时的利率，货币利率则是在银行政策和其他货币因素影响下的市场利率。银行体系所派生的信用的增加将会使市场利率下降，从而会使其低于自然利率。这就会误导企业家，使其重新配置资源，即从消费品生产转向投资品生产。当消费品供给相对于需求发生短缺时，消费品的价格相对于投资品的价格就会上涨。为了使经济体系重新向均衡状态调整，这时有必要提高利率，而这又会使那些在低市场利率条件下有利可图的投资项目变得无利可图。同时，随着银行信用的扩张，资金流向投资品，而过度投资又使得投资品的预期收益不能实现，银行体系为防范自身风险而被迫收缩信贷，从而导致通货紧缩的发生。奥地利学派的代表人物哈耶克认为，通货紧缩就是过度繁荣的必然后果，抑制通货紧缩的最佳行动就是防止繁荣的过度发展。

3. 费雪的"债务—通货紧缩"理论

费雪认为，新发明、新产业的出现或新资源的开发等导致利润前景被看好，企业因此会过度投资，从而过度借债。债权人一旦注意到这种过度借债的危险，就会趋于债务清算，从而就会形成一个因果链：债务清算→厂商销售经营困难→存款货币收缩→价格水平下降→利润下降→产出和就业减少。

费雪用这一因果链解释了过度负债与通货紧缩之间的相互作用机理。过度负债导致通货紧缩，而通货紧缩反过来又增加了债务。当通货紧缩发生时，尚未偿付债务的实际价值增加，从而导致"人们减轻其债务负担的努力反而增加了债务负担，因为人们蜂拥而上清偿债务的整体效益提升了所欠的每一元钱的价值"。这种悖论正是大多数经济萧条发生的主要内因，"债务人偿债越多，他们就欠得越多"。

4．货币主义的通货紧缩理论

货币主义学派的代表人物弗里德曼认为：当通货紧缩发生时，货币的边际收益增加，人们就会将金融资产和实物资产转换成货币资产，直到新的资产组合使得各资产的边际收益率相等。而这就可能会导致金融资产和实物的价格下降。同时，弗里德曼还指出货币存量的变动与价格的变动之间的关系并不是机械不变的，产量的变动以及公众希望持有的货币量的变动都会造成货币存量变动和价格变动之间的不一致。这种不一致不仅体现在幅度上，而且体现在从货币存量变动传递到价格水平变动的时滞性，并且这种时滞的长短难以把握。因此，货币主义学派认为，"相机抉择"的货币政策不仅无助于经济的稳定，而且可能加剧经济的波动。因此，为了避免出现大规模的通货紧缩，需要实行"单一规则"的货币政策，即把货币供给量的增长率维持在一个固定的适当水平上。

（四）通货紧缩的治理

通货紧缩和通货膨胀一样，需要采取有效的政策措施进行治理，削弱其对经济社会的影响。经济出现通货紧缩时，各国采取的对策主要是实行积极的货币政策以及积极的财政政策。积极的货币政策要求中央银行及时对货币政策进行调整，适时增加货币的供应量，降低实际利率水平，促使金融机构增加有效贷款投放量，增加货币供给。积极的财政政策要求扩大财政支出、优化财政支出的结构，财政支出能够最大限度地带动企业和私人部门的投资，增加社会总需求；同时进行结构性调整，对于由某些行业的产品或某个层次的商品生产的绝对过剩引发的通货紧缩，一般采用结构性调整手段，即减少过剩部门或行业的产量，鼓励新兴部门或行业发展。也可以将外部需求引入国内市场，来消化相对过剩的供给能力。

章后习题

一、单项选择

1．货币供应量与给定基础货币之比称为（　　　）。
   A．货币乘数　　　　　　　　　　　B．法定存款准备金率
   C．存款比率　　　　　　　　　　　D．贴现率
2．在影响基础货币增减变动的因素中，（　　　）的影响最主要。
   A．国外净资产　　　　　　　　　　B．中央银行对政府的债权
   C．固定资产的增减变化　　　　　　D．中央银行对商业银行的债权
3．商业银行派生存款的能力（　　　）。
   A．与原始存款成正比，与法定存款准备金率成正比
   B．与原始存款成正比，与法定存款准备金率成反比
   C．与原始存款成反比，与法定存款准备金率成反比
   D．与原始存款成反比，与法定存款准备金率成正比

4. 存款准备金率越高，则货币乘数（　　）。

    A. 越大　　　　　　B. 越小　　　　　　C. 不相关　　　　　D. 不一定

5. 在基础货币一定的条件下，货币乘数越大，则货币供应量（　　）。

    A. 越多　　　　　　B. 越少　　　　　　C. 不变　　　　　　D. 不一定

6. 下列不属于 M1 的是（　　）。

    A. 通货　　　　　　　　　　　　B. 企业活期存款

    C. 个人活期储蓄存款　　　　　　D. 大额可转让定期存单

7. 通货膨胀可能使（　　）从中获益。

    A. 债权人　　　　　　　　　　　B. 债务人

    C. 货币财富持有者　　　　　　　D. 固定收入人群

8. 由企业的垄断地位而产生的通货膨胀一般被称为（　　）。

    A. 需求拉动型通货膨胀　　　　　B. 体制型通货膨胀

    C. 成本推动型通货膨胀　　　　　D. 结构型通货膨胀

9. 根据凯恩斯流动性偏好理论，当预期利率上升时，人们就会（　　）。

    A. 抛售债券而持有货币　　　　　B. 抛出货币而持有债券

    C. 只持有货币　　　　　　　　　D. 只持有债券

10. 下列选项中，（　　）不属于弗里德曼的货币需求理论。

    A. 利率是货币需求的重要决定因素

    B. 货币口径扩大到各类银行存款，且大部分是有收益的

    C. 需求函数中的收入是指"永久性收入"

    D. 作为货币替代物的资产不止一种，重要的利率也不止一种

11. 货币供给层次一般按（　　）来划分。

    A. 流动性　　　　B. 安全性　　　　C. 效益性　　　　D. 周期性

12. 我国的货币供给层次中，M0 是指（　　）。

    A. 流通中的现金　B. 狭义货币量　　C. 广义货币量　　D. 准货币

二、多项选择

1. 凯恩斯认为，人们持有货币的动机有（　　）。

    A. 交易动机　　　B. 预防动机　　　C. 支付动机　　　D. 投机动机

2. 弗里德曼认为，决定货币需求的因素有（　　）。

    A. 恒久收入　　　　　　　　　　B. 财富结构

    C. 金融资产的预期收益率　　　　D. 预期物价变动率

    E. 其他随机变量

3. 关于费雪方程式和剑桥方程式，下列说法中正确的有（　　）。

    A. 费雪方程式与剑桥方程式在公式表示上完全一致

    B. 费雪方程式对货币需求研究的出发点是宏观角度，剑桥方程式则是微观角度

    C. 费雪认为，人们持有货币的目的就是交易，在选择希望持有的货币数量方面没有多少自由

    D. 剑桥方程式把货币需求的动机分为两个，一是交易媒介，二是价值贮藏，它考虑到了影响货币需求的更多因素

4. 我国的 M1 由（　　）构成。

    A. M0
               B. 企业单位定期存款

    C. 城乡储蓄存款
       D. 活期存款

5. 基础货币包括（　　）。

    A. 流通中的通货
       B. 存款货币

    C. 商业银行的存款准备金
   D. 原始存款

6. 货币供给量的大小最终由（　　）共同决定。

    A. 商业银行体系   B. 中央银行   C. 个人   D. 企业

三、案例分析

津巴布韦历史上的恶性通货膨胀

20 世纪 80 年代，被称为非洲的"菜篮子"和"米袋子"的津巴布韦是非洲最富裕的国家之一。到了 2008 年，继该年 1 月津巴布韦中央银行发行最大面值为 1 000 万津元后，又发行了当今世界上面额最大的 2.5 亿津元纸币，可仍旧有人提议要发行更高面值的纸币。在津巴布韦，人们对货币的使用早已不是论"张"，而是论"堆"或用秤来"称量"。如果在津巴布韦乘坐出租车，即使全用 5 万面额的纸币付费，数钞票付给司机所要花费的时间也差不多与路途全程所用时间相当，其 2008 年通货膨胀率高达百分之二百二十万。每一个到津巴布韦旅行的游客，都会摇身一变成为百万富翁。

思考与讨论：

结合上述情况，分析津巴布韦通货膨胀的起因以及通货膨胀对国民经济的影响。

第九章　外汇与国际收支

章前引例

从基本面上来看，2023 年我国国际收支平衡尚处于筑底回升阶段，对市场情绪难以完全对冲，但国际收支相对困难时期已过去。短期市场对非美国家降息速度快于美联储的预期发酵，成为了人民币汇率波动的导火索。国际收支作为汇率波动的基本面，其变化趋势决定中长期人民币汇率的方向。从 2023 年的数据来看，国际收支驱动的均为中长期因素，一是出境游的恢复，二是外商直接投资（Foreign Direct Investment，FDI）流入趋势放缓。

从 2023 全年来看，国际收支虽然保持顺差，但顺差规模明显收窄，其中储备资产仅增加 156 亿美元，低于 2021 年（1 000 亿美元）和 2022 年（1 882 亿美元），年内呈现探底后再复苏的"V 型"走势，拖累主要源于国际旅行的恢复，以及 FDI 差额的收窄。储备资产增长放缓，一方面源于经常账户顺差收窄，较 2022 年少流入 1 377 亿美元，其中更多归因于居民出境恢复的影响，服务贸易逆差扩大了 1 371 亿美元。另外则是 FDI 差额的收窄，从 2022 年流入 304.7 亿美元变为流出 1 525 亿美元。对冲上述流出的主要来源于监管的加强，净误差与遗漏项目 2023 全年初步数为-200 亿美元，较 2022 年少流出 706 亿美元，为 2012 年以来最低水平。

思考与讨论：

从基本面来看，2023 年人民币汇率呈现波动的原因是什么？汇率对国际贸易和国民经济有哪些影响？又有哪些因素会决定和影响汇率呢？

学习目标

掌握外汇和汇率的含义；
理解汇率的标价方法；
理解国际收支及平衡表；
掌握国际货币体系的演变过程；
掌握现行国际货币体系的基本内容。

价值目标

通过本章的学习，培养对国际经济关系的全球意识，认识到货币制度的建立和崩溃不仅仅是一个国家的事务，而是关系到全球经济的重大事件。

从历史中汲取智慧，了解国际经济体系的发展轨迹，培养对未来全球经济走势的思考能力。

第一节　外汇与汇率

一、外汇的含义

外汇的含义有动态含义和静态含义之分。

（一）外汇的动态含义

动态意义上的外汇，是指人们将一种货币兑换成另一种货币，清偿国际债权债务关系的行为。这种意义上的外汇等同于国际汇兑，即通过银行将一种货币兑换成另一种货币，以汇款或托收等方式，借助于国际信用工具的划拨转付，对国际债权债务关系进行非现金结算的专门性经营活动。

（二）外汇的静态含义

静态意义上的外汇有狭义和广义之分。狭义的外汇是指以货币表示的可用于国际结算的支付手段，仅指外币票据和外汇存款，其中外汇存款是主体。狭义的外汇主要用于银行的外汇业务。广义的外汇是指以外币表示的可用作国际清偿的支付手段和资产。它包括：外国货币，包括纸币、铸币；外币支付凭证，包括票据、银行存款凭证、邮政储蓄凭证等；外币有价证券，包括政府债券、公司债券、股票等；特别提款权、欧洲货币单位；其他外汇资产。广义的外汇概念适用于国家的外汇管理，我国以及其他各国的外汇管理法令中一般沿用这一概念。

（三）外汇的主要特征

外汇具有以下特征。

1．普遍接受性

外汇是以外国货币表示的国际债权。作为一种国际资产或国际债权的外汇，对其持有者来说是以外国货币表示的支付手段。外汇必须是在国际上被普遍认可和接受的资产，本国货币或以本国货币表示的支付手段一般只能代表对本国的债权，而不能算是外汇。

2．可偿性

外汇债权应该保证能够得到货币发行国的偿付，如果某种外币或以外币表示的债权在国外得不到偿付，则不能被称为外汇。例如，某人持有某外国政府的公债券，由于该国发生军事政变，该公债券被止付，则该债券就不再是外汇。又如空头外汇支票因不能保证持有者能够得到偿付，就不算是外汇。

3．国际兑换性

外汇作为国际支付手段，代表着其持有者的国际资产或国际债权，外汇应能为世界各国所普遍接受。因此，外汇应当是可以自由兑换成其他国际货币或资产的国际支付手段。

二、外汇的种类

根据不同的标准，外汇可以分为不同的类别。

（一）根据外汇能否自由兑换划分

根据外汇能否自由兑换，外汇分为自由兑换外汇、有限自由兑换外汇和记账外汇。

（1）自由兑换外汇。自由兑换外汇又称自由外汇，是指不需要经过货币发行国货币当局批准，即可自由兑换成其他国家的货币或向第三国办理支付的外币支付手段和资产。

（2）有限自由兑换外汇。有限自由兑换外汇是指未经货币发行国批准不能自由兑换成其他货币对第三国进行支付的外汇。

（3）记账外汇。记账外汇是指记载在两国特定银行账户上，不能兑换成其他货币，也不能向第三国进行支付的外汇。它只能用于冲销两国间的债权债务。

（二）根据外汇的来源和用途划分

根据外汇的来源和用途，外汇分为贸易外汇和非贸易外汇。

（1）贸易外汇。贸易外汇是一国对外贸易中商品进出口及其从属费用所收付的外汇，如商品出口收入外汇、进口支出外汇以及由此引起的运输费、保险费、样品费、宣传广告费等外汇费用。

（2）非贸易外汇。非贸易外汇是指商品进出口以外收付的外汇，如侨汇、旅游、宾馆、航运、海关、银行、保险、对外承包工程等收入和支出的外汇。

此外，外汇还有多种分类，主要有即期外汇与远期外汇、居民外汇与非居民外汇、单位外汇与个人外汇等。

三、汇率及其标价方法

汇率是货币对外价值的表现形式。

（一）汇率的概念

汇率是指一国货币兑换成另一国货币的比率。对一国而言，汇率即本币和外币之间的兑换比率。在外汇市场上，汇率常常被称为汇价、外汇牌价或外汇行市。

从不同的角度，按照不同的原则，可以对汇率进行不同的分类。下面介绍几种经常使用的汇率分类方法。

1. 按照银行买卖外汇的价格不同划分

按照银行买卖外汇的价格不同，汇率分为买入汇率、卖出汇率、中间汇率和现钞汇率。

买入汇率又称买入价，是银行购买外汇时所使用的汇率；卖出汇率又称卖出价，是银行卖出外汇时所使用的汇率。

在外汇市场上，银行通常采用双向报价法，即同时报出买入汇率和卖出汇率。在区分买入汇率和卖出汇率时应注意，买入或卖出是从报价银行的角度而不是客户或询价银行的角度而言的，且银行报价总是遵循"低价买进，高价卖出"的原则。在采用直接标价法时，将外币折算为本币后数字较小的那个汇率是买入价，将外币折算为本币后数字较大的那个汇率是卖出价，也就是"低买高卖"。采用间接标价法时，将本币折算为外币后数字较大的那个汇率是买入价，将本币折算为外币后数字较小的那个汇率是卖出价，也就是"高买低卖"。

买入汇率与卖出汇率的简单平均数为中间汇率，又称中间价。中间汇率通常用于对汇率的报道、分析和预测，供比较、参考之用。

现钞汇率又称现钞价，它是银行在买卖外汇现钞时使用的汇率，可分为现钞买入价和现钞卖出价。现钞卖出价一般等同于外汇的卖出价，但现钞买入价则低于外汇的买入价。这是因为外币现钞不能在其发行国以外流通，银行买进外币现钞后需将其运送到各发行机构才能充当支付手段，这就牵涉到运送外币现钞产生的运费、保险费、保管费、包装费等费用支出和利息损失；且外钞的供求者主要是观光旅游者，供求关系很不稳定，每笔交易的金额小、成本高。

2．按照外汇买卖交割的期限不同划分

按照外汇买卖交割的期限不同，汇率分为即期汇率和远期汇率。

即期汇率是指买卖双方成交后在两个营业日内进行资金交割时所使用的汇率。

远期汇率是指买卖双方约定在将来的某日进行交割，事先签订有关合同并已达成协议的汇率。

远期汇率是在即期汇率的基础上加减形成的。若某种外汇的远期汇率高于即期汇率，则该种外汇的远期汇率为升水，反之为贴水。直接标价法下的远期汇率等于即期汇率加上升水（或减去贴水），间接标价法下的远期汇率等于即期汇率减去升水（或加上贴水）。

3．按照制定汇率是否通过第三方货币套算划分

按照制定汇率是否通过第三方货币套算，汇率分为基本汇率和套算汇率。

基本汇率是指将某种国际上通用的货币（通常指美元）作为基准货币，公布本币与这种基准货币之间的汇率。它是套算本币对其他外币汇率的基础。

套算汇率又称交叉汇率，是指根据两种货币的基本汇率来套算这两种货币之间的汇率，条件是这两种货币的基本汇率都选用同一种基准货币。

【例 9-1】人民币兑美元的基本汇率为：

USD1=CNY6.68

日元兑美元的基本汇率为：

USD1=JPY112.61

则套算汇率为：

CNY1=JPY16.86

4．按照汇兑方式的不同划分

按照汇兑方式的不同，汇率分为电汇汇率、信汇汇率、票汇汇率。

电汇汇率，是指银行以电报或电传的方式通知国外付款时使用的汇率。由于电汇支付时间最短，银行难以利用汇款资金，再加上国际电讯的费用，故电汇汇率高于其他汇率。因为目前国际支付多使用电汇，故外汇市场通常以电汇汇率为基础判定其他汇率。

信汇汇率，是指银行在经营外汇时以航邮方式通知国外付款时所使用的汇率。

票汇汇率，是指银行开立由国外分支机构或代理行付款的汇票在国外取款时所使用的汇率。票汇汇率可分为即期票汇汇率和远期票汇汇率。

此外，汇率的分类方法还有以下几种：按照外汇买卖对象的不同，汇率分为同业

汇率和商人汇率；按照汇率适用范围的不同，汇率分为单一汇率和多种汇率；按照外汇管制情况的不同，汇率分为官方汇率和市场汇率；按照衡量货币价值的角度不同，汇率分为名义汇率和实际汇率等。

（二）汇率的两种标价方法

1．直接标价法

直接标价法又称应付标价法，是以一定单位（1 个、100 个、10 000 个单位等）的外国货币为基准，将其折成若干单位本国货币来表示汇率的方法。

【例 9-2】2023 年 12 月 8 日人民币汇率为：

$$USD100=CNY715.82—718.88$$

$$JPY100=CNY4.96—5.00$$

目前，我国和世界上的大多数国家都采用直接标价法来表示汇率。

2．间接标价法

间接标价法又称应收标价法，是以一定单位（一般为 1 个单位）的本国货币为基准，将其折成若干单位的外国货币来表示汇率的方法。在间接标价法下，以本币为基准货币，以外币为报价货币。

目前，世界上采用间接标价法的只有英国和美国。

【例 9-3】2023 年 12 月 10 日纽约外汇市场美元的汇率为：

$$USD1=RUB92.155$$

$$USD1=JPY144.860$$

综上所述，无论采用直接标价法还是间接标价法，要判断外币是升值还是贬值，应看外币币值的变化情况。如果外币变贵，就是外币升值；如果外币变贱，就是外币贬值。在表达方式上，不要笼统地说"汇率上升"或"汇率下降"，而可在汇率前面冠以两种对比货币的名称。如说"美元兑日元汇率下跌"，则表明相对于日元而言，美元币值下跌。这种表达方式不仅清楚明了，而且不必说明采用的是何种标价法。

此外，目前国际银行间对外汇的报价一般以美元为标准，报出美元对各国货币的汇价，被称为美元标价法。

四、汇率变动的影响因素

汇率既受国内因素的影响，又受国际因素的影响。因此，汇率的变动常常捉摸不定，对汇率进行预测十分困难。除经济因素外，货币作为国家主权的一种象征，也常常受政治和社会因素的影响。

（一）国际收支状况

国际收支是指一国对外经济活动中所发生的收入和支出。当一国的国际收入大于支出时，即国际收支顺差。表现在外汇市场上，即外汇（币）的供应大于需求，因而本国货币兑外国货币汇率上升，外国货币兑本国货币汇率下降。与之相反，当一国的国际收入小于支出时，即国际收支逆差。表现在外汇市场上，就是外汇（币）的供应小于需求，因而本国货币兑外国货币汇率下降，外国货币兑本国货币汇率上升。

必须指出，国际收支状况并非一定会影响到汇率，这要看国际收支顺（逆）差的性质。短期的、临时性的、小规模的国际收支差额，可以轻易地被国际资金的流动、相对利率和通货膨胀率、政府在外汇市场上的干预和其他因素所抵消。不过，长期的、巨额的国际收支逆差，一般必定会导致本国货币汇率的下降。

（二）通货膨胀率

在纸币流通的条件下，决定两国货币汇率的基础是货币的购买力。在通货膨胀的条件下，货币的购买力会下降，因此两国通货膨胀率的差异必然会导致汇率发生变动。一般来说，甲国的通货膨胀率若超过乙国的通货膨胀率，则甲国货币兑乙国货币的汇率就会下跌；反之，甲国货币兑乙国货币的汇率就会上升。通货膨胀率对汇率的影响现在越来越不直接、明显地表现出来了，而会通过间接的渠道长期地表现出来。

（三）相对利率

利率作为使用资金的代价或放弃使用资金的收益，也会影响到汇率水平。当一国利率较高时，使用本国货币的资金成本上升，在外汇市场上本国货币的供应相对减少；与此同时，当一国利率较高时，放弃使用资金的收益上升，会使外资内流，使外汇市场上外国货币的供应相对增加。这样，从两个方面，利率的上升会推动本国货币汇率的上升。

（四）总需求与总供给

总需求与总供给增长中的结构不一致和数量不一致，也会影响汇率。如果总需求中进口需求的增长快于总供给中出口供给的增长，则本国货币汇率将下降。如果总需求的整体增长快于总供给的整体增长，满足不了的那部分总需求将转向国外，引起进口增长，从而导致本国货币汇率下降。当总需求的增长在整体上快于总供给的增长时，还会导致货币的超额发行和赤字的增加，从而间接导致本国货币汇率下降。因此，简单地说，当总需求的增长快于总供给的增长时，本国货币汇率一般呈下降趋势。

（五）市场预期

市场预期因素是影响国际资本流动的另一个重要因素。在国际金融市场上，短期资金金额是一个十分庞大的数字。这些巨额资金对世界各国的政治、经济、军事等都具有高度的敏感性，受着预期因素的支配。这就常常会给外汇市场带来巨大的冲击。可以说，市场预期因素是短期内影响汇率变动的最主要因素。

（六）财政赤字

政府的财政赤字常常被用作汇率预测的指标。一般来说，如果一个国家的财政预算出现巨额赤字，其货币的汇率将会下降，因为庞大的财政赤字意味着政府支出过度，从而导致通货膨胀率的加大和经常项目收支的恶化，于是汇率自动下浮。但这一结果也不是十分确定的，因为庞大的财政赤字将促使利率上升，而较高的利率又会吸引资金流入，使货币趋向坚挺。

（七）外汇储备

中央银行持有的外汇储备可以表明一国干预外汇市场和维持汇率的能力，所以它对稳定汇率有一定的作用。当然，外汇干预只能在短期内对汇率产生有限的影响，无法从根本上改变决定汇率的基本因素。

（八）外汇投机活动

林德特认为，进行投机意味着对以本国货币表示的资产净值变化无常的未来价值承担义务。这些义务的承担，大多数情况下是根据对外国货币未来价格所做的主观预期决定的。从实践上看，当投机者预测某种货币汇率将要上升时，即在市场上买进该种外汇，等到汇率真的上升后，即在市场上卖出；当预测某种货币汇率将要下跌时，即在市场上卖出该种外汇，等到真的下跌后，即在市场上买进，从中获取投机利益。投机者为了从汇率的涨跌中获得利润，往往制造假象，对汇率变动起了推波助澜的作用。

（九）经济政策及央行干预

无论是在固定汇率制度下，还是在浮动汇率制度下，各国货币当局或为保持汇率稳定，或有意识地操纵汇率以服务于某种经济政策，都会对外汇市场进行直接干预。毋庸置疑，这种通过干预直接影响外汇市场供求状况的情况，虽无法从根本上改变汇率的长期走势，但对汇率的短期走势会有一定的影响。

专栏9-1　人民币汇率制度的特点

我国的人民币汇率制度具有如下几个特点。

（1）以市场供求为基础。这体现在根据新的人民币汇率制度确定的汇率与当前的进出口贸易、通货膨胀水平、国内货币政策、资本的输出输入等经济状况密切相连，经济的变化情况会通过外汇供求的变化作用到外汇汇率上。

（2）有管理的汇率。我国的外汇市场是需要继续健全和完善的市场，政府必须采用宏观调控措施来对市场的缺陷加以弥补，因而对人民币汇率进行管理是必需的。这主要体现在国家对外汇市场进行监管、国家对人民币汇率实施宏观调控、中国人民银行进行必要的市场干预。

（3）实行浮动的汇率制度。浮动汇率制就是一种具有适度弹性的汇率制度。中国人民银行于每个工作日闭市后公布当日银行间外汇市场美元等交易货币对人民币汇率的收盘价，作为下一个工作日该货币对人民币交易的中间价格。现阶段，每日银行间外汇市场美元对人民币的交易价仍在中国人民银行公布的美元交易中间价上下 0.3%的幅度内浮动，非美元货币对人民币的交易价在中国人民银行公布的该货币交易中间价3%的幅度内浮动。

（4）参考一篮子货币。篮子内的货币构成是综合考虑在我国对外贸易、外债、外商直接投资等外经贸活动占较大比重的主要国家、地区的货币选择的。参考一篮子货币表明外币之间的汇率变化会影响人民币汇率，但参考一篮子货币不等于盯住一篮子货币，它还需要将市场供求关系作为另一重要依据，据此形成有管理的浮动汇率。这将有利于增加汇率弹性，抑制单边投机。

　　总体来看，我国汇率制度改革正在也应该朝着更加具有弹性和灵活性的方向稳步推进，只有完善有管理的浮动汇率制度，发挥市场供求在人民币汇率形成中的基础性作用，保持人民币汇率在合理均衡水平上的基本稳定，金融市场才会变得安全。

第二节　国际收支及国际储备

　　随着世界经济一体化的发展，各国间经济、政治、文化等方面的往来日益密切，由此会产生债权债务关系，即输出国获得一定的对外债权，输入国则要承担一定的对外债务。这种国际债权债务关系必须在一定时期内结清。债权国要收回货币，了结其对外借款；债务国则要支付货币，清偿其对外债务。这样就会涉及国际货币支付问题，即会引起国际收支的产生。

　　第二次世界大战后，国际储备对一个国家的对外经济越来越重要，它是一国对外经济交往的最终结果和综合反映。一国的国际储备和该国的国际收支、汇率间存在着密切的关系。一国国际储备状况反映着该国在国际经济金融中的地位。

一、国际收支的含义

　　国际收支的概念最早出现于 17 世纪初期。当时国际收支被简单地解释为一国的贸易收支，即进口与出口之比。随着经济的发展，国际经济交易的内容和范围不断扩大，国际收支的含义也有所改变。国际金本位制度崩溃后，国际收支被定义为一国在一定时期内的外汇收支。这就是目前狭义的国际收支的定义。第二次世界大战以后，国际收支的概念有所扩大，它不仅包括有外汇收支的国际借贷关系，还包括一定时期内的全部经济交易，如捐赠、无偿援助、易货贸易等。这里讨论的国际收支是广义的国际收支。

专栏9-2　国际收支的含义

　　掌握国际收支的含义时，需要注意其以下三个方面的特征：第一，国际收支是一个流量概念，它与一定的报告期相对应；第二，国际收支所反映的内容是经济交易，即经济价值从一个单位向另一个单位的转移；第三，国际收支记录的经济交易必须是本国居民与非居民之间发生的经济交易。

　　居民与非居民的划分以居住地为标准，并对个人、政府、非营利机构和企业进行了详细的划分。长期居住在本国的自然人属于本国公民，包括长期居住在本国的外国公民；所有政府机构，无论是国内机构还是派驻国外的机构，无论时间长短，都属于本国居民；企业和非营利机构，作为法人组织，它在哪个国家成立、注册就属于哪国居民，其国外分支机构属于外国居民。而国际性机构则是任何国家的非居民。

二、国际收支平衡表

国际收支平衡表是系统记录一定时期内（通常为一年）国家或地区国际收支状况的统计报表。国际收支平衡表按复式簿记原理编制：一切收入项目及使负债增加、资产减少的项目均列为贷方，以"+"表示；一切支出项目及使资产增加、负债减少的项目均列为借方，以"−"表示。每笔交易分别同时记录在不同具体项目的借方和贷方，因此，国际收支平衡表全部项目的借方总额与贷方总额总是相等的。

国际收支平衡表的内容相当广泛，各国由于各自的情况不同，编制的国际收支平衡表在内容、分类上会有一些差异。下面根据国际货币基金组织编写的《国际收支和国际投资头寸手册》（第6版，2008年出版）介绍国际收支平衡表的主要内容及项目设置，如图9-1所示。

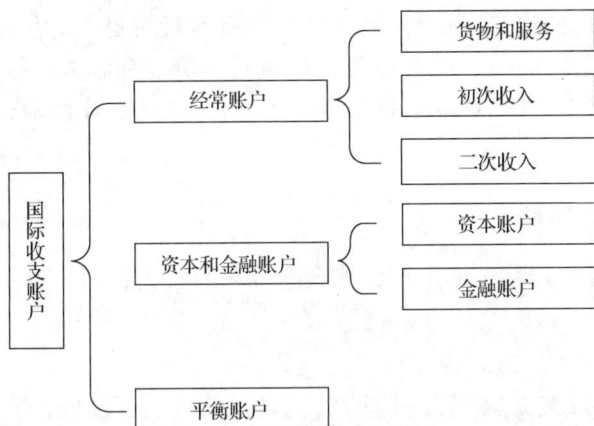

图9-1 国际收支平衡表的内容

（一）经常账户

经常账户显示的是居民与非居民之间货物、服务、初次收入和二次收入的流量。经常账户是一国与他国经常发生的收支项目平衡表中最重要的项目，包括三个子项目。

1. 货物和服务

货物不仅是经常账户，而且是整个国际收支中最重要的项目。货物的出口收入和居民为非居民提供的货物修理服务获得的修理费收入列入贷方，进口支出和非居民为居民提供修理服务的修理费支出列入借方，收支相抵后的差额称为贸易差额。如收入大于支出，则称为贸易顺差；如收入小于支出，则称为贸易逆差。按照 IMF 的规定，在国际收支统计中，进出口商品价格均按离岸价格计算，保险费和运输费另列入服务开支。

服务是经常账户的第二大主要内容，包括运输、旅游和其他一些正日益显现其重要性的项目，如通信、银行、保险、计算机服务、专利转让、版权、许可证费及其他多种形式的商务服务。按照复式簿记原理，贷方记录服务的输出，即居民为非居民提供服务的金额；借方记录服务的输入，即非居民为居民提供的各种服务的金额。

2．初次收入

初次收入账户显示的是居民与非居民机构单位之间的初次收入流量。在国民账户体系中，收入的初次分配记入两个账户，即收入产生账户（记录在生产过程中产生的初次收入）和初次收入分配账户（记录对提供劳务、金融资产和自然资源的机构单位分配的初次收入）。国际账户中，所有的初次收入流量皆与初次收入分配账户相关。要素报酬收入记录在贷方，要素报酬支出记录在借方。由于国际生产要素流动包括劳工的输出/输入和资本的输出/输入，该项目下设有"雇员报酬""投资收入""其他初次收入"三个细目。根据经济分析的需要，一国对投资收入还可以做进一步细分，如直接投资收入、证券投资收入及其他投资收入等。

3．二次收入

二次收入账户表示居民与非居民之间的经常转移。该项目记录的是居民与非居民之间无偿的、单方面的实际资源或金融产品所有权的变化。它包括各级政府的转移（如政府间的无偿捐助、债务豁免、战争赔款等）和私人无偿转移（如侨民汇款、年金、赠予等）。外国对本国的无偿转移记录在贷方，本国对外国的无偿转移记录在借方。

（二）资本和金融账户

该账户反映资本转移，非生产、非金融资产的收买和出让以及金融性的资产和负债。

1．资本账户

资本账户主要反映资本转移，非生产、非金融资产的取得两部分。

（1）资本转移包括资本流入和资本流出。资本流入是指本国对外资产的减少或本国对外负债的增加，应记入贷方；资本流出则是指本国对外资产的增加或本国对外负债的减少，记入借方。

（2）非生产、非金融资产的收买与出让。这主要是指各种无形资产（专利、版权、商标、单位名称、商誉或其他转让合同等）的买入或卖出，也包括外国使馆购买或出售的土地。

2．金融账户

金融账户涉及一国对外资产和负债所有权变更的一切交易。它包括以下内容。

（1）直接投资。它反映一国投资者对非居民企业的永久利益，这种利益可通过在境外设立企业或对国外企业参股而获得。凡拥有被投资企业 10%或 10%以上股份或投票权的投资均列为直接投资。

（2）证券投资。证券投资是指跨越国界的股票和债券的交易。债券可细分为长期债券、中期债券、部分货币市场工具和部分衍生金融工具（如期权）。直接投资和储备资产项下的交易不计算在内。

（3）金融衍生工具（储备除外）和雇员认股权。

（4）其他投资。它包括长、短期的贸易信贷、贷款、货币和存款，以及应收和应付款项，直接投资项下的交易排除在外。

（5）储备资产。它是指一国货币当局（主要指中央银行）所拥有的，能直接用来平衡国际收支、进行市场干预，以影响货币汇率或达到其他目的的资产，包括货币性黄金、国际货币基金组织分配的特别提款权、在 IMF 的储备头寸、外汇（包括货币、存款及有价证券）及对非居民拥有的其他债权。经常账户与资本和金融账户（除储备资产外）的差额相抵后，如贷方大于借方——出现顺差，则官方储备增加，记在借方；如借方大于贷方——出现逆差，则储备资产减少，记在贷方。

根据复式记账原理，所有项目的借方总额和贷方总额应该是相等的，即经常账户与资本和金融账户（不含储备资产）的净差额应与储备资产的借贷差额相等，方向相反。但由于数据资料来源不一、资料不全及资料本身有错误，特别是短期资本流动的统计数字很难确切掌握，国际收支平衡表的上述项目总额间总是存在差额。为此，还需设置一个"净误差与遗漏"项目来冲抵差额，以使国际收支平衡表真正平衡。

三、国际收支的调节

由于国际收支是按照复式记账原理编制的，从账面上看国际收支总是平衡的，但事实上一国的国际收支总是或多或少地存在差额。当收入大于支出时，就形成国际收支顺差；当支出大于收入时，就形成国际收支逆差。

（一）国际收支平衡与国际收支失衡的衡量标准

为了衡量一国的国际收支是否平衡，一般把国际贸易分为自主性交易和调节性交易。自主性交易是指一个国家根据自发的经济或其他动机而进行的交易；调节性交易是指一国为了调节自主性交易所产生的国际收支差额而进行的各项交易，包括国际资金流通、资本的吸收引进，乃至国际储备的动用等。这是事后的被动调节性交易。所以，真正的国际收支平衡是自主性交易的平衡。但是，绝对的自主性交易平衡是不可能的。只要国际收支失衡不对一国宏观经济政治产生消极影响，就基本上是正常的。只有当长期的、巨额的不平衡引起国内其他危机爆发时，才必须加以调节。

（二）国际收支失衡的原因

国际收支失衡的原因主要有以下五个方面。

1．周期性失衡

它是一国（尤其是西方国家）受工业、商业周期的影响，周而复始地出现危机、萧条、复苏、繁荣等经济变动而引起的国际收支失衡。

2．货币性失衡

它是一国由于货币增长速度、商品成本和物价水平与其他国家产生较大悬殊而引起的国际收支失衡，其根源在于一国政府执行的货币政策。

3．结构性失衡

它是一国国内生产结构不能适应变化了的国际市场对商品品种、性质和档次的要求，出口受阻，致使进出口比例失调而产生的国际收支失衡。尤其是发展中国家，由于受到本国资金、技术及资源等一系列因素的制约，不能满足新的国际市场的要求，因此出现国际收支失衡。

4. 收入性失衡

它是一国国民收入的变化，导致进出口贸易发生变动，从而造成的国际收支失衡。

5. 过度债务失衡

一些发展中国家在加速本国经济发展，积极对外借债过程中，违背了量力而行的原则，借入大量外债，超过了本国的承受能力。而有些发达国家实施高利率政策和贸易保护主义措施，结果使这些发展中国家的经济贸易进一步恶化，国际收支失衡进一步扩大。

（三）国际收支失衡的调节措施

储备资产的增减只能实现国际收支的账面平衡，而非真正平衡。国际收支失衡的主要调节措施有以下六种。

1. 财政政策

当一国出现国际收支逆差时，政府可采取紧缩的财政政策，即削减政府开支或增加税收，迫使投资和消费减少，物价相对下跌，从而有利于出口，压缩进口，改善贸易收支及国际收支状况。在国际收支出现大量顺差时，政府则可实行扩张性的财政政策，即扩大政府开支，减少税收，以期扩大总需求，增加进口及非贸易支出，从而减少贸易收支和国际收支的顺差。

2. 货币政策

就调节国际收支而言，主要采用再贴现政策。中央银行提高再贴现率后，市场利率随之上升，投资和消费受到抑制，物价开始下跌，从而可以扩大出口，减少进口，使贸易收支状况得到改善。此外，国内市场利率的提高会吸引一部分外资进入，资本收支状况也会得到改善，从而使国际收支状况得到改善。

3. 外汇政策

外汇政策主要包括以下两种。

（1）调整汇率。一国可通过提高或降低本国货币对外国货币的汇率来消除国际收支的不平衡。如一国发生国际收支逆差，则该国可使本国货币贬值，以增强本国商品在国外的竞争力，扩大出口；同时，国外商品的本币价格上升，进口减少，国际收支逐步恢复平衡。如一国发生国际收支顺差，则该国可使本国货币升值，刺激进口，减少出口，从而使贸易顺差减少。

（2）外汇管制。外汇管制是国家通过法令规定对各项外汇的收入、支出、存款、兑换、买卖及国际结算等进行管理，目的在于减少国家外汇支出，增加外汇收入，以改善国际收支状况。

4. 外贸政策

为改善国际收支状况，很多国家都实行"奖出限入"的保护性贸易政策。如为出口商提供直接补贴或间接补贴，以鼓励出口；同时，采用高关税、进口配额制等限制进口。

5. 产业政策

调整国际收支还应考虑社会总供给。一国可通过调整国内的经济结构和产业结构，提高劳动生产率和产品质量，来提高出口商品的竞争力，以适应国际市场需求的变化。

6. 融资政策

当一国国际收支出现逆差时，政府在动用官方储备的同时，还可通过各种渠道从国际市场筹措资金。这样一方面可以弥补逆差，另一方面可以缓解采取其他调整政策给国内经济发展带来的较大压力。

四、国际储备的含义及构成

国际储备是一国货币当局为弥补国际收支逆差，维护本国货币汇率稳定以及应对紧急支付而持有的为各国普遍接受的流动性资产。国际储备具有三个特征：第一个特征是官方持有，即它是指随时地、方便地被政府得到的流动资产，非官方机构、企业和私人所持有的流动性资产，不能成为国际储备；第二个特征是可自由兑换，即国际储备必须能同其他的货币自由兑换，能在外汇市场上或在政府间清算国际收支差额时被普遍接受；第三个特征是流动性强，即可随时变成现金和直接进行支付。

一国的国际储备主要来源于本国的国际收支顺差，其中最主要的是经常项目收支的顺差。外汇储备是一国干预汇率和支付国际收支逆差的主要手段。特别提款权可通过国际货币基金组织换成外汇，在国际货币基金组织的储备头寸也是会员方为平衡国际收支逆差可以随时动用的外汇资产。因此，特别提款权和在国际货币基金组织的储备头寸也是国际货币基金组织会员方国际储备的来源之一。此外，中央银行所持有的黄金量的增加也可使一国国际储备增加。

目前，国际货币基金组织会员方的国际储备由四种类型构成：黄金储备、外汇储备、在国际货币基金组织的储备头寸和特别提款权。

（一）黄金储备

黄金储备指一国货币当局作为金融资产持有的黄金。在国际金本位制下，黄金是最主要的国际储备资产。1880 年，世界黄金储备占全部国际储备的比重为 90.7%，1931 年仍保持在 81.1%的水平。布雷顿森林体系建立初期，黄金仍然是主要的国际储备资产，但随着国际经济的发展和国际贸易的迅速发展，各国对国际储备资产的需求迅速增长，而黄金的供给却远远满足不了实际需要，导致黄金价格频繁波动，黄金的国际储备地位逐渐被削弱。1976 年，国际货币基金组织在《牙买加协议》中宣布黄金非货币化，进一步削弱了黄金的国际储备地位。

目前，各国中央银行在动用国际储备时，不能直接以黄金对外支付，而只能在黄金市场上出售黄金，换成可兑换货币才能进行支付，所以黄金实际上已不是真正的国际储备，而只是潜在的国际储备。但由于黄金的历史地位和其内在品质，目前大多数国家仍持有黄金，并把它作为国际储备的组成部分。

（二）外汇储备

外汇储备是指一国货币当局持有的储备货币。它表现为一国政府所能控制的在国外的储备货币存款和以储备货币表示的短期金融资产。充当国际储备资产的货币必须具备下列条件：第一，可以自由兑换成其他储备货币；第二，在国际货币体系中占重要地位；第三，各国能无条件地获得该货币，即没有外汇管制；第四，其购买力稳定。1880—1914 年，英镑充当了国际储备货币；第一次世界大战后，美元与英镑共同成为国际储备货币；第二次世界大战后到 20 世纪 70 年代初，美元成为唯一的国际储备货币，在这以后国际储备货币逐渐趋向多元化。

（三）在国际货币基金组织的储备头寸

所谓储备头寸，是指一会员方在国际货币基金组织普通账户中可以自由提取使用的资产，具体包括会员方向国际货币基金组织缴纳份额中的外汇部分和国际货币基金组织用去的本国货币持有量部分。

国际货币基金组织就像一个储备互助会，当一个国家（或地区）加入基金组织时，须按一定的份额向该组织缴纳基金。按该组织的规定，认缴份额的 25%须以可兑换货币缴纳，其余 75%用本国货币缴纳。当会员方发生国际收支困难时，有权用本国货币做抵押向该组织申请提用可兑换货币，其数量为认缴份额的 25%。会员方可以自行决定何时申请提用可兑换货币，故其缴纳的基金成为会员方的一种国际储备资产。储备头寸的另一部分是基金组织为满足其他会员方的资金需求而用掉的本国货币。基金组织向其他会员方提供本国货币，就会使基金组织对本国货币的保有量低于份额的75%。会员方对基金组织的这种债权，基金组织可以随时偿还，并可用于无条件支付国际收支逆差，因此也可以作为一种国际储备资产。把以上两种储备资产加起来，一国在国际货币基金组织的净储备头寸就等于它的总份额减去基金组织对其货币的持有额。

（四）特别提款权

特别提款权是国际货币基金组织创设的一种储备资产和记账单位，代表会员方在普通提款权以外的一种特别使用资金的权利。国际货币基金组织分配给会员方的尚未被使用完的特别提款权，就构成一国国际储备的一部分。当一国发生国际收支逆差时，可动用分配的特别提款权来换取所需外汇，也可直接用特别提款权偿还基金组织的贷款。一国可实际动用的特别提款权数额不能超过其全部分配额的 70%，但可持有三倍于其自身分配额的特别提款权。

特别提款权作为一种储备资产，与其他形式的储备资产相比，有下列特点：第一，特别提款权不具有内在价值，是人为创造的、纯粹账面上的资产；第二，特别提款权是由国际货币基金组织按份额比例无偿分配给会员方的；第三，特别提款权只能在国际货币基金组织与各国政府之间，以及各国政府相互之间发挥作用，任何私人和企业不得持有和运用。自从 1970 年分配特别提款权以来，特别提款权占全部国际储备资产的比重一直较小，并且相对稳定：1970 年至 1990 年，一般在 3%～5%波动，1992 年到 1994 年降到 1.8%左右。2016 年 10 月 1 日，人民币被正式纳入特别提款权（Special Drawing Right，SDR）货币篮子，SDR 货币篮子相应扩大至美元、欧元、人民币、日元、英镑五种货币。2022 年 5 月 15 日，从中国人民银行获悉，国际货币基金组织宣布将人民币在特别提款权货币篮子中的权重从 10.92%上调至 12.28%。

第三节 国际货币体系

各国政府为确保国际贸易稳健发展和国际结算的需要，必须建立可靠的汇率机制，以防止货币出现恶性贬值，从而影响国际收支平衡。这种机制为维护货币稳定，并促进各国间经济政策的协调和全球经济的均衡发展提供了重要支持。

一、国际货币体系的概念

国际货币体系是对货币在国际范围内发挥世界货币职能所确定的原则、惯例、规则以及组织机构的总称。这一体系主要由以下几个方面构成。

（1）国际收支调节机制，即各国政府用什么方式来调节国际收支不平衡问题。

（2）国际结算制度，涵盖了国际贸易和金融交易的方方面面，包括支付方式、清算和结算机制，各种金融工具，以及涉及这些交易的相关金融机构等内容。

（3）汇率制度，即各种货币间的汇率安排。

（4）国际储备资产的确定，也包括黄金、外汇、储备头寸以及特别提款权等。

二、国际货币体系的演变

国际货币体系经历了一个漫长的历史过程，自20世纪初迄今已经有百余年。在其发展历程中，经历了几个关键阶段，从早期的金本位制（包括金币本位、金块本位及金汇兑本位）过渡到布雷顿森林体系（一种现代金汇兑本位制，美元与黄金挂钩），最终发展为现行的浮动汇率制度（即牙买加协议确立的国际货币体系）。

（一）金币本位制

金币本位制是典型的金本位制。完整的金币本位制应该满足四个条件：第一，货币单位与黄金发生关系，铸造金币，金币有法定含金量，有无限法偿能力；第二，大众可以无限制地提出请求，用黄金铸造金币，只需负担少许铸造费用，并可无限制地熔毁金币；第三，黄金可以自由输出输入；第四，一切法偿货币或金币的价值符号均可依其面值兑成金币。货币发行准备全部是黄金。

金币本位制是一种比较稳定的货币制度。由于币值相对稳定，不会发生通货膨胀，故其为商品生产的发展和商品流通的扩大提供了良好条件。在金币本位制下，银行券的发行制度日趋完善。中央银行垄断发行后，银行券的发行准备和自由兑现曾一度得到保证，从而使银行券能稳定地代表金币流通，故被认为是一种稳定、有效的货币制度。它保证了本位币的名义价值与实际价值一致，国内价值与国际价值一致；同时，可自动调节国内货币流通和保持外汇行市的相对稳定，并具有货币流通的自动调节机制，且曾经对资本主义经济发展和国际贸易的发展起到了积极的促进作用。

（二）金块本位制

金块本位制又称生金本位制，是指在国内不铸造、不流通金币，只发行代替一定质量黄金的银行券，而银行券不能自由兑换黄金和金币，只能按一定的条件向发行银行兑换金块的一种金本位制。其主要特点有以下三个：第一，黄金并不参与货币流通，流通的是可以兑换金块的银行券，银行券有规定的含金量；第二，货币当局按固定价格收购黄金，作为储备，金价无下跌的可能性；第三，货币当局虽然也对人们出售黄金，但仅限于某一数量以上。如英国 1925 年规定，银行券与金块一次兑换数量不少于 1 700 英镑；法国规定法郎与金块一次兑换数量不少于 215 000 法郎。

（三）金汇兑本位制

金汇兑本位制又称虚金本位制，有些国家虽想要采取金币或金块本位制，但苦于缺乏足够的黄金。这些国家将本国的货币单位与黄金固定联系，但不直接兑换黄金，而是可以直接兑换成某种可以兑换黄金的外国货币，然后以该国货币再兑换该国黄金。具体地讲，它包括以下内容：规定纸币，不铸造金币，也不直接兑换黄金；确定本国货币单位与另一国家货币单位的固定比价，该国实行金币本位制或金块本位制且经济发达。实行金汇兑本位制的国家在所依附国的金融中心存储黄金和外汇，通过无限制买卖外汇，维持本国货币币值稳定。第一次世界大战后，德、意、奥等 30 个国家和地区采取了这种制度。第二次世界大战结束以后，以美元为中心的布雷顿森林体系在国际范围内应用了金汇兑本位制。

（四）布雷顿森林体系

布雷顿森林体系是指第二次世界大战后以美元为中心的国际货币体系，它于 1944 年在美国新罕布什尔州的布雷顿森林酒店进行的国际货币金融会议上被首次提出，并由此得名。该体系旨在重建战后世界经济秩序并规范国际货币关系。

第二次世界大战爆发后，各资本主义国家都出现了严重的通货膨胀，经济实力大大削弱。然而，美国在这一时期成为世界最强大的国家之一，其黄金储备迅速增长，占据了当时资本主义各国黄金储备总量的 3/4 左右。相反，西欧等资本主义国家则面临国际收支逆差和黄金外汇储备不足的困境。在这种背景下，布雷顿森林体系应运而生。该体系的主要内容包括以下几点。

第一，美元与黄金挂钩。美元作为全球储备货币，与黄金挂钩。按照布雷顿森林协定，美元的固定兑换比率是 35 美元兑换一盎司黄金。此外，其他国家的货币也与美元固定汇率挂钩，各国货币自由兑换。

第二，确定国际储备资产。美元等同黄金的地位，成为各国外汇储备中最主要的国际储备货币。

第三，实行可调整的固定汇率。《国际货币基金协定》规定，各国货币对美元的汇率，只能在法定汇率上下 1%的幅度内波动。若市场汇率超过法定汇率 1%的波动幅度，各国政府有义务在外汇市场上进行干预，以维持汇率的稳定。1971 年 12 月，这种即期汇率变动的幅度扩大为上下 2.25%的范围。布雷顿森林体系的这种汇率制度被称为"可调整的钉住汇率制度"。

第四，国际货币基金组织的设立。布雷顿森林体系下成立了国际货币基金组织，旨在协调各国汇率政策、提供财政援助和促进国际收支平衡。

第五，国际收支的调节。国际货币基金组织会员国份额的 25%以黄金或可兑换成黄金的货币缴纳，其余则以本国货币缴纳。会员国发生国际收支逆差时，可用本国货币向基金组织按规定程序购买（即借贷）一定数额的外汇，并在规定时间内以购回本国货币的方式偿还借款。贷款只限于会员国用于弥补国际收支赤字，即用于经常项目的支付。

布雷顿森林体系的建立，促进了战后资本主义世界经济的恢复和发展。因美元危机与美国经济危机的频繁爆发，该体系于 1971 年 8 月 15 日被尼克松政府宣告结束。布雷顿森林体系的终结开启了一个浮动汇率制度的时代，国际货币关系开始更加弹性化和多样化。

三、现行国际货币体系

布雷顿森林体系的瓦解引发了国际金融秩序的不稳定，导致各国在建立新的国际金融体系上陷入了一段时间的混乱。尽管许多改革主张被提出，如恢复金本位制、恢复美元本位制以及设立最适货币区等，但这些都未能取得实质性进展。这一不稳定局面使世界各国经济发生动荡。

1976 年 1 月，国际货币基金组织理事会"国际货币制度临时委员会"在牙买加首都金斯敦举行会议，讨论国际货币基金协定的条款，经过激烈的争论，签订达成了"牙买加协议"。同年 4 月，国际货币基金组织理事会通过了《IMF 协定第二修正案》，牙买加体系正式形成。

（一）牙买加体系的主要内容

牙买加体系的主要内容如下。

（1）推行黄金非货币化，美元与黄金脱钩。黄金不再作为货币使用，而多种货币如美元、欧元、日元、英镑等形成了"一篮子货币"。

（2）承认浮动汇率制度的合法性，使得固定汇率制与浮动汇率制共存。

（3）国际储备体系逐步从以美元为主转变为多元储备体系，包括美元、欧元、黄金、特别提款权等。

（4）特别提款权的角色得到加强，可用于国际储备、贷款偿还以及作为借贷担保。

（5）增加成员基金份额，扩大信贷额度，以增加对发展中国家的投资。

（二）牙买加体系的积极作用

牙买加体系在解决布雷顿森林体系的一些僵化问题方面取得了进步，其积极作用主要有以下几点。

（1）多元化的储备结构：摆脱了布雷顿森林体系下货币之间的僵硬关系，提供了多种清偿货币，解决了储备货币供需矛盾。

（2）多样化的汇率安排：适应了各国不同发展水平，为维持经济发展与稳定提供了灵活性，并保持了国内经济政策的连续性与稳定性。

（3）多种渠道并行：使国际收支调节更为有效与及时。

（三）牙买加体系的局限性

牙买加体系也并未完全解决国际金融领域的问题，其局限性表现在以下几点。

（1）储备货币发行国的好处：在多元化国际储备格局下，储备货币发行国仍享有"铸币税"等多种好处，缺乏统一的、稳定的货币标准，可能导致国际金融的不稳定。

（2）汇率的不稳定性：汇率波动大且不确定，增加了外汇风险，抑制了国际贸易和投资活动，尤其对发展中国家不利。

（3）国际收支调节机制不健全：各种调节渠道都存在局限，未能解决全球性国际收支失衡问题。

现行的国际货币体系是在牙买加体系的基础上不断发展而来的，是由一篮子货币构成的浮动汇率制度，各国货币的汇率相对自由地根据市场供求关系浮动。这意味着，货币的价值相对于其他货币会随着市场条件的变化而波动。国际货币交易通常由市场力量主导，政府和央行可能进行干预以维持稳定，但汇率的具体变动主要由市场决定。总地来说，现行的国际货币体系是一个相对灵活和多元化的制度，允许各国根据自身经济状况和市场情况来调整货币政策，以适应全球化时代的复杂经济环境。

章后习题

一、单项选择

1. 按照国际收支平衡表的编制原理，凡引起资产增加的项目应反映为（　　）。

    A. 借方增加   B. 贷方增加   C. 借贷减少   D. 贷方减少

2. 下列各项中应记入国际收支平衡表的其他投资中的项目是（　　）。

    A. 投资捐赠   B. 购买外国股票

    C. 居民与非居民之间的存贷款交易 D. 购买外国专利权

3. 储备资产减少应反映在国际收支平衡表的（　　）。

    A. 借方   B. 贷方   C. 借贷双方   D. 附录

4. 能够体现一个国家自我创汇能力的国际收支差额是（　　）。

    A. 贸易差额   B. 经常项目差额

    C. 国际收支总差额   D. 资本与金融项目差额

5. 目前各国的国际储备构成中主体是（　　）。

    A. 黄金储备   B. 外汇储备

    C. 特别提款权   D. 在 IMF 中的储备头寸

6. 一国货币升值对其进出口收支产生何种影响？（　　）

    A. 出口增加，进口减少   B. 出口减少，进口增加

    C. 出口增加，进口增加   D. 出口减少，进口减少

7. 在采用直接标价法的前提下，如果需要比原来更少的本币就能兑换一定数量的外国货币，这表明（　　）。

    A. 本币币值上升，外币币值下降，通常称为外汇汇率上升

    B. 本币币值下降，外币币值上升，通常称为外汇汇率上升

    C. 本币币值上升，外币币值下降，通常称为外汇汇率下降

    D. 本币币值下降，外币币值上升，通常称为外汇汇率下降

8. 汇率不稳有下浮趋势且在外汇市场上被人们抛售的货币是（　　）。

    A. 非自由兑换货币   B. 硬货币

    C. 软货币   D. 自由外汇

9. 一国通货膨胀率高于他国，会引起该国货币在外汇市场上的汇率（　　）。

    A. 下跌　　　　　　B. 上升　　　　　　C. 不变　　　　　　D. 不确定

10. 目前，我国人民币实施的汇率制度是（　　）。

    A. 固定汇率制　　　　　　　　　　B. 弹性汇率制

    C. 有管理的浮动汇率制　　　　　　D. 钉住汇率制

11. 若一国货币汇率高估，往往会出现（　　）。

    A. 外汇供给增加，外汇需求减少，国际收支顺差

    B. 外汇供给减少，外汇需求增加，国际收支逆差

    C. 外汇供给增加，外汇需求减少，国际收支逆差

    D. 外汇供给减少，外汇需求增加，国际收支顺差

12. 国际金本位的特点是黄金可以（　　）。

    A. 自由买卖、自由铸造、自由兑换

    B. 自由铸造、自由兑换、自由输出/输入

    C. 自由买卖、自由铸造、自由输出/输入

    D. 自由流通、自由兑换、自由输出/输入

二、多项选择

1. 国际储备的来源有（　　）。

    A. 国际收支顺差　　　　　　B. 国际收支逆差

    C. 购买黄金　　　　　　　　D. 干预外汇市场

    E. 国际基金组织分配

2. 下列各项中应该记入国际收支平衡表贷方的项目有（　　）。

    A. 货物的进口　　　　　　　B. 服务输出

    C. 支付给外国的工资　　　　D. 接收的外国政府无偿援助

    E. 私人汇出的侨汇

3. 按照外汇交易的支付工具的不同，汇率可以分为（　　）。

    A. 电汇汇率　　　B. 信汇汇率　　　C. 现钞汇率　　　D. 票汇汇率

4. 汇率制度的内容包括（　　）。

    A. 确定汇率的原则和依据　　　B. 制定、维持与管理汇率的机构

    C. 管理汇率的法令、体制和政策等 D. 维持与调整汇率的办法

5. 一种外币成为外汇的前提条件有（　　）。

    A. 这种外币在国际经济交往中能被各国普遍地接受和使用

    B. 这种外币资产是能得到补偿的债权

    C. 这种外币能自由兑换

    D. 这种外币兑换受到限制

6. 在间接标价法下，以下说法正确的有（　　）。

    A. 汇率越高，本国货币的币值就越低，外国货币的币值越高

    B. 汇率越高，本国货币的币值就越高，外国货币的币值越低

    C. 汇率越低，本国货币的币值就越高，外国货币的币值越低

    D. 汇率越低，本国货币的币值就越低，外国货币的币值越高

7. 国际货币体系包括（　　　）。

    A. 国际收支调节

    B. 国别经济政策与国际经济政策的协调

    C. 各国货币比价即汇率的确定

    D. 国际储备资产的构成

8. 下列说法正确的有（　　　）。

    A. 在美元标价法下，标价货币是美元

    B. 在美元标价法下，基准货币是美元

    C. 在间接标价法下，基准货币是本币

    D. 在直接标价法下，标价货币是外币

三、案例分析

布雷顿森林体系的建立和瓦解

布雷顿森林体系是 20 世纪最为重要的货币制度之一，也是国际货币制度的一个重要里程碑。它的发展历程可以分为三个阶段：成立、繁荣和崩溃。

1944 年，第二次世界大战期间的盟国代表在美国新罕布什尔州的布雷顿森林酒店会议上达成了共识，建立了布雷顿森林体系。该体系的主要特征是以美元为中心的固定汇率制度，所有成员的货币都与美元保持固定汇率，并可用黄金兑换。这个体系也确定了国际货币基金组织的角色，其使命是监管国际金融体系，确保货币稳定并协调国际经济政策。

在接下来的几十年里，布雷顿森林体系繁荣发展。它促进了国际贸易和投资的增长，并为美国提供了稳定的国际货币和政治影响力。

但是，这个体系也存在着一些问题。首先，美国占据了过大的比重，它的货币和经济政策对整个体系产生了巨大的影响。其次，美国不断增加的贸易赤字导致了美元的贬值，使其他国家的货币不断升值，甚至出现了货币危机。

最终，布雷顿森林体系在 20 世纪 70 年代崩溃了。1971 年，美国总统尼克松宣布将美元与黄金的兑换取消，这使得其他国家的货币不再与黄金挂钩。接下来的几年里，其他国家纷纷放弃了与美元固定汇率，开始自由浮动汇率，布雷顿森林体系终结了。

思考与讨论：

浅析布雷顿森林体系产生和崩溃的原因，以及布雷顿森林体系崩溃对国际关系的影响。

第十章　货币政策

📋 章前引例

2023 年 11 月 27 日，中国人民银行发布《2023 年第三季度中国货币政策执行报告》（以下简称《报告》）。《报告》提到，第三季度国内生产总值（GDP）同比增长 4.9%，两年平均增长 4.4%，较第二季度加快 1.1 个百分点，为实现全年发展目标打下坚实基础；前三季度居民消费价格指数（CPI）同比上涨 0.4%，物价运行总体平稳。稳健的货币政策精准有力，加强逆周期调节，巩固经济回升向好态势。总体看，2023 年以来货币政策精准实施、持续发力，为实体经济提供了更有力的支持。

《报告》还指出，下阶段，中国人民银行将坚持把金融服务实体经济作为根本宗旨，建设现代中央银行制度，始终保持货币政策的稳健性，加强优质金融服务，更好支持扩大内需，促进稳外资稳外贸，为经济社会发展提供高质量服务。

思考与讨论：

货币政策的工具体系有哪些？货币政策的传导机制是怎样的？

📋 学习目标

了解货币政策的含义；

了解货币政策与其他政策的协调；

掌握货币政策的目标及货币政策工具；

掌握货币政策的传导机制；

掌握货币政策效应。

📋 价值目标

通过本章的学习，认识到货币政策涉及整个社会的公共利益，培养对公共政策决策的关注，学习不断变化的新兴货币政策工具和适应不断演变的经济环境。

理解政府在维护经济稳定方面所采取的措施，紧跟国家政策。

第一节　货币政策的含义和目标

货币政策目标是制定货币政策的首要问题。本节主要讲述货币政策的含义、目标体系的构成，以及货币政策最终目标之间的冲突和选择。

一、货币政策的含义

货币政策是指中央银行为实现其宏观经济目标所采取的调节货币、信用和利率等变量的方针和措施的总和，通常包括以下三个方面的内容：一是货币政策的目标；二是实现货币政策目标的操作工具或手段，也称货币政策工具；三是货币政策的效果。由于从确定目标到采用工具、产生最终的效果需要一定的时间和作用环节，货币政策实际上还包括中介目标及传导机制等内容。实施货币政策的部门，是各国的中央银行或货币管理当局。

一国政府所制定和实施的某项经济政策，一般只对经济生活中的某些方面产生影响。人们预期心理的作用，往往会削弱一项经济政策的效果，从而使政策难以达到政府所要达到的目标。然而，货币政策有所不同，它既有政策的终极目标，又有中介目标；既有强制性政策工具，又有非强制性、指导性政策工具；既有公开手段，又有隐蔽手段。因而，货币政策对宏观经济的调控力度较大、效果较好，是各国对经济进行宏观调控的主要手段。此外，由于货币政策工具大都是经济手段，因此较为灵活，行政行为的干预较少，回旋的余地较大。市场经济较发达的国家都十分重视货币政策对宏观经济的调控作用。

二、货币政策的目标

一般而言，货币政策目标体系是由最终目标、中介目标和操作目标三个层次有机组成的。

最终目标是中央银行通过货币政策操作所最终想要实现的宏观经济目标，又称终极目标，如物价稳定、经济增长、充分就业以及国际收支平衡等。由于货币政策的最终目标是货币当局在一个较长时期内力图实现的目标，从货币政策实施到终极目标变量的变动中间会存在一个较长的时滞，从而不利于货币当局及时调整货币政策以及有效控制货币政策的影响力度。因此，客观上需要在货币政策操作目标与终极目标之间设立一套中介目标。它既与终极目标有较强的联系，又与货币政策操作目标有着较短的时滞，有利于货币政策的灵活运用。

一般而言，中介目标主要有货币供给量、利率、汇率等。操作目标是与货币政策操作密切相关的变量，它是中央银行通过货币政策工具能直接准确控制的一组指标，如存款准备金率、基础货币等。终极目标、中介目标和操作目标的宏观性由强到弱，可控性则由弱到强。货币当局运用货币政策调节经济实际上就是通过货币政策操作来直接影响操作目标，进而间接影响中介目标，从而实现终极目标的过程。

货币政策的最终目标指的是中央银行通过调节货币和信用所要达到的最终目的，是要经过较长时期才能实现的，基本上与一国的宏观经济目标相一致。一般认为货币政策的最终目标主要有四个方面：稳定物价、充分就业、经济增长和国际收支平衡。但随着金融市场对实体经济的影响越来越大，金融市场稳定也成为货币政策的最终目标。

（一）稳定物价

物价稳定与经济发展有着密切的联系。物价稳定是经济发展的前提，经济发展又是物价稳定的基础。要实现物价稳定的目标，就必须控制通货膨胀。但究竟什么是物价稳定，这在不同的国家以及对于不同的经济学家来说有着不同的标准。一些经济学家认为，在通货膨胀已成为世界性现象的环境下，人们企图把物价冻结在一个绝对不变的水平上是不可能的。在现代经济中，物价如果陷于绝对静止状态，反而是一种不正常的现象，关键是把通货膨胀率控制在可以承受的限度之内。有的经济学家认为，通货膨胀率在 5%以下的通货膨胀是温和的，对经济的发展有一定的刺激作用，也是经济所能承受的；有的则认为 3%以内的通货膨胀率是可取的。在不同国家和不同的情况下，人们对物价的承受能力是不同的。但任何一个国家都不愿意物价大幅度上涨，而是企图把通货膨胀率限制在最低程度上，以便与其他经济目标相协调。

（二）充分就业

西方国家之所以把充分就业作为货币政策的最终目标，是因为一个国家的劳动力能否充分就业，是衡量该国各种资源是否达到充分利用、经济是否正常发展的标志。实现了充分就业，就意味着各种资源达到了最大限度的运用，经济发展是正常的。但到底什么是充分就业？经济学家通常将失业率作为充分就业与否的标准。那么所谓充分就业，理想的境界应该是所有的劳动力都有固定职业，即失业率为零，但实际上这是办不到的。即使在正常情况下，劳动力中的一部分也会因市场需求和经济结构的变化而暂时失业，所以制定一个准确的目标，将其作为合理的失业水平是很难做到的。有的经济学家认为，3%及以下的失业率可以看作充分就业，有的则认为长期维持在 4%~5%的失业率比较好。美国多数经济学家认为，失业率在 5%以下就算充分就业。

（三）经济增长

经济增长是指在一个国家内商品与劳务产出的增长及与其相结合的供给能力的增长。它一般是以国民生产总值扣除价格变化因素后的年增长率来测度的，但是这个指标也并非总能准确地衡量实际的经济变化情况。由于经济增长这一目标主要关心的是一个时期的经济增长情况是否比另一个时期的好一些，整体经济是否处于稳定的增长状态中，所以，在没有更好的指标的情况下，各国中央银行一般把国民生产总值增长率作为测度经济增长的指标。

（四）国际收支平衡

国际收支平衡是指一个国家或地区与世界上其他国家或地区之间在一定时期内全部经济往来活动的收支持平、略有顺差或略有逆差，反映在国际收支平衡表上就是每年黄金、外汇储备增减变化不大。西方经济学家认为，每个国家的国际收支都应该自谋平衡，但实际上个别国家却经常为国际收支盈余而努力。从全世界范围看，一个国家有盈余就意味着其他国家有赤字。因此，每个国家都保持国际收支盈余是不可能实现的事情。这样只能退而求其次，就是在短时期内允许国际收支略有盈余或赤字，而在较长的时期内，某一年份的不平衡可以由另一年份弥补。做到这一点，就可以认为实现了国际收支的基本平衡。

（五）金融市场稳定

随着金融的深化和全球化的推进，金融市场对实体经济的影响越来越大，因此金融市场稳定也成为货币政策所关注的目标。当银行体系面临流动性困难时，中央银行就有必要发挥其最后贷款人的职能，以防止银行体系流动性困难进一步恶化而引发金融恐慌。此外，当汇率市场出现中央银行不愿意看到的剧烈波动时，中央银行也有采取各种货币政策措施加以干预的必要。最后，股票市场等资本市场的不稳定也会对投资、消费、宏观经济带来冲击。中央银行在制定和实施货币政策时，也会充分考虑资本市场情况。美联储就明确将"保持金融体系稳定，抑制金融市场系统性风险"作为其任务和目标。

> **专栏10-1　一国货币政策的最终目标在不同时期相同吗**
>
> 英国在第二次世界大战后一直把充分就业作为货币政策的最终目标，相应采取较宽松的货币供应方针，刺激经济增长，从而带动就业的增加。1956年到1975年，英国的失业率一直保持在1.5%～3%的水平，基本达到了充分就业的最终目标。但其间物价却逐步上升，每年平均物价上涨率高达13.6%，最高时达到22%以上。1998年新的《英格兰银行法》明确把稳定物价，以及在不损害该目标的前提下支持政府的经济目标规定为英国货币政策目标，从而确定了保持物价稳定在货币政策目标中的核心地位。2024年，英国中央银行表示，货币政策的目标是将通货膨胀保持在低水平并稳定，支持增长和就业。货币政策设定了一个目标，即消费价格指数的12个月涨幅为2%。
>
> 美国货币政策的最终目标在不同时期也有不同的侧重。1929—1933年世界经济大危机以后，美国经济一直不景气，失业率很高。针对这种情况，罗斯福政府执行凯恩斯的政策主张，利用宽松的财政政策和货币政策，刺激有效需求，带动经济增长，创造了较多的就业机会。但在第二次世界大战以后的几十年，其物价节节上升。这就促使20世纪80年代以后，里根政府采取紧缩政策，以抑制通货膨胀，体现在货币政策上就是提高利率，降低货币供给量的增长率。20世纪90年代以后，美国国会更是通过立法，取消了货币政策目标中"实现充分就业""保持合理的长期利率水平"方面的内容，将"控制通货膨胀，实现无通货膨胀的经济增长"作为货币政策唯一的最终目标。美联储于2020年宣布以广泛的新措施来支持经济，包括了开放式的资产购买，扩大货币市场流动性便利规模。
>
> 从上述两个例子中可以看出，一个国家货币政策的最终目标在不同时期是不一样的。

第二节　货币政策工具及传导机制

货币政策工具是中央银行为了实现货币政策的最终目标而采取的措施和手段。为了实现货币政策最终目标，中央银行不仅要设置用于观测和跟踪的中介目标，还需要强有力的货币政策工具。

一、货币政策工具

（一）货币政策工具必须具备的条件

判断一种货币政策工具的效果，有以下几个标准。

1. 中央银行能对其进行有力的控制和及时调整

一般来说，货币政策是由中央银行制定与实施的。因此，作为货币政策工具，中央银行必须能够对它进行有力的控制，而且中央银行还需要根据经济形势变化做相应的调整，即货币政策工具应具有伸缩性。过于刚性的工具，一经出台就难以改变，不适合作为货币政策工具。

2. 能影响货币供应量

在市场经济条件下，货币政策的基本任务是通过货币供给量的扩张与收缩，影响社会总需求，促进社会总需求与总供给的平衡，以保持货币币值与金融的稳定，促进经济增长。对货币供给量不产生影响的工具，不能作为货币政策工具。

3. 能有力地影响商业银行的行为

中央银行是货币发行银行，是政府的银行，是货币政策的制定者与执行者，是银行的银行，是最后贷款人。货币供给量的扩大与收缩要通过商业银行的派生存款机制实现。中央银行不与一般企业发生联系，因此，中央银行必须通过商业银行的资产负债活动才能对国民经济产生影响。不能对商业银行活动产生强有力影响的工具，不能成为货币政策工具。

4. 能对利率水平产生影响

在市场经济条件下，企业生产经营活动的目的是追逐利润最大化。利率是借贷资本的价格，是利润的一部分。只有在投资收益率大于存款利率的条件下，企业家才愿意投资；否则，企业家会把资本存入金融机构，获得存款利息。因此，利率的高低以及利率与投资收益率间差距的大小，是决定投资规模与生产资料需求的重要因素。由于居民的货币收入有持有货币、购买生活用品和投资三种趋向，利率高低与购买生活用品数量成反方向变化，因此，利率也是决定生活资料需求的一个重要因素。利率还对资本流出、流入有重大影响。提高利率会吸引国外资本流入；反之，降低利率会促使资本流出。不同种类的利率还会影响资本流向。总之，在市场经济条件下，利率是影响经济运行的重要因素。货币政策工具如果不能对利率产生影响，就难以影响经济运行，也就难以达到货币政策的目标。

5. 能影响公众的预期

公众的预期，如对价格水平的预期、对股票行情的预期、对投资收益率的预期，都会影响货币的投向、货币流通速度和当期有效需求。中央银行不能强制公众改变预期，但可以通过货币政策工具影响公众预期。完全不能影响公众预期的工具，也不能成为货币政策工具。

（二）货币政策工具的分类

根据以上条件，货币政策工具主要有以下几类：一般性政策工具、选择性政策工具、窗口指导与道义劝告、直接信用管制，参见图 10-1。

1. 一般性政策工具

一般性政策工具即传统的三大政策工具：存款准备金率、再贴现政策和公开市场操作。

（1）存款准备金率

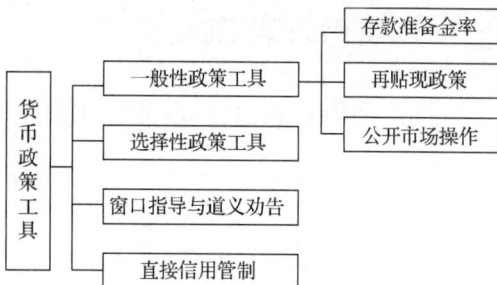

图 10-1 货币政策工具的分类

各国中央银行都有权决定和改变商业银行和其他金融机构的存款准备金率。开始时，中央银行确定商业银行必须保持一定比率的准备金，主要是为了增强银行资产的流动性，提高银行的清偿能力，从而保证存款人的利益和银行本身的安全。之后，存款准备金率逐步成为扩张或收缩货币供给量的有力政策工具。

通常，存款准备金率的主要内容包括：①规定存款准备金的比率，也就是法定存款准备金率；②规定可充当存款准备金资产的内容，作为存款准备金的资产，只能是中央银行发行的现金和金融机构在中央银行的存款，除特别规定外，商业银行持有的其他资产不能充当存款准备金；③规定存款准备金计提的基础，包括存款余额的确定方法和存款余额的时间。

作为一种重要的货币政策工具，存款准备金率的优点在于其对所有存款货币机构的影响是平等的，对货币供给的影响是强有力的，并且效果明显、收效迅速。

同时，存款准备金率的局限性也很突出。其一，法定存款准备金率的变动对经济的震动太大，其轻微的变动会带来超额存款准备金的大量减少，紧缩效果过于剧烈。其二，法定存款准备金率的提高很容易引起整个金融体系流动性不足，使整个金融体系面临危机。因此，各国中央银行一般不轻易变更法定存款准备金率。

货币供给量是基础货币与货币乘数的乘积，货币乘数与存款准备金率呈反方向变化。商业银行以追逐利润为目标，它通常不会保持过多的超额存款准备金。中央银行调整存款准备金率，会立即导致货币乘数变化，从而引起货币供给量波动。当中央银行提高商业银行的存款准备金率时，商业银行派生存款即创造存款货币的能力就会减弱，货币供给量就会收缩。反之，当中央银行降低商业银行的存款准备金率时，商业银行派生存款即创造存款货币的能力就会增强，货币供给量就会扩大。由于存款准备金率的变动会马上影响商业银行的剩余储备和可贷资金的多少，对货币供给量的扩张或收缩产生巨大影响，故在西方它被称为"猛剂"，不轻易采用。

（2）再贴现政策

再贴现政策是指中央银行通过调整再贴现率和规定再贴现票据的资格等方法，影响商业银行等存款机构的再贴现成本和能力，进而达到调节信用规模、市场利率和货币供给量的政策措施。

再贴现政策是中央银行最早采用的货币政策工具。在初始阶段，商业银行将自己贴现的商业票据拿到中央银行再贴现，中央银行规定一定的贴现政策，即规定何种商业票据可以再贴现，并规定再贴现率。也就是说，中央银行规定再贴现的条件与费用，以调节商业银行资产规模与货币供给量。现在，中央银行不仅对商业银行贴现的票据实行再贴现，而且为商业银行提供其他形式的贷款。我国中央银行对存款货币银行的债权，采取的就是再贷款形式。现在所说的再贴现政策与贴现率，是指存款货币银行从中央银行取得信贷的条件与费用。其他条件不变时，存款货币银行从中央银行取得信贷的条件宽、费用低，信贷的数量就会增多，其剩余储备和可贷资金就会增加，基础货币和货币供给量都会增加。反之，存款货币银行从中央银行取得信贷的条件严、费用高，信贷数量就会减少，这是形成货币供给量紧缩的一个因素。同时，中央银行对存款货币银行贷款条件的宽严、费用的高低、数量的多少，也代表了货币当局的政策意向，并会影响公众的预期。在公开市场操作不够的国家，对货币供给量进行调节时很重视这个手段。再贴现政策的作用有以下几点。

① 再贴现率的升降会影响商业银行等存款货币机构持有准备金或借入资金的成本，从而影响它们的贷款量和货币供给量。当再贴现率升高时，商业银行借入资金的成本上升，因而会减少对中央银行的再贴现贷款需求，减少贴现贷款的发放，从而会缩减货币市场的货币供给量，进而引起市场利率的上升。相应地，社会对货币的需求也会下降。反之，则会引起市场利率的下降。

② 应用再贴现政策调整信贷结构有一定的效果。其方法主要有两种：一是中央银行可以规定并及时调整可用于再贴现的票据种类，从而影响商业银行的资金投向；二是对再贴现的票据进行分类，实行差别再贴现率，从而使货币供给结构与中央银行的政策意图相符合。

③ 再贴现政策具有告示效应。当再贴现率提高时，人们会预期中央银行将实行较为紧缩的货币政策，促使人们减少对资金的需求，从而中央银行可通过告示效应来达到紧缩货币的目的。当再贴现率降低时，则情况相反。

④ 再贴现政策可以防范金融恐慌。再贴现是中央银行作为最后贷款人而发挥作用的主要形式。当商业银行发生流动性不足乃至支付危机时，中央银行可以通过再贴现途径给予流动性支持，从而可以帮助商业银行渡过难关，免于银行倒闭引发的整个金融领域的支付危机与金融恐慌。

再贴现政策的局限性有以下几点。

① 从控制货币供给量角度看，再贴现政策并不是一种理想的控制工具。首先，在再贴现政策实施过程中，中央银行处于被动地位。虽然中央银行可以规定再贴现的各种条件，但再贴现与否的决定权在商业银行，并且一旦商业银行要求再贴现，中央银行就必须满足其合规的要求，而不管商业银行的要求是否符合其政策意图。其次，增加了中央银行的压力。如果商业银行都依赖于中央银行的再贴现，就会增加中央银行的压力。

② 调整贴现率的告示效应是相对的，存在出现负面效应的可能。如中央银行调高再贴现率，这时人们可能会认为社会上已出现较严重的通货膨胀，中央银行的行为是为了治理通胀，于是就会产生通胀预期。在这种预期指导下的反应就是当前多借入资金，等到出现更严重的通胀时再还。于是，中央银行调高再贴现率不但没有降低人们的资金需求，反而可能会刺激人们的借款欲望。这就是再贴现政策的负面告示效应。

③ 再贴现政策主要利用再贴现率与市场利率之间的利差方向或者利差大小来影响商业银行的借款决策。但市场利率是不断地不规则变动的，这使得再贴现率的调整十分被动。因为如果保持再贴现率不变，则市场利率的变动可能会导致以前的再贴现政策与中央银行的初衷不一致；如果保证这种一致性，则再贴现率必须随着市场利率的变动而不断调整。这种不断波动的再贴现率又会产生不利的告示效应。如为执行"扶持"政策，再贴现率较长时期低于市场利率。当市场利率上升后，再贴现率也需相应地调高，以保持相同的利差，但这种上调再贴现率的行为又会使人们产生中央银行将紧缩银根的预期，不利于"扶持"政策的实施。

（3）公开市场操作

所谓公开市场操作，是指中央银行在金融市场上公开买卖有价证券（主要是政府债券、国库券），从而调整货币供应量，影响信用规模和利率水平的政策行为。如果中央银行购进债券，会导致商业银行在中央银行的剩余储备增加，商业银行的可贷资金增加，从而导致基础货币和货币供给量均增加。反之，若中央银行卖出证券，则商业银行的剩余储备减少，可贷资金减少，从而使基础货币和货币供给量减少。货币供给量的增减，必将导致利率的变化，从而进一步导致社会需求总量和结构的变化。公开市场操作是西方经济发达国家广泛采用的一种政策工具。

公开市场操作之所以为经济发达国家广泛采用，是因为它具有以下特点。① 主动性。它的主动权完全在中央银行，其操作规模大小完全受中央银行控制。② 灵活性。它可以灵活地进行，以较小的规模进行操作，可以较为准确地达到政策目标，其操作不会因变动剧烈而产生不良影响。③ 微调性。它可以经常性、连续性地微幅调整货币供给，具有较强的伸缩性，是中央银行进行日常调节的理想工具。④ 它具有较强的可逆转性。当中央银行在公开市场操作中发现错误时，可立即逆向使用该工具，即可纠正错误，而不致造成过大的损失。⑤ 快捷性。公开市场操作速度快，不会有行政上的延误。当中央银行决定采用公开市场操作时，只要向有关交易商发出购入或卖出的指令，交易便可很快执行。

当然，公开市场操作也有局限性：① 由于公开市场操作对商业银行没有强制性，故商业银行是否愿向中央银行卖出或购进有价证券，完全取决于商业银行对经济形势的估计及其对资产运用盈利性、安全性、流动性的要求；② 在进行公开市场操作时，需要确保金融市场的充分发展和市场上有足够数量的不同期限和类型的证券可供交易，但一般发展中国家尚未完全具备这些条件，故在这些国家的效果不明显；③ 公开市场操作适用于经常性的微调，当市场需要进行强有力的调节时，如治理通货膨胀或治理通货紧缩，仅靠公开市场操作则无法完成调节任务。

> **专栏 10-2　中央银行的公开市场操作的形式**
>
> 中央银行的公开市场操作有两种基本的形式：暂时性交易和非暂时性交易。暂时性交易又可以分为两种类型。① 回购协议，即中央银行的证券购买附有证券的售出方在短期后将证券购回的协议，回购期限为最初购买后的1～15天。因为回购协议对银行体系准备金的影响在协议到期日即自动消除，也就是说，因中央银行最初的证券购买而增加的准备金会由于证券售出者的证券回购而减少，所以，实际上

回购协议是一种暂时性的购买，它特别适合于中央银行进行防卫型的公开市场操作。② 如果中央银行想在公开市场上暂时售出证券，它可以进行对称的售出、购入交易，也称为逆回购协议，即中央银行售出证券，而购买者同意在短期后将证券售回给中央银行。

如果银行体系的准备金不是暂时性的短缺和富余，而是持续性的，那么，中央银行就会考虑进行非暂时性的交易，以求对银行体系准备金的供给产生长期的影响。

不论是暂时性的还是非暂时性的交易，中央银行一般通过计算机系统与证券商进行交易。

2．选择性政策工具

选择性政策工具是中央银行对商业银行或其他金融机构的信用活动的某一方面进行控制或管制，借以控制信贷总量和结构、利率水平和结构，从而促进经济健康发展的政策工具。常用的选择性政策工具有以下几种。

（1）对某一类利率进行控制。有时中央银行会规定商业银行对定期存款及储蓄存款支付的最高利率。例如，美国在 1933 年的银行法案中，就规定了会员银行支付定期存款、储蓄存款利率的最高限额，即所谓"Q 条例"。直到 1957 年，这个最高限额都未曾调整过。规定存款利率最高限额，也就间接地控制了商业银行的放款能力。根据 1980 年美国公布的《存款机构解除管制与货币控制法案》的规定，在 6 年内逐步有秩序地减少并最终取消对存款机构支付存款利率的最高限制，最终使其达到市场利率水平。

（2）对某一种贷款利率进行控制。例如，在发展中国家，金融当局往往规定对国家拟重点发展的经济部门实行比一般贷款利率微低的优惠利率。这都属于选择性利率控制。

（3）证券市场信用控制。例如，为了防止股票过度投机，美国联邦储备银行于 1936 年规定购买有价证券实行保证金制度，即规定股票抵押贷款的最高额度。如果保证金为 60%，则股票购买者应以自有资金支付股票价款的 60%，贷款最高额为股票价款的 40%。美国联邦储备银行根据股票市场形势调整保证金比例，最低曾降至 25%，最高达 100%。

（4）消费者信贷、房地产信贷控制。中央银行根据经济形势和通货膨胀状况，通过第一付款比率、付款期限长短以及利率水平，来影响这类贷款规模。

（5）规定流动性资产比率。中央银行规定流动资产占全部资产的比重，主要是为了限制商业银行长期贷款和投资的比重，以保证资产的流动性与安全性。

（6）特种存款。特种存款是中央银行为了控制商业银行可用资金量而运用的一种政策工具，英格兰银行（英国中央银行）运用较多。当需要紧缩银根时，中央银行要求商业银行将其一定比例的存款缴存至中央银行作为特别存款，中央银行给予一定利息；当需要放松银根时，则降低比例或取消特别存款金额。它的作用类似于存款准备金制度。

（7）预缴进口保证金。在国际收支出现逆差的情况下，为了限制进口，中央银行可以规定进口商将进口商品价格的一部分以保证金形式缴存于中央银行，这实际上是限制商业银行向进口商提供贷款的比率。

3．窗口指导与道义劝告

间接信用指导经常采用的方式有窗口指导、道义劝告等。

（1）窗口指导

这个名词来自日本银行。窗口指导始于 20 世纪 50 年代，它是利用日本银行在金融体系中的威信及民间机构对日本银行较高的依赖度，由日本银行与民间金融机构频繁接触，指导它们自动遵守日本银行提出的要求，从而达到控制信贷、调节货币供应量的目的。其主要内容是，日本银行根据市场情况、物价的变动趋势、金融市场的动向、货币政策的要求以及上一年度同期贷款的情况等，规定每家民间城市金融机构按季度提出贷款增加额计划，并在金融紧缩时对民间金融机构规定贷款增加额上限，以指导的方式，要求各民间金融机构执行。有时，窗口指导也指导贷款的使用方向，保证优先发展经济部门的资金需要。

（2）道义劝告

中央银行利用自己在金融体系中的特殊地位和威望，通过对商业银行及其他金融机构进行劝告，影响其放款数量和投向，从而达到控制信用的目的。道义劝告可对信用总量进行控制，如中央银行可以根据经济发展情况，把自己的货币政策意向告知金融机构，并劝告其注意放款和投资的数量；也可以控制信用构成，如中央银行鉴于某一方面信用或投资增加过多，劝告商业银行注意减少这方面的放款和投资。

窗口指导和道义劝告作用的大小，主要取决于商业银行及其他金融机构对中央银行的依赖程度。如果商业银行及其他金融机构对中央银行的依赖程度高，中央银行贷款占其资金来源的比重大，则它们就必须与中央银行进行真诚的合作，否则中央银行可减少对它们的支持。

4．直接信用管制

直接信用管制也称为贷款配额制，通常是指中央银行对商业银行及其他金融机构的贷款数量采取行政命令或指令性计划的方式加以规定，而不是通过经济手段促使其进行资产控制和调整。西方经济学家认为直接信用管制会影响市场功能的正常发挥，使资源配置不合理并导致银行资产质量和经济效益下降。因此，除了特殊情况（如战争）外，金融当局不应当采用这种方式。

我国在计划经济时期实行的是直接信用管制（即贷款配额制），中国人民银行既是发行银行，又从事存、贷款业务。改革开放以来，我国成功实现了从计划经济体制向社会主义市场经济体制过渡，金融调控也由直接信用管制向间接调控过渡。中国人民银行于 1998 年 1 月 1 日取消了对国有商业银行的贷款规模控制，这意味着我国的金融调控开始进入间接调控的新阶段。

二、货币政策的传导机制

（一）货币政策传导机制的内涵

货币政策传导机制是指中央银行运用货币政策工具影响中介目标，进而实现最终目标的机制。至于采用哪些政策手段更利于实现货币政策的最终目标，其机制的有效性如何，在西方有不同的理论和立场，主要有凯恩斯学派和货币学派的传导机制理论。

凯恩斯学派主张传导过程中的主要机制或主要环节是利率。货币供给量的变动或调整必须首先影响利率，然后使投资及总支出发生变化，进而影响总收入的变化，用符号可以表示为：

$$M \rightarrow r \rightarrow I \rightarrow E \rightarrow Y$$

式中：M——货币供给量；

r——利率；

I——投资；

E——总支出；

Y——总收入。

其中，特别强调利率的变化通过资本边际效率的影响使投资 I 以乘数方式增减，最后影响社会总收支的变化。

货币学派则认为利率在货币传导机制中并不起重要作用，而强调货币供给量在整个传导机制中的效果。这种主张认为，增加货币供给量在开始时会降低利率，但不久货币收入增加和物价上涨会使名义利率上升，而实际利率则有可能回到并稳定在原先的水平上。货币学派认为，货币政策的传导机制中，主要不是通过利率间接地影响支出和收入，而是通过货币实际余额的变动直接影响支出和收入，用符号表示为：

$$M \rightarrow E \rightarrow Y$$

（二）货币政策的传导过程

在市场经济国家，货币政策的一般作用过程由三个基本环节组成。首先，从中央银行到各金融机构和金融市场。即中央银行通过法定存款准备金率、再贴现率和公开市场操作等各种货币政策工具，调节各金融机构的超额存款准备金和金融市场融资条件（包括利率），以控制各金融机构的贷款能力和金融市场的资金融通。

其次，从各金融机构和金融市场至企业和个人的投资与消费。即中央银行通过货币政策的实施，如提高或降低利率，扩张或紧缩货币供给量，使各金融机构和企业、个人调整自己的投资和消费，从而使社会的投资和消费发生变化。

最后，从企业、个人的投资、消费至产量、物价和就业的变动。企业、个人投资、消费行为的变化，必然会引起产量、物价和就业的变动，最终影响经济发展、物价稳定、充分就业、国际收支平衡等货币政策目标的实现。货币政策的传导过程参见图10-2。

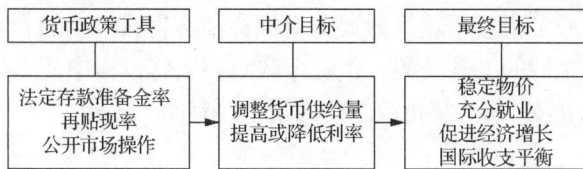

图 10-2　货币政策的传导过程

假定中央银行面临的形势是通货膨胀，那么中央银行采取的第一个步骤应是减少银行超额存款准备金。具体措施包括公开市场操作、再贴现率、法定存款准备金率以及其他选择性信用管制。具体过程是，在公开市场上出售政府债券，使商业银行因购买债券而造成超额存款准备金不足；或者提高再贴现率，使得商业银行难以从中央银行获得足够的信贷；或者提高法定存款准备金率，使得商业银行法定存款准备金不足。法定存款准备金与货币供给量之间存在着倍数关系，假定法定存款准备金率为20%，那么货币乘数就为其倒数（即 1/20%=5），则每提高 1 元的法定存款准备金，货币供给量就会以 5 : 1 的比例收缩。货币供给量的收缩使得一般信用"紧俏"，也就是说，不但比较昂贵（利率提高），而且比较难以获得。我们将会看到，货币供给量减少后会马上提高利率，同时，货币供给量减少后会减少信贷的供应。

利率的上升会在一定程度上抑制信贷的需求，使人们减少投资，或者使人们取消投资计划。同时，利率上升也会降低人们持有资产的价值，如债券、股票、土地、住宅等的价值。

除了提高利率以外，这个步骤还会对支出的各个组成部分具有限制性的影响。造成这种影响的原因是：人们越来越难以得到信贷。例如，如果建筑一座住宅，利率从6%提高到 9%，就会影响投资决心。实际上，信贷的较难得到会使投资决心受到很大的影响。在货币供给量不足时，拒绝贷款的事件比较普遍。

在信贷昂贵和难以得到、个人和厂商持有的财富价值下降的条件下，私人和公共的投资趋于下降。为什么投资支出和政府支出会下降？这是因为，关于是否兴建房屋或工厂，是否决定购买新机器和是否保持较多的存货，人们的决策通常取决于如何得到这种投资支出的资金。如果他们必须为借款支付高的利率，或者发现很难得到借款，则他们往往会缩减他们的投资计划。最后，在信用紧缩从而投资下降的压力下，就业机会将会减少。按照乘数理论，收入的变动为：

$$收入的变动=1/边际储蓄倾向×投资的变动$$
$$=1/（1-边际消费倾向）×投资的变动$$

每一个单位的投资变动，都将会按一定的倍数引起收入的成倍变动。

如果中央银行对通货膨胀的诊断是对的，那么货币收入的下降正是治疗的"药方"。这样，中央银行的行动就会成功地缩小通货膨胀缺口，消除需求拉动的通货膨胀。

第三节　货币政策效应及与其他政策协调

一、货币政策效应

货币政策的效应是指货币政策的实施对社会经济生活产生的影响，是货币政策经过传导于经济过程之后的必然结果。但货币政策在实施过程中要受多种因素的影响，其效应是一种综合结果。影响货币政策的因素主要有以下几种。

（一）货币政策时滞

一个国家的中央银行根据经济状况的需要，有权采用法定存款准备金率、货币供给量、利率等货币政策工具，使经济状况向中央银行所希望实现的目标方向发展。但是货币政策实施后，究竟要经过多长时间才能产生效果？这段时间的长度能否进行预测？这就会涉及货币政策的"时间差"问题。"时间差"也称为"时滞"。

判断货币政策作用的"时间差"，对研究货币政策的有效性有着十分重要的意义。假设货币政策的"时间差"长度有限，并且非常均匀，可以进行较为准确的预测，那么货币政策自然能够发挥应有的作用。但如果货币政策有长期且不稳定的"时间差"，那么由于"时间差"难以预测，货币政策或者将在错误的时间内发生作用，或者将使经济形势更加恶化，相机抉择的货币政策自然不能信赖。因此，货币政策的"时间差"及其可测性与货币政策的有效性有着密切关系。

"时间差"可以从两方面来理解：一是"时间差"的性质，二是"时间差"的长度及其变异程度。就"时间差"的性质来说，因为货币政策的作用过程比较复杂，所以只能区别若干可能发生的"时间差"现象做简单的讨论。货币政策"时间差"可区分为三大类：内在"时间差"、中期"时间差"、外在"时间差"。

内在"时间差"是指从自然经济现象发生变化，需要采取对策加以矫正开始，至中央银行运用货币政策工具为止的时间过程。这一过程又可分为两部分。第一，认识"时间差"。当经济现象发生变化时，有些中央银行由于经济资料缺乏或决策者反应较慢，不能明确判断此种经济形势变化的意义及其可能产生的影响，经过若干时间后，中央银行才能获取准确资料，取得明确认识，决定开始研究对策，这段时间就是认识"时间差"。第二，行政"时间差"。中央银行明确经济形势变化的性质及其将产生的影响后，将立即就此种经济形势研究可行的对策，但研究与行动都需要耗费时间，在决定采用何种政策工具之前的时间过程，叫作行政"时间差"。

整个内在"时间差"所需时间长度取决于中央银行收集资料、研究形势及采取行动的效率，也取决于当时的政治和经济目标。特别是所希望实现的目标较多，必须对其依顺序有所选择时，则需要花费较多时间去取舍某种行政政策。

严格地说，中期"时间差"属于广义的外在"时间差"的一部分，由于其情况较特殊，所以单独提出进行讨论。简单地说，中期"时间差"是指自中央银行采取行动，至对金融机构产生影响，使金融机构改变其利率或其他信用情况，以便对整个社会产生影响的时间过程，所以有时也称之为信用市场"时间差"。这段时间的长度取决于商业银行及其他金融机构的反应快慢，以及金融市场的敏感程度。这一时间过程已不是中央银行能够控制的了。

自金融机构改变其利率和信用供给量开始，至对经济产生实质影响的时间过程，叫作外在"时间差"，即外在"时滞"。这段时间又可分成两部分：第一，利率和信用条件改变后，个人与厂商面对新形势，改变自己的投资决策或支出决策，采取行动之前的这段时间称为决策"时间差"；第二，个人和厂商决定其支出意向后，对整个社会的生产和就业将产生影响，这段影响过程所需要的时间称为生产"时间差"。

外在"时间差"因经济结构及行为因素的影响不是稳定且可预测的，时间长度差异很大。各经济部门对货币政策的反应不一，所受影响有很大差异，所以外在"时间差"是整个货币政策"时间差"中最复杂的。

自 20 世纪 60 年代以来，经济学家对货币政策"时间差"开展了很多的实证研究。由于研究方法不同，各国的具体情况不同，得出的结果相差很大。基本情况是：第一，货币政策的中期"时间差"比较稳定，是可预测的，一般认为在两个月左右；第二，内在"时间差"长度较短，但不同经济学家得出的结果相差却很大，一般为 2～6 个月；第三，外在"时间差"最长，一般为 4～20 个月。

如果货币政策的"时间差"只是货币政策实行的平均时间较长的问题，那么对货币政策的有效性不会产生致命的影响。因为不论时间长度如何，只要有一确定的范围，中央银行便能根据预期"时间差"的间隔，预先采取影响将来某时期经济状况的货币政策。但是遗憾的是，货币政策的"时间差"有很大的变异性，最短的为 6 个月左右，最长的可达到 20 个月，因而使得中央银行的相机抉择政策常常不能实现预期目标，甚至会出现与目标背道而驰的结果。因此，弗里德曼主张放弃相机抉择的货币政策，代之以"简单规则"，主张消极地维持一定的货币供给量增长率，以避免人为的错误造成经济不稳定。但另一些经济学家则认为，货币政策"时间差"尽管变异性很大，但是可以把货币政策与财政政策结合起来使用，这样可以弥补"时间差"不稳定的缺陷。

（二）货币流通速度

货币政策有效性的另一主要限制因素是货币流通速度。对于货币流通速度一个相当小的变动，如果政策制定者未能预料到或在估算变动幅度时出现小的差错，则都可能使货币政策的效果受到严重影响，甚至有可能使本来正确的政策走向反面。假设在预测的年度 GNP 将增长 20%，再假设根据对以前一些年份有关数据的实证分析，只要包括货币流通速度在内的其他条件不变，货币供给等比增加即可满足 GNP 增长对货币的追加需求，那么如果货币流通速度在预测的期间加快了 10%，不考虑其他条件的变化，则货币供给只需增加 9.1%即可。如果货币当局没有预见到货币流通速度的变化，而是按流通速度没有多大变化增加货币供给 20%，那么新增的货币供给量必将成为助长经济过热的因素。

但是，在实际生活中，对货币流通速度变动的估算很难做到不发生误差，因为导致它发生变动的因素太多了。这当然也就限制了货币政策的有效性。

（三）微观主体预期

对货币政策有效性提出挑战的另外一个因素是微观主体的预期。当一项政策提出后，各种微观主体立即会根据获得的各种信息预测政策的后果，从而很快形成对策，极少有时滞。货币当局推出的政策面对微观主体广泛实施的抵消其作用的对策，可能会归于无效。例如，政府拟采取长期的扩张政策，人们根据各种信息预期社会总需求会增加，物价会上涨。在这种情况下，工人会通过工会与雇主谈判提高工资，企业因预期工资成本的增大而不愿扩大经营规模，最后的结果将是只有物价的上涨而没有产出的增长。鉴于微观主体的预期，似乎只有在货币政策的取向和力度没有或没有完全为公众知晓的情况下才能生效或达到预期效果。但是这样的可能性不大，货币当局不可能长期不让社会知道它所要采取的政策。即使采取非常规的货币政策，不久之后也会落在人们的预期之内。假如货币当局长期采取非常规的货币政策，则将导致微观主体做出错误判断，会使经济陷入混乱之中。但实际的情况是，公众的预期即使是非常准确的，要实施对策也要有个过程。这就是说，货币政策仍可奏效，但公众的预期行为会使其效果大打折扣。

（四）社会政治团体的利益

除上述合理预期会对货币政策的有效性产生影响之外，政治性经济周期因素和其他一些政治性因素也会对货币政策效果产生影响。

一般来讲，高经济增长和低失业率会给执政党带来不少选票，所以执政党在大选之前都力图刺激经济。新政府一般会在大选后及时采取收缩政策，使国民经济平稳下来。这个周期叫作"政治性经济周期"。但大多数西方国家的中央银行理事会成员任期与政府首脑的不一致，因此，在大选之前往往会出现货币政策与财政政策大相径庭的局面。总统力图刺激国民经济，降低失业率，中央银行则力图稳定国民经济，抑制通货膨胀。所以，政治性经济周期的存在会在一定程度上影响货币政策的效果。

其他一些政治性因素也会对货币政策的有效性产生影响。任何一项货币政策方案的贯彻，都可能会给不同阶层、集团、部门或地方的利益带来一定的影响。这些主体如果在自己利益受损时做出较强烈的反应，就会形成一定的政治压力。这些压力足够有力时，就会迫使货币当局调整货币政策。

二、货币政策与其他政策的协调

货币政策是国家重要的调节经济的宏观政策，其最终目标是稳定物价、充分就业、经济增长和国际收支平衡。但物价的稳定、经济的协调发展等是受很多因素制约的，是各种宏观经济政策协调配合的结果。因此，孤立或片面地强调货币政策效应，反而会影响货币政策作用的发挥。根据我国的实践经验，为充分发挥货币政策的作用，取得宏观经济调控和管理的最佳效果，货币政策必须与其他经济政策协调配合。

（一）货币政策与财政政策的协调

1. 货币政策和财政政策的共同点

货币政策和财政政策是大多数国家共同运用的宏观经济政策，二者存在着共同点和差异。其共同点如下。

（1）两大政策的调控目标是统一的，都属于实现宏观经济目标可采取的政策，都是为实现本国既定的经济发展战略目标服务的。

（2）都可为社会提供资金。两种政策执行的结果都体现为货币收支行为。中央银行通过吞吐基础货币，调节着整个社会的货币供给量及需求量；商业银行通过贷款方式向企业及公司提供合理的周转资金。财政部门通过投资或拨款的方式为国家基本建设、社会文教卫生事业、社会福利事业、国防事业、农业等经济和社会发展方面提供资金。同时，在现代商品经济社会中，财政部门或银行部门所形成的财政收支行为或信贷收支行为，都体现为货币收支行为，都是货币流通的组成部分。这就是说，两种政策的调整及其执行结果最终都会引起整个社会货币量的变动。

（3）都是需求管理政策。货币政策管理货币供给量，在商品经济条件下，货币供给量的变动是社会总需求变动的象征；财政政策管理财政收支，其执行结果无论是赤字还是大体平衡，最终对社会总需求都将产生重大影响。

（4）两种货币收支之间存在着接合部，集中体现在银行代理财政金库和银行结算上缴财政两个方面。中央银行代理国家财政金库可以获得一项稳定的资金来源，形成中央银行的负债项目，同时也为财政部门调拨这笔资金节省了开支和提供了方便。财政部门通过课税或利润上缴的方式将一部分银行资金划归财政支配，上缴比例与数量的大小与多寡对银行部门或财政部门的资金运作都有重要的影响。除此之外，在经济运行过程中，还存在着许多银行收支与财政收支相互交错的地方。例如，对国有企业自有流动资金合理增补需求的承担责任问题、公债或利率政策对居民储蓄的影响问题、利率调整对财政与信贷收支的影响问题、财政赤字的弥补渠道问题等。

微课堂

货币政策与财政政策的协调

正因为货币政策和财政政策存在着密切关系，两种政策的目标如果不统一和协调，必然会造成政策效应的相悖，进而造成宏观经济运行的失控。

2．货币政策和财政政策的不同点

货币政策与财政政策的不同点体现在以下几个方面。

（1）政策工具不同。货币政策工具主要是存款准备金率、再贴现率、公开市场操作、贷款限额、中央银行存贷款利率等。财政政策工具主要是税种、税率、预算收支、公债、补贴、贴息等。

（2）两种政策部门的资金使用方式和范围不同。银行资金与财政资金的来源不同、性质不同，因而，两种资金的使用方式和范围不同。银行资金主要来源于组织的各项存款，因此，它的使用只能通过贷款这种有借、有还、有息的方式有偿使用，而且这种使用必须是相对短期的；财政资金主要来源于国家税收和利润，因此，财政资金的使用可以是长期的，可以用作无偿的经济建设和非生产性支出，也可用于消费领域。

（3）作用过程不同。货币政策的直接对象是货币运动过程，以调控货币供给的结构和数量为初步目标，进而影响整个社会经济生活；财政政策的直接对象是国民收入再分配过程，以改变国民收入再分配的数量和结构为初步目标，进而影响整个社会经济生活。

（4）政策时滞不同。货币政策工具使用较为简便，而财政政策工具从确定到实施比较复杂，因而货币政策的内部时滞较短，财政政策的内部时滞则长些。相反，货币政策的外部时滞较长，因为货币政策工具发挥作用要经过三个环节，间接对经济起作用；财政政策的外部时滞较短，因为财政政策作用较直接，如决定调整税率，企业的收支就会立即发生变化。

3．货币政策和财政政策的协调配合

正因为货币政策与财政政策存在着差别和矛盾，两者之间需要协调配合。二者之间的协调配合，从逻辑上看，有四种模式：

（1）紧缩的财政政策与紧缩的货币政策配合，即通常所说的"双紧"政策；

（2）宽松的财政政策与宽松的货币政策配合，即通常所说的"双松"政策；

（3）紧缩的财政政策与宽松的货币政策配合，即通常所说的"紧财政、松信贷"政策；

（4）宽松的财政政策与紧缩的货币政策配合，即通常所说的"松财政、紧信贷"政策。

其中，"双紧"和"双松"政策反映着财政政策与货币政策的目标侧重点保持一致；"一松一紧"的政策反映着财政政策与货币政策在总体要求一致的前提下，政策目标侧重点不同。这四种配合模式会产生不同的政策效应。

"双紧"的搭配方式一般适用于社会总需求大于总供给，出现了严重的通货膨胀和经济过热，以致影响到经济稳定、正常运转的情况。这种政策配合方式可以有力抑制社会总需求的过度增长，以缓解通货膨胀，保持经济稳定。但是，这种强有力的抑制社会总需求的措施虽然有利于经济的稳定和应对通货膨胀，却会抑制供给，影响社会生产，把握不当会导致整个经济出现萧条。

"双松"的搭配方式主要适用于社会总需求严重不足，经济转入严重萧条的状况。这种政策配合方式可以通过扩大有效需求来促进经济增长，常常是在经济大危机和大萧条之后采用的配合方式。但是，这种配合方式虽然有利于刺激社会总需求及总供给的增长，但不可避免地会引发通货膨胀，从而影响到社会的稳定。自第二次世界大战以来，西方国家的经济实践就是一个有力的证明。

紧缩的财政政策和宽松的货币政策的搭配方式是在总需求与总供给大体平衡，但消费偏旺而投资不足时的配合方式。这种配合方式也是一些国家为更多地积聚资金，优化资源配置，促进经济增长而采用的配合方式。所谓紧的财政政策，是指政府增收节支，即增加税种、提高税率、限制公共消费、压缩基建规模、减少非营利性资金供应；而松的货币政策则是指中央银行及货币当局降低利率，放松信贷，增加货币供给量。"紧财政、松货币"的配合模式，有利于经济增长，提高资金的使用效率。

宽松的财政政策和紧缩的货币政策的配合模式是许多国家在调整经济结构时普遍采用过的一种模式。所谓宽松的财政政策，是指政府降低税率，扩大预算赤字，增加政府投资和支出，以及转移性支出；而所谓紧缩的货币政策，则是指提高利率，紧缩信贷，减少货币供给量。这是在总供需大体相适应时，为解决投资过旺、消费不足而采用的配合模式。紧缩的货币政策有利于严格控制货币供给，有利于应对通货膨胀，为经济的正常发展创造一个良好的货币金融环境。在货币政策偏紧的同时，实行较松的财政政策，有利于调整、优化产业结构，提高经济增长的质量。

以上两种"一松一紧"政策的优点在于具有较强的缓冲力，稳定性强，作用惯性小，不会使经济生活产生过大的震荡；缺点是政策导向不甚明确，作用力度较弱，作用时滞较长，一旦调整政策，在一定时期之后才会产生效应。

专栏 10-3　欧元区货币政策与财政政策的矛盾

欧元区的成立在促进欧元区成员国间的经济一体化方面发挥了积极作用。希腊、爱尔兰等国在加入欧元区之后，享受到了欧元区使用单一货币的好处，如消除汇率浮动、促进跨境贸易和促进跨国就业等，使得政府和企业在国际资本市场上融资更加便利，与其他国家之间的资本流动更加顺畅。但是，将经济发展水平不同的国家置于一个统一的货币区内存在着诸多难以协调的矛盾，制度上的弊端也为欧洲债务危机的爆发埋下了伏笔。

其中最为突出的矛盾是统一的货币政策与分散的财政政策之间步调难以一致。欧元区实施统一的货币政策后，成员国没有独立的货币政策，但是财政政策仍由各国政府独立执行。这就造成由超国家的欧洲央行执行货币政策、由各国政府执行财政政策的宏观经济政策体系。欧洲央行的目标是维持低通胀，保持欧元对内币值稳定。而各成员国的财政政策则着力于促进本国经济增长、解决失业问题等，在失去货币的独立性之后，成员国只能采用单一的财政政策来应对各项冲击。这就意味着欧洲央行的货币政策和各国政府的财政政策的目标是不一致的，这种不一致性导致政策效果大打折扣。各国政府在运用财政政策时面临着遵守《马斯特里赫特条约》的规定和促进本国经济增长的两难选择。在加入欧元区之前，希腊、爱尔兰等国的政府赤字本就偏高，加入欧元区后，希腊、爱尔兰等国并没有紧缩政策、削减赤字，而是利用较为低廉的融资成本大举扩张财政预算，以刺激本国经济。在次贷危机爆发后，由于缺乏独立的货币政策，刺激经济、解决就业的重任就完全落在了财政政策上，政府不得不扩大财政开支以刺激经济，结果导致赤字更加严重。

（二）货币政策与产业政策的协调

产业政策是政府为了促进国民经济稳定、协调发展，对产业结构和产业组织构成进行某种形式干预的政策。产业政策是国家以政策的形式促进或限制某些产业发展的手段，即通过政策倾斜来改变产业组织形式和产业结构，从而影响生产，进而对供给总量及结构发挥调节作用，使经济实现均衡发展。

一国的产业政策在宏观经济政策中往往起重要作用。和货币政策一样，其终极目标同国家宏观经济目标是一致的，但两者也有区别。首先，基本性质不同。货币政策的重点是保持宏观总量平衡，产业政策的重点是促进结构优化。其次，作用范围不同。大多数情况下，产业政策只在某一时期和某些方面产生一定的作用，如工业化初始阶段、危机时期等。货币政策在总体上总是要起作用的，虽然在经济衰退时或通货膨胀严重时采取的货币政策及调控力度不同。最后，政策效应的确定性不同。

货币政策受产业政策的制约，又反作用于产业政策，具体表现为产业结构决定信贷资金分配结构，已经形成的产业结构需要相应的货币资金供应结构的支持。信贷资金分配又有相对独立性，特别是在市场经济条件下，银行的资金配置以盈利性、安全性、流动性为原则；而产业政策侧重于社会效益，是一国经济发展战略意图的体现，这中间有可能会产生矛盾。产业政策是结构政策，而货币政策是总量政策，总量的平衡和结构的优化之间往往存在着不易协调的矛盾，这就需要处理好两种政策的配置问题。

两者的协调主要体现在以下几个方面。

（1）产业政策对货币政策具有导向作用。这是因为产业政策作为经济发展战略意图的体现，具有长期性和相对稳定性。其政策目标需要通过各短期宏观经济政策来实现，所以它会对短期宏观经济政策（包括货币政策）加以引导，借以实现政策目标。

（2）产业政策作为供给管理政策，通过增加供给来引导有效需求。货币政策主要是需求管理政策。产业政策直接调节供给结构，通过资源优化配置，在现有资源条件下增加供给。而供给的实现，又依赖于货币政策通过从松或从紧的货币供给，抑制或增加货币需求来启动。

（3）产业政策作为一种结构性调整政策，为货币政策的实现提供保证，即可为经济发展、金融物价的长期稳定打下坚实基础。

（4）货币政策对产业政策的失误具有矫正作用。产业政策也存在正负效应问题，如超高速发展或结构扭曲的产业政策有可能引发通货膨胀。货币政策作为需求管理政策，可通过紧缩政策来抑制经济超高速发展，通过货币供给结构倾斜对失衡的经济结构加以矫正。

总之，合理、有效的产业政策可以进一步实现资源的优化配置，保持经济的平衡发展，为稳定的货币政策的实施奠定基础；完善、健全的货币政策可以有效地保持社会总需求与总供给的平衡，保持货币流通的稳定，为产业政策的实施创造良好的条件。

（三）货币政策与收入政策的协调

收入政策在西方被定义为影响或控制价格、货币工资和其他收入增长率而采取的货币和财政措施以外的政府行动。它是政府为了降低一般价格水平上升的速度而采取的强制性或非强制性限制货币工资和价格的政策。

西方学者认为，收入政策的理论基础主要是成本推进型通货膨胀理论。成本推进型通货膨胀理论是从商品和劳务供应方面解释物价总水平持续上涨现象的一种经济理论。该理论把通货膨胀的原因归结为商品成本增加，而成本增加的主要原因是工资的增长超过了劳动生产率提高的速度。因此，经济学家主张采用冻结或管制工资和物价（即所谓"收入政策"）的方法来抑制工资和物价上涨，从而抑制通货膨胀。对于此政策能否收到预期效果，西方学者又有不同看法。有人认为，收入政策达不到预期目标，因而是无用的；有人认为，采用收入政策比不用更不利，因为它不仅不会降低通货膨胀率，而且扭曲了市场机制，干扰了自由市场；也有人认为，收入政策的确是有缺陷的，但比造成高失业率的紧缩性财政政策和货币政策付出的代价要小一些。

收入政策对货币稳定的重要性、与货币政策相配合的必要性如下。

（1）货币稳定问题是一个社会总供给与总需求平衡的问题，收入分配和社会总供给与总需求之间存在着极为密切的内在联系。社会产品生产出来后，必须通过分配和再分配环节，最后形成消费基金和积累基金。积累基金要与生产要素相对应，消费基金要与消费品相对应。两者相适应，意味着总供给与总需求相适应，物价才能保持稳定。

（2）在不兑现信用货币流通条件下，价值形态的国民收入可能会出现超分配。超分配的表现形式可能是价值形态的国民收入总量大于实物形态的国民收入总量，一般由政府、企业、个人收入总量过多引起，而需求膨胀会导致通货膨胀；也可能是分配比例不合理，引起供给与需求结构失衡，而结构失衡容易引起结构性通货膨胀。

（3）我国出现过的几次较为严重的通货膨胀都与投资膨胀、消费膨胀和收入分配政策有关。在计划经济体制下，国家对工资和价格实行严格的集中管理，工资计划是整个国民经济计划的一部分，国民经济管理的计划性能保证工资、物价与其他宏观经济变量之间大体协调。但是，计划经济体制割裂了劳动者的物质利益与劳动成果间的关系，企业经营活动无自主权。因此，经济体制改革首先从收入分配开始，在改革收入分配政策的同时，收入结构向企业和个人倾斜，这完全是必要的。但由于劳动力市场机制和企业自我约束机制尚未形成，产生了收入分配过多地向个人倾斜的问题。再加上个人投资市场发育程度低，过多的个人收入除存入银行外，主要用于满足购买需求，使需求膨胀成为通货膨胀产生的重要原因之一。

由此可见，货币政策必须与收入政策相配合，对国民收入要坚持适度分配的政策，国民收入分配额不能超过国民收入增长额；在收入分配的具体安排上，应使收入分配额低于国民收入增长额，适当留有余地；要正确处理积累和消费的比例，在分配这一环节上为货币政策的实施提供适宜的环境。

章后习题

一、单项选择

1. 下列货币政策目标中，（ ）是货币政策的近期中介目标。

    A. 基础货币　　　B. 货币供应量　　　C. 利率　　　　D. 长期利率

2. 下列可作为货币政策操作指标的是（　　　）。

    A. 基础货币   B. 存款货币   C. 市场利率   D. 物价变动率

3. 下列货币政策操作中，引起货币供应量增加的是（　　　）。

    A. 提高存款准备金率   B. 提高再贴现率

    C. 提高房地产贷款首付率   D. 中央银行买进证券

4. 不是通过直接影响基础货币和货币乘数变动实现调控的货币政策工具是（　　　）。

    A. 存款准备金率   B. 公开市场操作

    C. 再贴现政策   D. 间接信用指导

5. 1998 年我国取消贷款规模管理后，货币政策中介目标主要是（　　　）。

    A. 利率   B. 同业拆借利率 C. 货币供应量   D. 存款准备金率

6. 对货币政策中介指标理想值的确定是指规定一个（　　　）。

    A. 无弹性的固定数值   B. 区值

    C. 随机值   D. 有弹性的固定数值

7. 凯恩斯学派认为货币政策传导过程中发挥重要作用的是（　　　）。

    A. 基础货币   B. 货币供应量 C. 利率   D. 存款准备金

8. 对经济运行影响强烈而不常使用的货币政策工具是（　　　）。

    A. 信用配额   B. 公开市场业务 C. 再贴现政策   D. 存款准备金政策

9. 为了增加货币供应量，中央银行应该（　　　）。

    A. 提高存款准备金率   B. 提高再贴现率

    C. 降低再贴现率   D. 卖出债券

10. 现代货币学派认为在长期，受到投资变化影响的是（　　　）。

    A. 价格水平   B. 实际产出 C. 实际收入   D. 资产结构

11. 根据"生命周期理论"，若中央银行实行扩张性货币政策，货币供应量将增加，同时普通股价格将（　　　）。

    A. 下降   B. 上升 C. 不变   D. 不能确定

12. 不属于货币政策信用渠道传导机制中银行借贷渠道特点的是（　　　）。

    A. 传导过程不依靠利率机制   B. 对小型企业产生的影响更大

    C. "流动性陷阱"不再存在   D. 其重要性在日益增强

二、多项选择

1. 1984 年到 1995 年《中华人民共和国中国人民银行法》颁布之前，我国奉行的是双重货币政策目标，即（　　　）。

    A. 充分就业   B. 稳定物价   C. 经济增长

    D. 国际收支平衡 E. 金融稳定

2. "紧"的货币政策是指（　　　）。

    A. 提高利率   B. 降低利率   C. 放松信贷

    D. 收紧信贷   E. 增加货币供应量

3. 以下哪些选项属于货币政策中介目标的选择标准？（　　　）

    A. 可测性   B. 相关性   C. 可控性   D. 适应性

4. 货币政策可通过"信贷可得性"效应来完成，这表明（　　）。

　　A. 信贷市场上存在着"信贷配给"现象

　　B. 货币政策遇到"流动性陷阱"仍有效

　　C. 它强调利率的货币传导机制作用

　　D. 货币政策可通过影响金融机构的贷款规模进而影响总支出和国民收入

5. 中央银行使用再贴现政策这种一般性货币政策工具将会面临的问题有（　　）。

　　A. 调节幅度大，使银行和企业无所适从

　　B. 难以对经济结构进行调节

　　C. 中央银行处于被动地位

　　D. 对市场利率产生较大影响

6. 货币政策的内容包括（　　）。

　　A. 传导机制　　　　　　　　　　B. 政策工具

　　C. 操作指标和中介指标　　　　　D. 政策目标

7. 利率作为货币政策的中介目标的优点有（　　）。

　　A. 中央银行可以直接控制再贴现率，或者通过公开市场业务调节市场利率，可控性强

　　B. 利率的调整可以把中央银行的政策意图及时传递给各金融机构，并通过各金融机构迅速传达到企业和消费者

　　C. 中央银行在任何时候都能观察到市场利率的水平及结构，随时进行分析和调整，可测性强

　　D. 利率能够反映货币与信用的供求状况，并能表现出货币与信用供求状况的相对变化

三、案例分析

新兴货币政策工具——PSL

近年来，中国人民银行着眼于完善流动性供给机制、建立政策利率体系和拓展宏观审慎政策框架，抵押补充贷款（Pledged Supplemental Lending，PSL）作为一种中央银行借贷便利类工具应运而生。2014 年，中国人民银行创设抵押补充贷款为开发性金融支持棚改提供长期稳定、成本适当的资金来源。为适时发挥价格杠杆的作用，适应存贷款基准利率的调整，中国人民银行多次降低 PSL 利率，以引导国家开发银行降低棚改贷款利率，加大对棚户区改造的支持力度，降低社会融资成本。

自 PSL 创设以来，大致经历了两轮显著扩张。第一轮是 2014 年至 2019 年，五年间累计投放 3.65 万亿元。此后，随着棚改退出历史舞台，从 2020 年 3 月起至 2022 年 8 月，中国人民银行暂停 PSL 投放 30 个月。第二轮是 2022 年 9 月至 11 月，中国人民银行重启 PSL 投放，3 个月累计投放 6 300 亿元，用于保交楼和基建项目资金支持。

思考与讨论：

请阐述新兴货币政策工具 PSL 的优缺点，以及其作用于货币政策最终目标的传导机制。

参考文献

[1]戴国强. 货币银行学[M]. 4 版. 北京：高等教育出版社，2015.

[2]戴国强. 货币金融学[M]. 上海：上海财经大学出版社，2012.

[3]黄达. 货币银行学[M]. 5 版. 北京：中国人民大学出版社，2012.

[4]钱水土. 货币银行学[M]. 北京：机械工业出版社，2013.

[5]米什金. 货币金融学：第九版[M]. 邓艳文，荆国勇，译. 北京：中国人民大学出版社，2011.

[6]博迪，默顿. 金融学[M]. 曹辉，曹音，译. 北京：中国人民大学出版社，2010.

[7]武康平. 货币银行学[M]. 北京：清华大学出版社，2006.

[8]王常柏. 金融学概论[M]. 北京：中国人民大学出版社，2016.

[9]胡海鸥. 中国金融体制的改革与发展[M]. 上海：复旦大学出版社，2004.

[10]宣文俊. 货币金融学[M]. 北京：北京大学出版社，2010.

[11]姜波克，杨长江. 国际金融学[M]. 北京：高等教育出版社，2014.

[12]汪昌云. 金融经济学[M]. 北京：中国人民大学出版社，2012.

[13]盖锐. 金融学[M]. 北京：清华大学出版社，2006.

[14]胡海鸥. 中国货币供给机制转轨研究[M]. 上海：复旦大学出版社，1998.

[15]胡海鸥. 货币理论与货币政策[M]. 上海：上海人民出版社，2004.

[16]蔡志刚. 中央银行独立性与货币政策[M]. 北京：中国金融出版社，2004.

[17]龚秀国. 经济全球化与我国货币政策改革[M]. 成都：四川大学出版社，2007.

[18]陆前进，卢庆杰. 中国货币政策传导机制研究[M]. 上海：立信会计出版社，2006.

[19]张勇. 论中国货币政策传导机制的不确定性[M]. 北京：人民出版社，2006.

[20]黄萍，孟钊兰. 中央银行学[M]. 北京：中国金融出版社，2016.

[21]付一书. 中央银行学[M]. 上海：复旦大学出版社，2013.

[22]尹洪霞，刘振海. 中央银行与金融监管[M]. 北京：中国金融出版社，2005.

[23]陈燕. 中央银行理论与实务[M]. 北京：北京大学出版社，2005.

[24]曹凤岐，贾春新. 金融市场与金融机构[M]. 北京：北京大学出版社，2002.

[25]马君潞，王东胜. 金融机构管理[M]. 大连：东北财经大学出版社，2001.

[26]史锦华. 金融开放对金融监管有效性影响研究[M]. 北京：中国财政经济出版社，2007.

[27]臧慧萍. 美国金融监管制度的历史演进[M]. 北京：经济管理出版社，2007.

[28]郭田勇. 金融监管学[M]. 北京：中国金融出版社，2014.

[29]谢平，许国平．路径选择——金融监管体制改革与央行职能[M]．北京：中国金融出版社，2004．

[30]刘仁伍，吴竞择．金融监管、存款保险与金融稳定[M]．北京：中国金融出版社，2005．

[31]刘晓峰．金融市场学[M]．北京：科学出版社，2007．

[32]徐景峰，于瑾．国际金融市场[M]．北京：科学出版社，2007．

[33]韩瑾．商业银行管理学[M]．杭州：浙江大学出版社，2008．

[34]潘英丽．商业银行管理[M]．北京：清华大学出版社，2006．

[35]庄毓敏．商业银行业务与经营[M]．北京：中国人民大学出版社，2014．

[36]王国刚．利率市场化改革与利率调控政策研究[M]．北京：社会科学文献出版社，2016．

[37]戴国强．商业银行经营学 [M]．4 版．北京：高等教育出版社，2011．

[38]贺国生．商业银行利率风险度量模型与管理模式研究[M]．成都：西南财经大学出版社，2007．

[39]王文平．经济发展中的利率政策[M]．北京：中国经济出版社，2005．

[40]喻平．金融创新与经济增长[M]．北京：中国金融出版社，2005．

[41]孙伯良．金融创新与经济发展[M]．上海：上海三联书店，2005．

[42]王爱俭．国际金融概论 [M]．4 版．北京：中国金融出版社，2015．

[43]徐进前．金融创新 [M]．北京：中国金融出版社，2003．

[44]庄起善．世界经济新论[M]．上海：复旦大学出版社，2008．

[45]李翀．比特币会成为货币吗？[J]．当代经济研究，2015，（4）：60-65．

[46]张莉．比特币不能充当商品交换媒介[N]．中国证券报，2014-04-01．

[47]杨朝舜．浅谈中国金融抑制与金融深化[J]．时代金融，2016，（7）：57，61．

[48]易纲，吴有昌．货币银行学[M]．上海：格致出版社，2014．

[49]孔维嘉．利率市场化改革：理论基础、现实条件与实现路径[J]．金融经济，2016，（12）．

[50]纪飞峰．互联网金融体系发展的中美比较[J]．金融博览，2015，（3）：33．

[51]宋科．加入 SDR 助推人民币国际化[J]．中国金融，2016，（19）：75-76．

[52]刘河北，葛浩阳，蔡超．马克思货币需求理论与弗里德曼货币需求理论的比较[J]．财经科学，2016，（1）：56-66．

[53]魏建军．钱荒对中国银行业的影响[J]．港澳经济，2014，（14）：48．

[54]博斯特，拉迪，李想．中国的金融自由化进程与金融稳定[J]．国际经济评论，2015，（3）：168-171．

[55]殷孟波，许坤．货币金融学[M]．4 版．成都：西南财经大学出版社，2019．

[56]陶芸，刘姣华．货币金融学[M]．大连：东北财经大学出版社，2021．

[57]张晨．货币金融学[M]．北京：科学出版社，2020．

[58]张红伟．货币金融学[M]．3 版．北京：科学出版社，2021．

[59]谢绵陛．金融学[M]．北京：清华大学出版社，2022．

[60]魏文静，牛淑珍．金融学[M]．3 版．上海：上海财经大学出版社，2015．

[61]王红．货币金融学案例与分析[M]．武汉：华中科技大学出版社，2020．

[62]谢群，周兰. 金融学案例分析[M]. 北京：社会科学文献出版社，2012.

[63]曹龙骐. 金融学：案例与分析[M]. 4版. 北京：高等教育出版社，2015.

[64]邢秀芹. 金融学经典案例评析[M]. 北京：北京邮电大学出版社，2021.

[65]胡靖，潘勤华，李月娥. 新编货币金融学[M]. 上海：复旦大学出版社，2018.

[66]许传华，杨学东. 货币金融学[M]. 2版. 北京：高等教育出版社，2018.

[67]哈伯德，奥布赖恩. 货币金融学[M]. 3版. 孙国伟，译. 北京：中国人民大学出版社，2021.